기독교와
현대사회

현대는 종교다원주의(religious pluralism)시대이다. 아득한 인류의
기원 이래 인간의 의식이 확대되고 그 의식이 삶의 의미에 대한 진지한
관심을 갖게 됨에 따라 각각 그 자신의 궁극적 해답을 제시하는 수많은
종교들이 존재해 왔다. 다양한 종교의 공존은 전혀 새로운 것이 아니다.

기독교와
현대사회

김 남 일 지음

한국학술정보㈜

머리말

기독교 신앙의 본질은 무엇일까?

앵무새처럼 교리를 잘 암송하고 표리부동한 삶을 사는 것일까? 아니면 세상에서 격리된 채로 나만이 옳다는 식의 일방적인 삶을 사는 것일까? 지난 기독교 2000년 역사 가운데 기독교 신앙은 다양한 옷을 입고 역사의 무대에 등장했다. 중세의 암울했던 시기에는 교권을 등에 업고 그 세력을 과시했으며, 종교개혁 이후에는 합리론적인 사고에 의해서 다양한 이성적 산물로서 취급을 받기도 했다. 그리고 현대에는 이것도 저것도 아닌 많은 종교 가운데 하나로 여겨지고 있다. 그것이 기독교 신앙의 본질일까?

이 문제는 앞서 간 많은 사람들의 끊임없는 질문이기도 하거니와 신학을 공부하고 교회밥(?)을 먹으면서 지금까지 살고 있는 필자의 고민이기도 했다. 많은 시간을 기도에 투자하고 성서를 읽으며 은혜로운 사람들과 교제를 할 때는 기독교 신앙의 본질에 가깝도록 살고 있다고 여겼지만, 은혜를 까먹는(?) 생활을 할 때면 본질에서 벗어났다는 자괴감을 감출 수 없었다. 그래서 죄책감과 해방 사이에서 왔다 갔다 하는 어린아이의 신앙을 벗어나지 못하고 살았었다. 그러나 다행히 좋은 선생님을 만나서 신앙과 신학의 본질을 알게 되었고 그 본질을 지킬 때 주어지는 자유를 마음껏 누리면서 살고 있다.

　내가 발견한 기독교 신앙의 본질은 다양성 속의 일치성이었다. 쉽게 말하면 기독교 신앙의 본질은 기독교적일 때에 힘을 받는 것이 아니라 다양한 삶의 양태 속에서 빛을 발한다는 것이다. 이를 위해서는 일단 세계가 다양한 구조로 되어 있다는 것을 가슴 속 깊이 인정을 해야 한다. 기독교는 우월한 문화적 수여자의 입장이 아닌 동등한 문화적 파트너로서 타 문화에 대한 너그러운 인식을 가져야 한다. 그러므로 타 문화의 양태가 시대를 따라서 변하고 그 다양성의 양태가 달라진다고 해도 그 다양한 문화들을 각각의 언어로 유기적으로 연결할 수 있는 그것, 그것이 바로 기독교 신앙이다. 이를 위해서는 기독교 신앙에 대한 지식뿐만 아니라 우리들과 함께 살고 있는 다양한 종교 문화에 관심을 기울이고 긍정적 비판을 함으로써 그 문화 안에 들어 있는 하나님의 사랑의 방식을 보아야 한다.

　그래서 본서는 기독교에 대한 일방적인 지식의 전달이 그 목적이 아니라 이 다양한 문화 안에서 기독교가 어떤 모습을 그 사명을 감당해야 할 것인가에 대하여 기록했다. 이를 위해서 기독교가 역사 안에서 저질렀던 아픔과 상처를 드러내기도 했으며, 또 기독교 신앙의 진수를 지키기 위해서 앞서간 많은 선배들이 어떻게 살았는지에 대해서도 기록했다. 뿐만 아니라 다원화된 세상에서 많은 종교들의 견제를 받는 가운데 기독교가 어떤 사람의 자세를 가지고 살아야 하는지에 대해서도 언급함으로써 향후 우리들이 나가야 할 삶의 숙제로 남겨두기도 했다. 마음을 넓게 열고 편견의 벽을 허물고 이 책을 보라. 그러면 가장 기본적인 신앙적 삶이 교리의 암송이 아닌 상대방에 대한 이해임을 알게 될 것이다.

2008년 2월에

김남일 교수

목 차

제2부 기독교 - - 139

제1부

종교학

제1장 종교란 무엇인가?

Ⅰ. 종교의 성질(性質)

1. 종교란 무엇인가?

키케로(Marcus Tullius Cicero)에 의하면 종교(Religion)는 라틴어 "렐리기오(religio)"에서 나온 것으로서 이 단어는 "렐레게레(relegere)"와 "렐리가레(religare)"의 합성어이다. 이 중에 relegere는 re+legere로서 "다시 읽는다." "반복한다." "반복해서 말힌다." 라는 의미를 가지고 있는 것으로서 "엄숙한 예배 혹은 의례"를 뜻하는 단어이다. 이 말이 종교에 수용된 이유는 종교는 신들에 대한 끊을 수 없는 모든 것 또는 근실(勤實)한 수행으로 간주되기 때문이다.

religare는 "결부하다.", "확실히 수립하다.", "결속하다."라는 뜻이다. 이 단어는 락탄티우스(Caecillius Firmianus Lactantinus)가 정의한 것으로서 그는 신과 인간을 결합시키는 것이 종교라고 했다. 이 말은 종교란 하나님과 인간과의 결속이라는 측면에 중점을 둔 것이다. 그래서 아우구스티누스는 이러한 의미에서 진정한 religio란 바로 기독교라고 보았다.

종교학자들은 종교의 의미를 규정하면서 적어도 다음 세 가지의 특성들을 종교의 범주에 속하는 현상으로 이해하였다.

첫째, 종교는 초월적인 신에 대한 믿음이 있어야 한다. 이것은 학자들이 다양한 종교현상 안에서 발견한 공통적인 특성 중에서 가장 오래된 특성이다. 이것이 지구상에 있는 수많은 종교현상들을 다른 현상들과 구별 지을 수 있는 종교적인 범주이다.

둘째, 종교는 일상적인 삶과 비일상적인 삶을 구별시켜 주는 성(聖)스러움의 감정을 불러내 주어야 한다. 종교사회학자인 에밀 뒤르켐((Emile Durkheim)은 그의 책 『종교의 원초적 형태』에서 이 세상은 성(聖)과 속(俗)으로 구분되어 있는데 종교가 바로 그런 구분을 발견할 수 있게 해준다고 했다.

세 번째로는 '성스러움의 경험'보다는 인간이 갖고 있는 관심 중에서 '궁극적인 관심'이 종교현상의 공통된 특성으로 보인다. 즉 제도화된 종교에 헌신하는 사람이든 그렇지 않든 간에 그들의 관심 중에서 가장 궁극점인 관심을 종교로 이해한다. 궁극적인 관심 외의 부차적이고 이차적인 관심들은 사실상 궁극적 관심을 현실화시키기 위한 수단이다.

일반적인 종교의 요건인 경전, 신도, 성전(聖殿)의 요건을 갖추고 있는 종교의 종류는 많지 않다. 그 대표적인 것으로는 중국계

통의 유교(Confucianism), 도교(道敎, Taoism)와, 인도계통의 힌두
교(Hinduism), 불교(Buddhism)와 이란 계통의 조로아스터교(Zoroa-
strianism)와, 아라비아 계통의 이슬람교(Islamism)와, 팔레스타인
계통의 유대교(Judaism), 기독교(Christinity)를 세계의 8대 종교라
고 분류해서 부른다.

　그 외에도 인도의 자이나교(Jainism), 시크교(Sikhism), 불교의
한 지류인 라마교(Lamaism) 그리고 마니교(Manichaeism)와 바하
이교(Bahaism)가 있으며, 이슬람의 한 지류인 수피교(Sufism)와
일본의 신도(Shintoism) 등이 있다. 이 중에서 기독교와 이슬람교,
그리고 불교를 일컬어서 세계의 3대 종교라고 부른다.

　이상에서 살펴본 종교의 특징은 거의 다 아시아에서 일어났다
는 것이다. 아시아란 말은 헬라어에서 나온 것으로서 "떠오르다."
라는 의미를 가진 말이다. 우리는 그 이름에 풍성한 종교성이 내
포되어 있다는 것을 알 수 있다.

2. 종교의 정의

　오늘날 종교를 상식적 수준에서 정의할 때, '신과 인간과의 관
계'라고 할 수 있다. 이것은 물론 유신론(Theism)적 관념을 중심
으로 종교를 규정한 것이다. 그러므로 당연히 세계의 수많은 종
교 중에는 이러한 종교적 개념에 해당하지 않는 것도 있다.

　불교를 위시하여 인도의 자이나교 또는 원시적인 종교형태에서
볼 수 있는 초자연적인 우주적 능력이나 정령을 믿는 애니미즘

(Animism)과 같은 것들이 여기에 속한다. 이러한 종교는 신과 인간과의 관계가 아니고 초자연적인 힘과 인간과의 관계 혹은 초인간적인 원리와 인간과의 관계를 말한다.

어떠한 형태의 종교이든지 일반적으로는 인간의 삶을 중심으로 인간 이상의 어떤 실재와의 관계를 말한다. 그러므로 기독교에서 보는 바와 같이 신의 관념이 중심이 되면 종교적 교의는 신의 계시로서 인간에게 주어지게 될 것이며, 초자연적인 관념이 중심 개념이 되는 것이다. 그러나 불교의 경우와 같이 어떤 우주적인 원리의 개념이 중심이 되는 종교에서는 그에 대한 신비적인 체험에 의해서 스스로 얻어지는 것이 가르침으로 나타난다.

참된 종교의 정의는 무엇인가? 그것은 바로 사람이 하나님을 향하여 "참되고 생명적이며 의식적인 관계를 가지는 것"으로 정의할 수 있다. 구약성서에서는 "하나님을 경외(敬畏)하는 것"이 종교라고 한다. 이 경외는 단순한 무서움이나 두려움이 아니라 사랑과 신뢰와 공경의 마음에서부터 오는 것이다. 그리고 이런 의미에서 참된 종교는 기독교이다.

Ⅱ. 종교에 대한 일반적인 지식

1. 종교의 위치(位置)

종교의 위치에 대한 설(說)은 세 가지로 구분한다.

1) 인간의 지성에 있다

헤겔(Hegel)의 주장으로서 그는 말하기를 "사람의 전체 생활은 사상의 과정일 뿐이며, 종교는 바로 이러한 과정의 일부분이며 인생 여정 안에서 절대자(絶對者)에 대한 자의식(自意識)이다. 따라서 종교는 감정도 아니요 의지적 행동도 아닌 오로지 지식이다."라고 했다. 그러나 이런 주장은 인간의 지성이라는 것이 인간이 타락할 때 함께 오염된다는 사실을 간과하고 있다.

2) 종교는 감정(感情)에 그 기반을 두고 있다

여기에는 경건주의자와 신비주의자, 그리고 낭만주의자들이 해당된다. 대표적인 사람이 슐라이에르마허(Schleiermacher)로서 "종교는 감정이요, 직관"이라고 정의하고 있다. 즉 종교란 무엇인가 (something what)에 의존하고 싶어 하는 '절대의존의 감정'을 말한다는 것이다.

그러나 이런 주장은 종교는 인간의 단순한 의존적인 감정이 아니라 하나님께로 향한 움직임과 도덕적 노력이 필요하다는 사실을 간과하고 있다.

3) 종교를 의지(意志)라고 보는 견해도 있다

이러한 주장은 종교를 도덕적 행위로 간주하고 그 위치를 의지에 두는 입장으로서 칸트(I. Kant)가 주장하고 있다. 그는 말하기를 인간은 자기 안에서 그의 행동의 방향을 지시해주는 양심의 소리를 듣고 있다고 한다. 종교에 대하여서는 "우리는 도덕적인 의무를 이행하여야 하며 도덕적 행위 자체가 모든 구원의 행위에 참여하는 것"이라고 정의하고 있다.

그러나 성서에서는 종교의 자리가 지(知), 정(精), 의(意)가 통일되는 지점에 있다고 본다. 이를 전인격적(whole person)인 자리라고 부른다. 그리고 인간이 하는 모든 행위도 죄의 오염으로 말미암아 근본적으로 선을 행할 수 없음을 알아야 한다. 이들이 말하는 양심의 소리는 하나님의 구원의 소리가 아니라, 인간의 규범적인 도덕의지임으로 양심의 소리도 근본적으로 성서에서 말하는 것으로 볼 수 없다.

2. 종교의 기원

인간에 관해 여러 가지의 정의가 있지만 그중에서도 여기서 다루는 것과 관련된 것으로 "인간은 종교적 동물이다."라는 것이 있다. 옛날이나 지금이나 서양이나 동양에 있어서 종교는 보편적 인 인간의 활동이었던 것이 분명하다. 종교는 인간 사회에서나 인간 경험 속에 두루 있는 현상이다. 이러한 점에서 인간은 종교 적 동물이라고 정의할 수 있는 것이다.

학자들에 의하면 종교가 출현한 것은 십만 년 전이라고 한다. 인간은 죽음의 공포를 접하면서 자기들보다 우월하다고 여겨지는 신적 대상에게 제사를 지내며 자연의 제(諸) 현상에 대해 존경을 표하는 의식을 행해왔다. 아무튼 종교의 기원에 대한 논쟁은 지 금도 계속되고 있다. 그중에 대표적인 입장이 자연주의적 방법과, 심리학적 방법, 그리고 유신론적 견해가 있다. 이를 구분해서 분 류하면 다음과 같이 나눌 수 있다.

1) 자연주의적 입장에서 보는 사람

에드워즈(Edwards)나 볼테르(Voltaire)의 견해로서 제사장이나 간사한 승려들의 잔꾀와, 지배자들의 기교의 산물이 무식한 대중 의 깊지 못한 믿음과 공포감을 교묘하게 이용하려는 데서 출발했 다고 본다. 타일러는 정령숭배(Animism)를, 스펜서는 사망한 조 상들을 숭배하는 조상숭배(祖上崇拜)를 가장 근본적인 형식으로 보고 있다.

그러나 성서는 인간의 마음에는 본래부터 하나님이 주신 종교 성(宗敎性)이 존재하고 있다고 함으로써 이 사실에 대해서 반박하 고 있다.

2) 심리학적 입장에서 보는 견해

슐라이에르마허나 칸트의 견해로서 감정이나 인간에게 유익이 되는 고증실유(考證實有)를 신앙함으로 자기의 이상을 실현하려는 데서 종교가 발생한다고 보았다. 슐라이에르마허(Schleiermacher)는 인간을 종교적 존재라고 단언한다. 인간에게는 종교의 그릇인 감정이 선험적으로 주어지며, 불완전하긴 하지만 절대의존의 감정인 하나님의식을 갖고 있기 때문이다. 인간은 창조될 때부터 불완전한 하나님의식을 갖고 있는데, 바로 이 점에서 인간은 죄인이며, 완전한 하나님의식을 갖게 되는 것이 구원이라고 한다.

3) 원시인들의 행위에 기원이 있다

첫째, 원시인의 자연에 대한 경이와 공포의 감정에 기원을 두고 있다. 즉 원시인은 두뇌가 극히 단순하여 철학적 사색이 싹트지 못하였고 복잡한 언어를 갖고 있지 못하였으므로 사고와 감정이 유치하여 늘 암흑, 우레, 폭풍, 몽환 등에 대하여 공포심을 품게 되고, 태양, 달, 별, 괴이한 바위, 거대한 나무 등에 대하여 경이를 느껴 그 두렵고 놀라운 사물에 비위를 맞추려고 노력하였는데 이 노력에서 종교가 발생하였다는 것이다.

둘째, 원시인의 영혼관념을 종교의 기원으로 본다. 즉 원시인은 사망자가 꿈에 나타나는 것은 죽은 사람의 생명이 지속되는 것이라고 생각하여 영혼의 존재를 믿게 되고, 그 영혼에 비위 맞추려고 노력하였으니, 이 노력에서 종교가 발생하였다는 것이다.

셋째, 원시인의 장로숭배를 종교의 기원으로 삼는다. 원시인은 부족의 장로를 두려워하며 경외하여 이 경외공포 아래서 부족의 자녀가 길러졌으므로 무엇이든지 장로에게 관계있는 사물은 그들에게 금기가 되었던 것이다. 장로가 사용하는 창이나, 좌석이나, 장로에게 점유된 여성, 이런 사물을 범하여 접촉하였을 때에는 문득 장로의 심한 노여움을 만나게 되므로, 이것을 서로 경계하여 모쪼록 장로의 심한 노여움을 피하려고 노력하며, 부족의 노파들은 장로의 위엄을 자녀들에게 과장하여 그 외경(畏敬)의 마음을 확고하게 하고 이로써 금기를 범하여 접촉이 없도록 훈계, 충고하였다. 또 장로는 부족 내에서 사용할 기구를 만들어 공급하며, 외적을 격퇴하여 부족의 안녕을 보장하므로 자녀들은 장로를 전폭적으로 신뢰하게 되었다. 이러한 장로에 대한 경외, 공포, 신뢰의 감정은 장로가 죽은 후에도 계속 되었으니, 죽을 때에도 진짜로 죽는 것인지 잠자는 것인지 분명하지 못할 뿐 아니라, 꿈속에 나타나는 것은 살아 있을 때보다 더 공포감을 주게 되며, 노파들의 과장은 죽은 후에 더욱 증대됨에 장로는 드디어 부족신(部族神)으로 바뀌어 그 부족의 경외, 공포, 신뢰, 숭배의 대상이 되며, 점차로 적의 부족에게까지도 그 위엄이 떨치게 되는 줄로 믿게 되었으니 여기서 부족신의 숭배가 시작되고 따라서 종교가 발생되었다는 것이다.

넷째, 원시인의 계절집회를 종교의 기원으로 본다. 원시인의 가장 중요한 식량인 순록이 계절을 따라서 흩어지기도 하고 모이기도 하므로, 순록이 흩어지는 때에는 사람들도 소가족 집단으로 흩어져 순록의 뒤를 좇아가고, 모이는 때에는 사람들도 대집단으로 모였으니 이 대집합 시기를 그들은 교역, 제사, 혼인 등의 계절로 잡았었다. 이 대집합 시기에 그들은 어느 특수한 생각을 타인에게 가르치기도 하고, 특수한 암시를 주기도 하고, 사물의 가치를 표명하기도 하고, 상호 간의 경험과 감정을 교환하기도 하였다. 이 계절집회가 목축농경시대에 접어들면서 더욱 강화되고 빈번해지며 점차 성찬(聖餐), 인신희생(人身犧牲) 등 각종 의식이 생겼으니 이것이 종교의 기원이라는 것이다.

4) 비교종교론의 유신론적 입장에서 보는 견해

오르(Orr) 박사는 "모든 종교는 계시에서 기원한다."는 결론을 내렸다. 존 케어드는 "계시 종교 이외에 자연종교, 이성에 근거한 종교는 없다."고 했다. 이 계시의 유일한 근거는 하나님의 말씀인 성서다. 이것이 참된 종교이다. 성서에서는 하나님께서 계시를 통해서 하나님 자신을 보여주시고, 하나님을 향한 경배와 봉사를 요구하시고, 아울러 그 방법까지 보여주시고 계신다. 그리고 하나님은 피조물인 우리를 통해서 예배받으시기를 원하시고 우리들은 하나님을 예배하기 위해서 창조되었다. 여기에 종교의 참된 기원이 있다.

3. 종교의 내면적 측면

모든 식물이 외면적으로 드러나는 잎과, 줄기와 가지를 가지고 있고 내면적으로는 뿌리를 가지고 있듯이 종교에도 내면적인 측면이 있다. 이것을 종교학적인 언어를 사용하면 신앙 또는 종교경험이라고 한다. 그것은 종교의 외면보다는 내면을 보여준다. 종교의 내면적인 측면은 신앙과 종교경험의 두 분야로 이해할 수 있다.

1) 신앙(信仰)

신앙은 단순히 교리를 암송하는 앵무새와 같은 형식적인 고백이 아니라 몸과 마음과 뜻과 정성을 모아서 종교적인 삶을 살려고 하는 근원적인 몸짓이다. 이것이 인간을 인간답게 살게 만든다. 이렇게 본다면 종교는 인간답게 살기 위한 안경과도 같은 것으로 볼 수 있다. 우리의 삶이 극한 상황에 치닫게 되더라도 신앙이라는 안경을 통해서 볼 수 있으면 참아낼 수 있는 용기를 가진다. 신앙은 이와 같이 우리의 삶의 현실을 견딜 수 있게 하는 힘의 공급처이다.

신앙도 마찬가지이다. 아무리 극한 상황이 있더라도 신앙이라는 밑천만 있으면 다 극복할 수 있다. 이 신앙은 다양한 색깔의 여러 실들을 하나로 묶기 전에는 볼 수 없었던 의미를 잘 볼 수 있도록 만들어주는 바탕이다.

2) 종교경험(宗敎經驗)

종교경험은 지성적이고 의지적인 차원이 아니라 감정적(感情

的)인 측면이 강하게 나타난다. 종교철학자이면서 신학자인 오토 (R. Otto)는 『성스러움의 의미』라는 책에서 종교경험은 초월적이든 내재적이든 간에 절대타자(the Wholly Others)에 대한 신령한 (numinous) 신앙경험으로 이해하고 있다. 오토에 의하면 그 경험은 세 가지의 특징을 가지고 있는데, 첫째로 그 경험은 신비스러움(mysterium)의 느낌을 갖게 해준다. 두 번째로는 공포스러움 (tremendum)을 경험하게 해주고, 세 번째로 매혹(facinans)의 느낌을 가지게 한다.

모든 종교의 이면에는 이러한 종교경험이 종교전통의 태동 및 발전에 중심적인 역할을 했다. 석가모니는 니르바나의 경험을 통해서 신흥종교인 불교를 일으켰고, 이슬람의 모하메드가 동굴 안에서 가브리엘 천사의 음성을 듣는 종교경험을 통해서 이슬람이 생겼으며, 바울의 다메섹 도상의 종교경험이 기독교를 만들었다. 그러므로 종교경험은 각 종교들의 뿌리이며 계속 살아 움직이게 하는 모든 종교현상의 내면적 원천이다.

4. 종교의 외면적 측면

종교의 내면적 측면인 신앙과 종교경험은 밖으로 표출되려는 경향을 가지고 있다. 각 종교를 형성하는 데 결정적인 역할을 했던 인물들은 종교경험을 하고 난 이후에 다양하게 자신들의 경험을 언어화해서 전달하기도 했고 구체화시키기도 했다. 그것은 경전, 신학, 상징물, 교리 체계, 찬송가, 예배당, 불당, 공동체, 종교

조직 등과 같은 종교의 외곽적인 울타리들이다. 이 울타리 안에서 다른 사람들로 하여금 종교경험을 하게 하고 자신들의 경험이나 신앙의 잘못된 부분들을 고쳐나가기도 한다. 우리는 이것을 종교전통이라고 부른다. 종교의 외면적인 측면인 종교전통은 네 가지의 교리를 가지고 있다.

첫 번째로, 종교전통은 교리적(dogma) 측면을 가지고 있다.

경전을 해석하는 과정에서 가장 핵심이 되는 구절들을 뽑아서 교리화(敎理化)시키거나, 이단 시비논쟁 때문에 자신들의 전통을 고수하기 위해서 각 전통의 교리위원회는 더 이상 변화시킬 수 없는 교리조항을 만든다. 그러나 이러한 긍정적인 역할을 한 반면 교리가 절대화되거나 우상화되어서 많은 사람들을 고통에 빠지게 하기도 하고 때로는 종교라는 이름으로 수많은 사람을 죽음에 이르게 하는 경우도 많이 있었다.

두 번째로, 종교전통은 신화적인 측면을 가지고 있다.

이러한 신화적인 이야기들은 그 사실 여부에 상관없이 종교인들의 삶 속에 긍정적인 의미를 제공해 준다. 이 신화적인 종교전통은 그 신화의 사실 여부보다 그 신화가 전달하고자 하는 내용이 더 중요한 것이다. 그러므로 우리는 신화적 전통의 내면 안에 있는 의미를 캐내는 일을 해야 한다.

세 번째로, 종교전통은 윤리적인 측면을 가지고 있다.

기독교의 "네 이웃을 네 몸같이 사랑하라."는 것이나 "모든 살

아 있는 생물들은 해(害)도 끼치지 말라."는 자이나교나 불교의
자비의 윤리 등이 여기에 속하는 것들이다. 그래서 종교인은 비
종교인들보다 더 윤리적이다. 왜냐하면 종교가 윤리적인 틀(form)
을 형성하고 있기 때문이다. 그러나 너무 지나치게 윤리적인 측
면을 강조하면 종교의 본래적인 의미인 종교정신이 희석될 수도
있으므로 종교적 윤리는 종교정신에 따르는 산물(産物)임을 명심
해야 한다.

  네 번째로, 종교전통은 사회적인 측면을 가지고 있다.
  모든 종교는 자신들의 가르침을 사회에 전파하기 위하여 구체
적인 조직을 형성하고 사회 속에서 빛과 소금의 역할을 다해왔
다. 과거에는 종교가 사회를 이루어가는 주된 원동력이었다고 하
면, 현재의 상황에서는 가끔 사회로부터 영향을 받거나 상호작용
을 통해 새로운 교리를 재창조하기도 하고 기존의 교리를 폐기시
키기도 한다.

Ⅲ. 종교의 구성 요소

  종교는 다양한 부문들이 유기적으로 복합된 총체적 현상이다.
초경험적이고 성스러우며 궁극적인 가치의 차원에 관한 체험을

인간은 자기가 동원할 수 있는 온갖 매체와 통로를 통해서 표출하고, 그 모든 표상이 다 종교의 구성 요소가 된다. 요아힘 바하(Joachim Wach)는 그 종교체험의 표상들을 크게 3가지로 분류하였다. 첫째는 이론적 표상이고, 둘째는 행위를 통한 표상이며, 셋째는 사회적 기제를 통한 표상이다.

종교체험의 이론적 표상은 흔히 쓰는 말로는 종교사상, 교리, 신념이라고 할 수 있을 것이다. 이것도 그 주제에 따라 크게 3가지로 분류된다. 우선 신(神)이라든지 도(道), 깨달음 등 궁극적인 존재나 원리, 경지에 관한 이론적 진술이 있다. 다음에 우주에 대한 이론이 있다. 대개 이 세상은 어디에서 비롯해서 어떻게 진행되다가 어떻게 끝난다거나, 어떤 구조로 되어 있다거나, 그 가치는 어떻다거나 하는 등의 문제에 대해 설명이 제시된다. 그리고 다음으로 인간에 대한 이론이 있다. 인간은 어떻게 생겨났는가, 그 운명은 어떤 것인가, 죽은 뒤에는 어떻게 되나, 어떤 가치를 지니는가, 어떻게 살아야 좋은 것이고 어떻게 살면 안 되는가 등등의 주제를 다루는 것이다.

행위를 통한 표상에서 대표적인 것이 제의(祭儀)이다. 거기에는 예배, 기도, 노래, 춤, 강설(講說) 등 다양한 행위가 동원된다. 그래서 종교는 인류의 예술 활동에 주요한 영감 제공자 역할을 해 온 것이다. 궁극적 경지의 실현을 위한 수행도 큰 비중을 차지한다. 포교 활동, 봉사 활동도 종교 행위의 중요한 부문이다. 그 밖에 사소한 행위를 통해 종교적 관심이 표출되는 예는 무궁무진하게 많다. 한 예로, 종교 집회에 참석하기 위해 몸을 깨끗이 하고 단정한 옷차림을 갖추며 새삼스럽게 세차를 하는 것도 다 종교행위인 것이다.

종교는 항상 집단을 형성한다. 요즘에는 일인종교(一人宗敎)라는 말도 나오고 있지만, 궁극적 가치에 대한 신념과 체험은 있는데 거기에 그것이 전파되려고 하는 에너지는 들어 있지 않다고 하면 뭔가 좀 이상한 것이다. 혈연이나 지연 등 자연적인 조건에 의해 형성된 집단이 동시에 종교집단을 겸하는 경우도 있고, 종교적 신념을 공유하고 종교행위를 함께하는 것이 일차적인 동기가 되어 형성되는 종교집단도 있다. 원시종교, 민족종교의 집단이 앞의 것에 해당한다. 집에서 조상에게 제사를 지낼 때에는 가족이라는 혈연집단이 곧 종교집단을 겸하게 되는 것이다. 한편, 이른바 세계 종교와 신종교의 집단은 뒤의 것에 해당된다. 종교가 신념이나 예배행위만으로 구성되는 것이 아니라 집단을 통해서 성립한다는 것이 종교의 다면성을 극도로 높여 놓는다. 종교집단도 하나의 사회집단인 까닭에, 조직과 규범 등 제도의 틀을 지니게 되고 정치, 경제의 요소도 내포하게 되기 때문이다.

이 모든 것이 모여서 종교를 구성한다. 종교에는 철학과 예술과 정치, 사회, 경제, 교육 등 온갖 부분이 다 연관된다. 그래서 순수하게 종교적이기만 한 종교현상은 없다는 말도 있다. 그 가운데 어느 부문만을 가지고 종교를 운위하는 것은 장님이 코끼리에 대해 한 마디씩 하는 것이나 마찬가지이다. 윌프레드 캔트 웰 스미스(Wilfred Cantwell Smith)라는 종교학자는 종교를 탐구하려고 하는 것은 인간의 꿈이 서린 곳을 밟고 들어가는 일이기 때문에 극히 조심스럽게 해야 한다고 언급하였다. 이것은 종교를 그 원상대로 보지 않고 선험적 잣대를 가지고 재단하고 훼손해 버리는 데 대한 우려이다. 근대 학문은 분석(分析)을 전가(全跏)의 보도로 삼는다. 자연 현상뿐만 아니라 인문 현상에 대해서도 그 구성을 낱낱이 해부해 보는 것을 그 현상에 대한 지식을 취득하는 첩경으로 여긴다. 그러나 해부된 모든 부분들을 취합한다고 해서 한 생명체가 구성되는 것은 아니다. 종교도 마찬가지이다. 종교는 극히 다양한 요소들이 복합된 총체적 현상이고 그런 유기적 총체로서만 비로소 종교로서의 생명을 발휘한다. 그 가운데에서도 특정 부문에 초점을 맞추어 해부하고 그것으로 종교 전체를 규정하거나 설명하려고 할 때, 그것은 훼손된 종교, 심하게는 종교의 시체에 대한 이야기가 될 뿐이다.

Ⅳ. 종교에 대한 여러 가지 태도

시금까지 종교에 대한 태도는 세 가지 관점에서 주로 이루어져 왔다. 이 세 가지의 관점을 살펴보고 종교에 대한 올바른 태도에 대해서 이야기하고자 한다.

1. 독단론적(dogmatism) 관점

이는 자기가 속해 있는 종교적 전통 속에서 다른 종교나 종교 일반을 이해하려는 입장이다. 이는 다른 종교의 고유한 자리를 인정하는 데서 종교를 이해하기보다는 이미 교리적으로 주어져 있는 틀 안에서 다른 종교를 이해한다. 이 입장은 한 마디로 연구자 자신이 속해 있는 종교전통의 고백적 신앙의 관점이다. 그러나 기독교는 그 교리적인 성격상 다른 진리를 이해하지 않는 측면을 가지고 있다. 이 기독교의 독단적인 측면은 교리에 대한 측면으로 제한되어 있다. 그러므로 다른 종교에 대한 편파적이거나 편협한 접근방식은 수정되어야 할 것으로 보인다.

2. 환원론적(reductionism) 관점

이 입장은 종교 현상이 구조적으로 지니고 있는 독특성 내지는 본래성을 무시해 버리고 사회적이고 심리적인 현상으로 환원하여 이해하는 방식이다. 이를테면 종교는 다른 어떤 독특한 실체가 아니라 어린 시절에 이룩해내지 못했던 신경증적인 소망에 대한 환상이라던가, 경제적인 만족감에 대한 불편 등을 내세에 가면 보상받게 된다는 환상을 심어주어 현실적인 어려움을 극복하게 해주는 아편과도 같은 것이라고 이해하는 것이다. 그러나 이 입장도 연구자 자신의 입장에 서서 종교현상을 자신의 입장으로 끌어들여 종교현상 자체가 스스로 보여주려는 의미보다는 환원적인 의미를 밝혀내려는 데 그 목적을 두고 있다.

3. 현상학적(phenomenological) 관점

연구자 자신이 가지고 있는 고백이라든가 사회과학적인 이론을 통해서 보는 것이 아니라 오히려 그것을 괄호에 묶고 될 수 있으면 현상 자체가 보여주려는 의미를 찾아내려는 것이 현상학적(現象學的)인 관점이다. 그러나 종교현상이라는 것도 가변적(可變的)인 것이므로 깊이 있는 관점이라고 할 수는 없다.

이러한 세 가지의 입장은 모두 불완전하기 때문에 요즈음에는 세 가지를 어느 정도 서로 수용하고 있는 편이다.

4. 종교에 대한 가장 바람직한 태도

우리가 우리와는 다른 종교를 가지고 있는 사람들이나 종교가 없는 사람들에게 가질 바람직한 태도는, 우선 나의 고백적 삶을 견지하고 동시에 내 입장이 아니라 상대방의 입장에서 이해하려는 개방적인 자세이다. 사도 바울은 아덴에 선교를 위해서 갔다가 "알지 못하는 신에게"라는 신상을 놓고 있는 사람들에게 그들의 무지나 불신앙을 탓하지 않고, 자기가 그 알지 못하는 신에 대해서 전도하러 왔음을 이야기하고 성공적인 선교를 했다. 또한 그는 구약성서의 많은 개혁자들이 그랬던 것처럼 타 문화권의 신앙이나 종교전통을 타파하지 않고 인정하면서 서서히 선교하는 방법을 택했다.

또한 바울은 베드로가 이방인이 먹는 음식을 먹다가 바울을 보고 피할 때 그의 이중적인 선교 태도에 대해서 책망을 했다. 그리고 바울은 헬라인을 전도하기 위해서는 헬라인의 문화를 존중했으며, 유대인들을 전도하기 위해서는 유대인들의 전통을 존중하는 자세를 취했다. 우리의 궁극적인 목표가 이 세상을 복음화하는 것이기 때문에 표면적인 문제로 선교의 걸림돌을 만들 필요는 없다.

우리들도 다원화된 세상에서 기독교의 절대성과 진리성을 강조하기 위해서 극단적인 방법을 자제하고 그들의 문화와 종교를 인정하면서 우리의 신앙고백적인 삶을 통해서 그리스도를 증거하는 생활이 가장 바람직한 것이다. 생활이 결여된 신앙생활이 선교를 막는다는 사실을 알아야 한다. 그러므로 요시야 식(式)의 종교행위보다 이제는 그런 열정을 가슴에 품고 바울처럼 지혜롭게 모든 종교인을 대하는 것이 세계선교의 확실한 길임을 알아야 한다.

V. 결 론

종교를 가지는 일은 매우 중요하지만 올바른 종교를 가지는 일은 더욱더 중요하다. 그만큼 종교가 일상생활에 미치는 영향이 크다는 말이다. 다원화된 세상을 살면서 다른 종교를 가진 사람들과의 관계도 매우 중요하다. 그러므로 이를 위해서는 다른 종교들과의 끊임없는 대화를 시도하면서 기독교 진리의 절대성을 그리스도인들의 삶을 통해서 보여줄 수 있어야 한다. 그것이 진정한 그리스도인의 삶이기 때문이다.

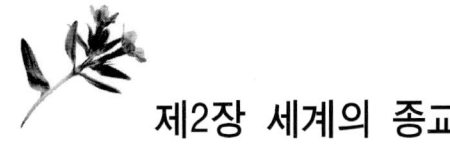

제2장 세계의 종교

이미 앞에서 살펴본 바와 같이 세계에는 많은 종교들이 있다. 그와 같은 종교들 가운데 많은 종교들이 생성되었다가 소멸되는 과정을 밟았으며 지금도 그런 과정을 겪고 있다. 그러나 그 가운데 아직까지 많은 신도를 가지고 있으며 영향력을 미치고 있는 종교들이 많이 있다. 여기에서는 그 가운데 대표할 만한 종교들에 관한 개괄적인 정보를 발견하도록 하자.

I. 이슬람

셈계 일신교 계통의 종교로 추종자인 모슬렘은 약 12억 정도이며 발흥 시기는 7세기 초이다. "이슬람(Islam)"의 뜻은 "복종"

이며 "모슬렘(Moslem)"의 뜻은 "복종하는 사람"이다. 경전은 "꾸란(Koran)"이며 114장, 6239절로 되어 있다. 꾸란의 내용은 신관념(神觀念), 천지창조, 인류의 역사와 이에 대한 신의 지배, 종말(終末), 부활과 심판, 천국과 지옥, 예배 등 의례적인 규범에서부터 법적 규범까지 포함한다. 또 꾸란은 알라(Ala)에 대한 신앙을 언제나 인간의 구체적인 윤리적 행동을 통하여 표현하고 있다는 점에서 윤리적인 면을 강조하는 경전이라 할 수 있다.

1. 이슬람 이전의 아랍부족사회

이 시기를 자할리야 시대(jahaliyyah period) 또는 무명시대, 영웅시대라고 하며 6~7세기 초까지를 지칭한다. 이 시기의 특징은 아랍 유목부족의 생존경쟁, 부족적 혈연집단의 연대의식으로 요약할 수 있다. 그 당시 아랍인은 까흐탄(Qahtan) 및 아드난(Adnan)이란 두 조상에 기원을 둔다고 여겼다. 실제로 아라비아 반도의 주민은 크게 유목민과 정주민(定住民)으로 나뉜다. 유목민(베두인)은 방목생활과 수렵, 전투, 약탈 등으로 생계를 꾸려간 반면, 정주민은 중부 아라비아의 오아시스나 해안가에 살며 농업과 상업으로 생계를 꾸렸다. 당시의 부족은 대개 경우 생각하는 그런 커다란 집합체가 아니라 일반적으로 비교적 작은 집단이었다. 집단의 기본은 혈연을 유대로 하며, 노예와 해방노예가 있었고 차별을 받고 있는 비자유민인 미왈리(Miwali), 그리고 다른 부족 출신의 자유민인 할리프(Halif)가 있었다. 즉 혈연이 바탕이나 그 내부에는 동족 이외의 자유민이 스스로의 의사로 공동체를 형성하기도 했다.

유목부족은 풀과 물을 찾아 이동하는 데다 때때로 인근의 다른 부족과 싸우기도 했다. 그들에겐 약탈을 받았다 생각되면 받은 만큼 되갚는 동해복수(同害復讐, lex talionis)가 행해졌다. 부족 내에는 뚜렷한 정치적 제도나 조직이 없었고 정치적 권력을 가진 자도 없었다. 물론 부족장이 있긴 하나 그의 영향력은 그가 부족민에게서 어느 정도의 존경을 받는가에 의존하며, 자유민인 부족민은 부족 내의 중요문제를 부족집회를 개최하여 결정했다.

그러나 같은 부족민은 같은 조상을 갖고 있다는 강한 부족의식인 아사비야 ― 집단 연대의식 ― 를 갖고 있어 부족 내에선 서로 보호해야 한다고 생각했다. 그들은 혈연은 모든 이가 복종해야 하는 유일절대의 권위로 여겼다. 이것이 종교적이고 도덕적인 것과 연계되어 부족정신을 이뤘다. 이런 부족정신은 자신의 부족민이 살해당하면 가해자가 속한 부족에게 같은 수의 복수를 행하는 것 ― 피의 복수: 이를 피하기 위해선 배상금으로 낙타 100마리를 지불해야 함 ― 을 의무로 여기게 했다. 한편 그들에겐 지와르(Jiwar)란 것이 있었는데 이것은 찾아온 손님을 환대하는 유목 베두인의 관습으로, 보통의 경우 부족 밖의 다른 사람의 권리를 침해하거나 약탈하는 것을 허용하나 이 지와르 관계에 있는 사람의 재산에 손을 대는 것은 수치스런 행위로 여김으로 그의 재산을 보호하게 했다.

앞에서도 말했듯 유목부족은 방목과 약탈로 생계를 꾸렸으므로 재산에 대한 소유권도 극히 유동적이었고(강한 부족은 언제든 약한 부족의 재산을 뺏을 수 있다.) 따라서 그들에겐 빈부격차도 크지 않아 부족 내(內) 개인은 평등하고 상당한 정도의 자유를 누렸다.

2. 이슬람 발흥시기의 메카

그러다 이슬람이 발흥하기 직전, 6세기 후반 히자즈(Hijaz) 지방의 메카에 경제적 변화가 생기고 있었다. 메카는 대상(隊商) 교역의 교통 요로에 위치했고 또 성소인 카바신전 ─ 오늘날 이슬람이 가장 신성한 신전. 꾸란에 의하면 카바의 건설자는 아브라함과 그 아들 이스마엘로 되어 있다. 카바란 입방체를 의미한다. ─ 이 있어 아라비아의 유목민은 매년 일정시기 이곳을 순례했으며, 순례 기간인 신성월(神聖月)에는 성역(聖域)으로서의 메카 및 그 주변에서 모든 전투행위가 금지되었다. 이 시기(6세기 후반) 아라비아 반도의 각 부족사회는 각기 숭배하는 신들을 갖고 있었는데 이들은 메카에 카바신전에 두고 매년 특정 달에 희생을 바치고, 또 매년 많은 사람들이 순례했기 때문에 메카는 언제나 축제의 분위기였다. 이런 신앙은 메카의 중요 소득원이었다. 즉 땅이 척박해 농사를 지을 수 없는 메카는 목축을 했는데 양, 산양, 낙타 등을 순례자에게 팔고, 가축의 생산물, 양모, 가죽 등 제사에 남은 것은 상품화하여 타지방의 특산물과 교환하는 것이다.

메카는 교통요충지였기 때문에 상업의 중심뿐 아니라 금융의 중심으로 경제활동이 왕성해졌고, 이 결과 유목 내지 반(半)유목

경제에서 상업경제로 이행하게 되어 급기야 6세기 후반엔 아라비아의 최대 도시로 성장한다. 그러나 사회조직 및 그들의 의식 면에서는 부족적 연대성이나 동해복수와 같은 유목생활에 적합한 사회제도나 의식이 자리잡고 있었다.

메카의 대다수 주민은 쿠라이쉬(Quraish)라는 부족에 속해 있었다. 쿠라이쉬 부족은 스스로 대상을 조직하고 교역을 하면서부터 전에 가졌던 유목부족적인 연대의식은 희박해지고, 개인주의적 이기주의의 풍조에 물들어 부족 내 유력자들은 약소자를 돕는 부족적 의무를 망각해갔다. 부족적 집단 지향형에서 개인적 이익 지향형으로의 이런 변화는 유목적 의식구조와 새로운 상업경제적 환경의 모순과 갈등을 가져와 이슬람이 발생하는 사회적 경제적 요인이 된다.

3. 모하메드

모하메드는 쿠라이쉬 부족의 일원으로 570년경 메카에서 유복자로 태어났다. 어머니 역시 6살 때 잃은 그는 할아버지의 보호하에 있다가 그의 숙부 아부 앗딸리브에게 위탁되어 성장한다. 그의 청년 시절은 잘 알려져 있지 않으나, 메카의 대상 활동에 참가하여 성실한 사람으로 인정을 받고 25세엔 약 15세 연상의 거부 미망인 카디자(Khadijah)와 결혼한다. 그 후 40세 정도 되었을 610년경 그는 처음 알라의 계시를 받아 최초의 3년간은 그에게 찾아오는 특정인을 상대로 전도를 했고, 614년에는 대중전도에 나섰다. 그는 예언자로서의 스스로를 자각한 후 13년간을 메카에서, 10년을 메디나에서 지냈는데 꾸란의 2/3가 메카에서, 1/3이 메디나에서 받은 계시이다.

꾸란은 예언자 모하메드에게 계시된 유일신 알라의 말씀을 기록한 것으로, 그가 처음 계시받은 610년경에서 623년 타계할 때까지 약 23년에 걸쳐 간헐적으로 계시된 장구(章句)를 모은 것이다. 그가 처음 계시를 받은 것은 라마단(9월)말 히라동산에서 명상을 하다 대천사 가브리엘로부터라고 전승 — 모하메드의 언행록 — 은 전한다. 초기계시는 ① 신의 은총과 권능 ② 부활과 최후 심판 ③ 절대자에 대한 감사와 예배 ④ 베풂과 너그러움으로 요약된다.

4. 박 해

모하메드에 대한 메카 반대자들의 주된 이유는 이 종교와 교리를 수락함으로 발생되리라 예상되는 정치 경제적 영향 때문이었다. 꾸란은 내세에 궁극적 가치를 둠으로서 현세적인 것을 상대화했으며, 부의 절대적 가치를 부정하고 신앙과 선행을 강조했다. 이 선행은 부정적 연대의식의 발로가 아닌 오히려 종교적 개인주의의 가치기준에서 나온 것으로, 비록 메카가 변화과정에 있었다 해도 부족조직은 여전히 강했던 당시로선 종족의 전통을 파괴한다고 여겨 반발이 더했다. 그러나 어떤 의미에선 꾸란의 상부상조원리는 사라져가는 옛 부족적 윤리의 좋은 점의 재생이라 할 수 있다. 암튼 꾸란의 종교적 개인주의는 부족적 집단주의와 정

면으로 대립하게 됐고, 꾸란의 내세주의는 아랍부족의 현세주의
를 부정하며 지상의 모든 권위를 상대화하고 대상인(大商人)층을
정점으로 하는 메카 사회체제의 기반을 허물어뜨리는 중대사였
다. 모하메드와 대상인층은 사이가 나빴지만 당시 그를 양육한
숙부의 비호로 신변에 위협을 느낄 정도는 아니었다. 그러나 615
년경 자신들이 제시하는 교리를 첨가하면 입교하겠다는 메카 대
상인층의 제안을 거절함으로 둘 사이 대립은 더욱 격화되었다.
게다가 그를 비호하던 숙부 아부 앗딸리브가 619년 별세하고, 잇
달아 부인 카디자도 사망한데다, 또 다른 숙부 아부 라하브가 씨
족장으로서의 그의 보호를 취소하자 모하메드는 치명적인 타격을
받고 메카 동쪽 약 60㎞ 떨어진 고원도시 띠아프로 가나 거기서
도 배척당한다.

5. 히즈라(hijra)

620년경 야스리브 — 현재 메디나 — 에서 메카를 방문한 여러
명의 순례자들이 모하메드의 설교에 감명을 받고 다음 해엔 다른
동료를 데려와 아까바에서 모하메드의 가르침에 따를 것을 맹세
했다. 야스리브, 즉 메디나는 오아시스를 중심으로 농업을 주요
생업으로 삼은 도시이다. 경제적 실권은 유대인들이 장악했고, 그
외 두 아랍부족 아으스와 하즈라즈가 있었는데 둘의 계속적인 상
쟁(相爭)으로 메디나의 정국은 불안정했다. 즉 여기서도 새로운
정주사회에 적합지 못한 관습에 대치할 새로운 윤리의 필요성을

알면서도 이를 확립치 못하는 괴로움이 있었다. 모하메드는 그의
이상을 실현코자 알라를 궁극의 주권자로, 자신을 지상의 대리인
으로 인정하는 공동체인 움마(Umma)를 현실세계에 건설해야 한
다고 생각하여 메디나로 이주(이를 히즈라라고 함)한다.

한편 그를 초청하는 메디나 사람들은, 물론 그를 예언자로 인
정하는 자들이지만 또한 모하메드가 아랍부족 간의 분쟁조정자
역할을 해주길 기대했다. 메디나출신은 공정한 입장을 취하기 힘
들며, 보통사람으로는 사람을 설득시키기 힘들 것이나 모하메드
는 메카의 망명자이고, 알라의 사도이므로 적격자란 생각에서였
다. 이렇게 모하메드의 히즈라와 함께 메디나로 이주한 메카의
이슬람교도들은 무하지룬(muhājirūn), 메디나의 아랍인으로 이슬
람교로 개종한 자를 안사르(Ansar)라 불렀으며 이들은 하나의 신
앙 공동체 움마를 형성했다. 또 메카에 삶의 기반을 다 두고 와
야 했던 무하지룬을 위해 모하메드는 안사르의 자택에 무하지룬
을 생활하도록 했다.

6. 바드르(Bard) 전투와 우후드(Uhud) 전투

안사르의 도움으로 생활하던 무하지룬은 그들의 생활보장 방법
으로 '대상 습격'을 택한다. 당시 아랍 유목부족에게 있어 대상
습격은 합법적이며 명예로운 생활수단이었다. 모하메드는 메카의
쿠라이쉬 부족이 파견하는 대상을 습격할 계획을 세웠다. 이것은
메카 측과의 전면대결을 의미한다. 메카 측에선 상업 활동이 방

해받는 것은 사활의 문제이고, 쿠라이쉬 부족의 체면과 권위에 관한 일이기도 했다. 반면 메디나의 이슬람교도 측에선 약탈은 경제적 자립의 토대가 될 수 있고, 또 그들을 박해했던 불신앙자들에 대한 성전(聖戰, 지하드)이라는 대의명분도 있었다. 유목민이 아닌 모하메드가 약탈을 결의한 것에는 경제적 이익뿐이 아니라 쿠라이쉬 부족의 세력을 약화하고자 하는 의도가 작용한 것으로 보인다.

초기의 습격은 무하지룬이 주를 이루나 곧 안사르의 참가도 늘어나 바드르 전투에선 무하지룬 86명 안사르 238명이 참여했다한다. 이 전투는 두 배에 달하는 쿠라이쉬 부족의 대군을 완전 격파하여 이슬람교도에겐 자신감을 심어주고, 모하메드는 예언자적 위치가 고양되는 중요한 계기가 된다. 실제로 '예언자'란 칭호는 바드르 승리 이후에 주어진 것으로 꾸란 8장에 처음 나온다. 그 이전까진 '알라의 사도'로 칭한다. 꾸란 8장 전리품의 장에선 이 날을 "구제의 날"로 부른다. 이 승리로 이슬람교도들은 알라가 모하메드와 이슬람교도의 편임을 확신하게 된다. 더구나 전리품의 1/5을 모하메드의 집안의 경비와 이슬람교도의 궁핍한 자의 구제비로 모하메드가 취할 수 있게 한 것은 그가 일반 신도와는 다른 특수한 지위에 있음을 스스로 인정한 것으로, 가장 원초적인 형태이긴 하나 교단국가(敎團國家)의 통치와 비슷한 정치가 시작됐음을 의미하기도 한다.

바르드 전투의 승리로 이슬람 세력은 메디나에서 자리를 굳히고 모하메드와 그의 공동체는 확고부동해지나, 메카는 전쟁에서 패배한 후 잃어버린 위신 회복에 전력을 기울여야 했다. 625년 3

월 유목민을 포함하는 메카군 약 3천 명이 메디나를 공격해왔다. 이에 대응하기 위해 이슬람군은 메디나의 교외 우후드 언덕에 진을 치나 전투가 개시되기 얼마 전 일부의 신자들이 전열을 떠나고, 또 메카 기병대의 활약으로 이슬람군은 이 우후드 전투에서 고전을 면치 못한다. 메카의 이 전투의 중요목적은 모하메드가 메디나에 건설한 이슬람 공동체인 움마를 파괴하고, 바드르 전투에서의 손실의 몇 곱을 갚아주는 것이었다. 이런 메카군은 우후드 언덕에서 돌연 전투를 중지하고 메디나로의 진격 대신 메카로 회군한다. 이것은 메카의 사상자도 많았거니와 메디나의 이슬람군 이탈자인 사이비 이슬람 신자의 세력증대를 기대했기 때문이다. 그러나 바드르 전투의 승리로 알라의 도움을 확신하던 이슬람교도들은 우후드 전투의 결과를 자신들의 불신앙에 대한 알라의 처벌과, 신앙의 견고함을 확인하기 위한 수단으로 내린 시련으로 받아들였다.

7. 유대교도와의 대립과 이슬람교의 확립

메카 후기 메디나 초기 이슬람법은 유대교인이나 기독교 및 다른 일신교도에 대해 종교상의 관용을 베풀었다. 모하메드는 자기에게 계시된 것이 자기 이전의 일신교 예언자들에게 내려진 계시를 확인하는 것이라 믿어, 유대교인들을 계시받은 경전의 백성으로 생각, 그 신앙을 유지하게 한 것이다. 이것은 다른 일신교도들도 자신을 예언자로 인정해 줄 것으로 예상한 결과이다. 메디

나로 이주한 모하메드는 처음 유대교도와 맺은 협약인 '메디나
헌장'으로 유대교와 이슬람공동체인 움마의 공존을 인정했다.

또 유대교의 제도를 채택하여 메디나 초기시대엔 이슬람교도가
예루살렘을 향해 예배토록 하고, 유대교의 1월 10일(속죄일) 단식
일의 종교행사도 받아들인다. 또 예배일이 금요일인 것도 유대교
의 안식일(토요일) 준비와 상통한다. 이런 식의 친유대교 정책은
모슬렘의 전 백성의 여자와의 결혼을 허용하고 그들이 먹는 음식
도 먹을 수 있게 허용한다. 이런 식으로 모하메드는 유대교를 자
기편으로 끌어들이려 했으나, 유대교는 정치적으로 이에 동의한
흔적이 있으나 종교적 문제에선 거부했다. 유대교의 반대는 모하
메드의 유일신사상 때문이 아니라, 그가 참으로 신의 계시를 받
은 존재인가, 예언자인가 하는 부분에서 그들의 성서해석 결과
그를 인정치 않으려 한 데 있다. 결국 메디나 이주 후 2년째인
624년 유태인이 모하메드를 그들의 구약성서에 나오는 예언자
계통의 한 예언자로 인정치 않자, 모하메드는 그때까지 예루살렘
을 향하던 예배방향을 메카의 카바로 향하게 하고, 바드르 전투
후엔 1월10일 행하던 단식을 대신해 라마단(9월)달에 1개월간 단
식을 실시케 한다. 라마단 단식은 아바다드(종교적 의무 행위)의
하나로 그 달에는 일출에서 일몰까지 모든 음식의 섭취를 금한
다. 이렇게 유대교로부터 거부를 받게 되자 모하메드는 유대교에
반격을 가한 것이다. 아브라함이 세운 카바신전으로 예배방향을
바꾼 것은 이슬람교를 아랍의 전통 위에 확립시켜 세계적 종교를
이룩하려는 것이고, 유대교와의 결부를 부정하는 것이다. 카바를
향함은 아랍 다신교의 신전으로서가 아닌, 알라의 집으로서의 카

바의 의미를 강조한 것이다.

바드르 전투 후 카바신전의 건설자로서의 예언자 아브라함의 의의가 꾸란에 강조되어 계시되는데 내용은 아브라함이 그 아들 이스마엘과 함께 카바신전을 건설하고 이를 알라께 봉납했고 그 자손(아랍인) 가운데 한 사도가 나오길 간청했다는 것이다. 이것은 모하메드가 일어난 것이 아브라함과 이스마엘의 소원이 이루어진 것으로 볼 수 있게 만든다. 아브라함은 유대교도 기독교도 아닌 하니프 — 순수한 종교의 신도, 순수한 일신교도 — 이며 그의 신앙은 이슬람이었고 모하메드의 가르침도 아브라함이 믿는 일신교의 부활이라 여기며, 꾸란은 그 계시가 모세나 예수의 가르침과 동일하다고 주장한다. 이슬람의 뜻은 신에 대한 절대복종이란 아랍어에서 나왔는데 이 어휘가 꾸란에 처음 나타난 것은 바드르 전투 이후의 일로, 유대교와의 대립이 시작되면서이다.

순수한 아브라함의 종교복원으로서의 이슬람이란 성격은 모하메드의 구약성서에 관한 역사적 객관적 지식에서 도출되었다고는 볼 수 없다. 대신 꾸란은 유대교와 기독교가 본래 옳은 성전을 잘못 해석하고, 그 일부를 조작하거나 감추있다고 비난함으로써 유대교의 성서의 전통적 해석에 의거한 비난을 다른 차원에서 되받아쳤다.

카바신전을 알라의 집으로 간주하고 아브라함을 그 건설자로 여기는 것은 당시 메카와 그 주변 주민의 일반적 통념이었다. 모하메드는 이런 통념을 이용하여 이슬람교를 아랍의 민족 감정과 민족적 전통 위에 정착시키는 데 성공하여 이슬람에 의한 아랍 민족의 통합과 모하메드 자신에 대한 쿠라이쉬 부족의 적의를 약화시키는 데 기여할 수 있었다. 그러나 이것은 이슬람에 애니미즘의 요소를 남겼다는 오해와, 8세기 중엽까지 이슬람을 아랍 민족종교로 곡해하게 한 중요원인이 되었다.

8. 한다꾸(참호) 전투와 모하메드의 말년

627년 3월 쿠라이쉬 부족은 우후드 전투에서 일단 바드르 전투의 복수를 했지만 모하메드와 그 움마를 지상에서 말살할 수 없었기 때문에 다시 약 7천5백 명의 부족연합군으로 메디나 대포위작전을 행한다. 이에 대응하여 모하메드는 약 3천 명 정도의 군사를 모집하여 메디나의 적의 공격에 노출되는 모든 곳에 참호를 팠다. 쿠라이쉬 부족은 모든 재력을 원정에 소비하였으나 포위작전의 실패로 인해서 그 위신을 상실하고, 메카와 메디나의 균형은 메디나로 기울게 된다. 모하메드는 연합군이 철수하자 곧 유대교도인 꾸라이자 부족을 처형하고 628년엔 1천4백 명의 이슬람교도를 이끌고 카바신전 순례에 나섰다. 쿠라이쉬 부족은 2백 명의 기병대로 이를 저지하려 했다. 결국 후다이비야에서 향후 10년간의 휴전과 다음 해의 메카순례를 약속함으로 둘은 타협을 한다.

모하메드는 주위 여러 부족을 제압하거나 우호관계를 수립하는 한편 유대교인들을 메디나로부터 완전 추방한다. 그 후 630년 1월, 일 만 대군을 이끌고 메카에 진격하여 전의를 잃은 쿠라이쉬 부족으로부터 항복을 얻는다. 무혈입성(無血入城)한 이슬람군은

카바신전의 우상과 메카시내의 모든 우상을 파괴하여 이교(異敎)
의 시대를 종식시킨다. 아랍의 유력한 쿠라이쉬 부족을 정복한
소문이 퍼지자 많은 부족이 메디나에 사절을 보내 맹약(盟約)을
맺고 이슬람교를 수용한다. 630년 모하메드는 3만 대군을 인솔하
여 타부끄 원정을 감행하기도 했는데 이는 이슬람의 북방정책의
일환으로서, 이슬람교의 위용 과시가 목적이었다고 추정된다. 그
후 632년 모하메드는 순례를 마치고 수개월 후 세상을 뜬다.

9. 이슬람교의 발전

마호메트의 사후, 교단은 신도의 장로 중에서 교통(敎統)의 후
계자인 칼리프를 선출하였다. 그 후 아라비아반도 밖으로 진출하
기 시작하여 633−664년 시리아, 이라크, 북부 메소포타미아, 아
르메니아, 이란, 이집트 등을 정복하고 여러 곳에 기지도시(基地
都市)를 건설하였다. 그 후에도 정복사업은 계속되어 우마이야왕
조 시대에는 서쪽은 북아프리카의 대서양 연안까지, 나시 711년
부터는 이베리아(에스파냐) 반도에 침입하였고, 동쪽은 중앙아시
아와 인도 북서부까지 그 지배력이 미쳤다. 피레네산맥을 넘어
프랑스의 중추부까지 진출한 군대는 732년 푸아티에 북방의 싸
움에서 패퇴하였으나, 동방에서는 751년 여름 탈라스 강(江)의 싸
움에서 당군(唐軍)을 대파하고 중앙아시아의 지배권을 확보하였다.
아바스 왕조 초기 100년간은 칼리프 정권의 전성기였는데, 그 후
이베리아는 우마이야 가(家) 일파에 의하여 독립하고, 이어서 모로

코, 튀니지, 중앙아시아, 이란 동부, 이집트 등에도 독립정권이 출현하여 칼리프의 직할지는 점차 축소되었다.

10세기에 들어서자 921년 이후 볼가 강 중류의 불가르족(族)이, 이어서 960년 이래 톈산 남북로(天山南北路)의 투르크족(族)이 다 같이 대량으로 이슬람교를 받아들였다. 그때까지 아랍족, 이란인(人)이 중심이었던 이슬람 세계는 이 무렵부터 투르크의 패권 밑으로 옮겨지는 경향이 생겨, 10세기 말부터는 투르크계 가즈니왕조의 마호무드왕은 자주 인도에 침입하여 이 지방의 이슬람화가 확고한 기반에 놓였다. 한편 동아프리카에는 740년 무렵부터 이슬람교가 퍼지기 시작하여 1010년경에는 사하라 사막을 넘어 나이저 강변의 서(西) 수단 지방에 있는 흑인 왕국에까지 이슬람의 세력이 미쳤다. 1071년 아르메니아의 만지케르트 싸움에서 셀주크 투르크군은 비잔틴군을 격파하였다. 이때부터 서아시아의 이슬람화 투르크화가 시작되었고, 그에 대한 반동으로 일어난 것이 11세기 말부터 13세기 말까지, 거의 2세기에 걸친 십자군 운동이다. 한편 이베리아 반도에서는 기독교도의 역정복(逆征服)이 진행되어 1493년에는 무어인(人)의 최후 거점인 그라나다가 함락되고 마침내 이슬람은 북아프리카로 후퇴하였다.

이와는 달리 셀주크왕조와 교체된 오스만왕조는 발칸반도로 진출하여 1453년에는 콘스탄티노플(이스탄불)을 공략, 비잔틴 제국(帝國)을 멸망시켰다. 또 인도에 세력을 약화시킨 이슬람교도는 이곳을 기지로 하여 말레이시아, 인도네시아, 필리핀 방면에 선교를 하여 동남아시아의 이슬람화는 15─16세기에 광범한 지역을 차지하게 되었다.

현재의 이슬람교도 수는 정확히는 알 수 없으나 세계 인구의 약 25%인 12억 내외로 알려져 있다. 지역적으로는 북아프리카, 아라비아반도와 이란에 이르는 이른바 중동지역과, 동부 러시아, 투르크, 아프가니스탄, 파키스탄 서부, 중국, 인도에 이르는 동남아시아 지역에 주로 분포되어 있으며, 기타 한국, 일본 등 세계 곳곳으로 선교의 손길을 뻗치고 있다. 예를 들면, 남·북미 지역과 유럽 지역에도 오랜 이슬람 역사와 전통을 자랑하는 수백만의 모슬렘들이 있다. 특히 독일과 프랑스 지역에서의 이슬람 문화, 역사, 종교학에 관한 연구는 그 역사도 오래되었고 수준도 높다.

10. 시아파와 수니파

시아파(Shiis)와 수니파(Suunis)는 이슬람교를 양분하는 분파로, 현재 수니파가 전 세계 12억의 이슬람교도들 중에서 다수를 차지하고 있다. 교조 마호메트에게는 아들이 없었기 때문에 그가 죽은 후 후계를 둘러싸고 대립이 시작되면서 시아파가 생겨 둘로 나뉘었다. 마호메트가 죽은 뒤 아부바크르, 우마루, 우스만, 알리를 정통 칼리프로서 승인한 대다수의 신자가 수니파를 형성하였다. 따라서 수니파는 마호메트의 후계자를 정통 칼리프왕조와 역대 칼리프왕조의 칼리프(계승자, 대리자라는 뜻)로 본다.

시아파는 원래 예언자 마호메트의 정당한 후계자(칼리프)는 그의 사촌이며 사위인 알리(제4대 칼리프)뿐이라고 주창하는 사람들, 즉 시아 알리(알리의 당파)를 뜻하였다. 시아파는 알리와 그의 직계후손 11명만이 정당한 후계자이며 모슬렘 공동체의 최고 지도자이자 종교지도자를 '이맘(Imam)'이라고 주장한다. 즉 '수니'란 말은 꾸란과 함께 '마호메트의 순나(말과 행동, 관행)를 따르는 사람들'을 의미하며 '시아'는 '알리와 그 후손들을 따르는 사람들(시아트알리)'을 말한다.

1) 시아파와 수니파의 차이점은 무엇인가?

수니파는 꾸란을 영원하다고 보고 그 해석에 충실한 반면 시아파는 이맘을 마호메트에 버금가는 완전무결한 존재로 보고 그들의 꾸란 해석을 신봉하고 있다. 이란에서 종교 지도자가 국가 최고지도자로서 절대적인 정치권력을 행사하게 된 것도 이맘에 대한 독특한 인식과 제도에서 비롯된다.

또 시아는 유일신 고백, 예배, 헌금, 라마단 중 금식, 성지순례 등 수니파의 5개 기둥 외에 지하드(성전)와 선행을 추가하고 있다. 특히 이슬람 영토, 신념, 기구를 보호하기 위해 성전에 나설 수 있다고 한 지하드 개념 때문에 시아파가 과격하다는 인상을 준다.

2) 각 이슬람 국가의 종교정책은 어떠한가?

현재 시아파가 다수를 차지하는 국가로는 이란(90%) 이라크(60%) 바레인(75%) 등이 있다.

이라크는 시아파가 다수임에도 집권층은 모두 수니파 출신이었

고 바레인 역시 다수가 시아파이지만 집권층은 모두 수니파 출신
이라는 독특한 구조를 갖고 있었다. 1979년 이란 혁명에 자극받
은 이라크의 시아파는 봉기를 일으키기도 했으나 곧 진압됐다.
그러나 2003년 미국의 이라크 침공 이후 이라크 시아파는 과도
통치위원회 다수를 점하게 되었으며, 2005년 1월 실시된 이라크
총선 결과 시아파가 국정을 주도하게 되었다.

한편 1996년부터 2001년까지 아프가니스탄을 장악하고 있던
무장 세력인 탈레반은 수니파가 주축이 되었다. 탈레반이 아프가
니스탄을 장악한 후 축출된 시아파는 북쪽을 근거지로 반군(북부
동맹)을 결성, 탈레반 정부와 내전을 벌여왔으며 수많은 난민이
발생, 파키스탄과 유럽을 떠돌기도 했다.

3) 한국의 이슬람교

최초의 한국이슬람교도들은 일제강점기 때 만주로 강제 이주된
한국인들 중 극소수가 그곳에 정착한 모슬렘과 접촉하면서 생겨
났다. 광복 후 이들이 귀국하여 국내에 이슬람을 정착시키는 데
선구적 역할을 했으며, 본격적인 포교는 6·25 때 유엔군으로 참
전한 터키군에 의해 시작되었다. 1955년 9월 한국이슬람협회를 창
립했으며 최초의 이맘을 선출했다. 56년 "청진학원(淸眞學院)"을
개설하여 교육사업을 실시했고, 61년에는 문교부에 "한국이슬람교
협회"라는 사회단체로 등록했으며, 65년 격월간지 "이슬람의 소
리"를 창간하여 세계 267개 모슬렘 단체에 무료로 배포함으로써
한국이슬람의 국제적 활동의 기초를 마련했다. 66년 군소교단을

통합한 "범협의위원회"를 해체하고 새로이 "한국이슬람교중앙연합
회"를 발족했으며, 67년 "재단법인 한국이슬람교"로 법인등록하고,
70년 서울특별시 용산구(龍山區) 한남동(漢南洞)에 이슬람성원인
모스크를 건립함으로써 한국이슬람교가 본격적으로 정착하기 시
작했다. 그러나 한국에서는 다수 종교가 공존하고 있고 같은 유일
신앙인 기독교의 확산과 이슬람의 종교적 특성 때문에 독자적인
한국이슬람교의 발전에 어려움을 겪고 있다.

11. 이슬람과 기독교의 구원관

  성서가 말하는 구원이란 원죄와 그 죄의 모든 결과로부터의 구
원을 의미한다. 이슬람교에는 원죄의 개념이 없으므로 기독교에
서 말하는 죄로부터의 구원이라는 의미는 찾아보기 힘들다. 궁극
적으로 죄가 있으면 천국에 들어갈 수 없다는 의미에서 이슬람의
구원도 죄로부터의 해방이라고 말할 수 있으나 기독교의 대속적
인 구원의 개념은 전혀 아니다. 이슬람교에서의 구원은 하나님과
의 만남으로 표현하는 것이 좋겠다.
  두 종교는 같은 유일신교라 하지만 각각 의미하는 유일성이 전
혀 다르다. 기독교에서는 삼위일체의 하나님, 즉 성부, 성자, 성
령이 각각 다른 위로 구별되지만 본체는 하나인 유일한 하나님을
믿는다. 이슬람교가 주장하는 유일신론은 '타우히드'라고 하는데,
삼위일체설로 하나님을 믿는 것을 불신으로 간주한다. 이러한 이
슬람교의 입장은 성서에서 제시하는 예수의 신성과 성령의 존재

를 전적으로 부인하는 것이다.

꾸란과 성서 속에 나타난 구원의 개념과 신개념을 기초로 할 때, 두 종교의 구원에는 근본적으로 하나님의 주권이 인정된다. 기독교에서 구원은 삼위 하나님의 합동 사역으로 이루어진다. 즉 성부는 구원을 계획하고 성자는 계획된 구원의 길을 완성하고 성령은 이 성취된 구속의 효과를 각 개인에게 적용시키는 일을 한다. 이슬람교에서는 타우히드가 모든 신학적 교리, 입법제도, 종교 행위들의 근본 원칙임을 설명하며 인간이 유일신의 주권하에 있음을 가르친다.

두 종교의 이러한 하나님의 주권적인 구원에는 선택의 문제가 제기된다. 기독교에서는 타락 이후 인간 스스로 구원받을 수 없게 되었고 하나님의 무조건적 선택을 받은 자들만이 구원을 받게 된다고 말하나 이슬람교에는 이에 대한 분명한 제시가 없다.

기독교와 이슬람교의 중요한 차이점은 '어떻게 해야 구원을 받을 수 있는가?'라는 질문에 대한 대답에 있다. 기독교에서는 '주 예수를 믿으라.'(행 6:31)라고 답하므로 예수가 하나님의 아들 그리스도이며 그로 인하여 구원을 얻을 수 있음을 믿어야 한다고 가르친다. 이슬람교에서는 '하나님 외에 신이 없고 무함마드는 그의 사도이다.'라는 신앙고백은 모슬렘과 불신자를 나누는 선이며 이와 더불어 하나님과 심판의 날, 천사들, 경전들, 예언자들에 대한 믿음도 신앙의 다섯 가지 원칙으로 언급된다.

두 종교 모두 믿음을 구원의 기본적 기준으로 제시한다. 그러나 이슬람교에서의 '믿음'은 더 넓은 의미로 쓰여 선행을 포함하는 것으로 이해되며 따라서 '믿음을 갖고 선을 행하는 이들'(Qu

13:29)이 천국에 들어간다는 것이 구원의 기준에 대한 꾸란의 대답이라 말할 수 있다.

예수가 동정녀 마리아로부터 탄생하였다는 점 외에는 두 종교가 예수에 대해 대부분 다른 입장을 취한다. 무엇보다도 그의 신성에 대한 대립된 시각인데, 예수의 신성을 믿는 것이 기독교에서는 구원을 이루는 신앙의 기본이 되지만 이슬람교에는 쉬르크(알라신 이외의 다른 신을 가까이 하는 것)의 죄를 범하게 되어 구원의 길에서 벗어나게 되는 것이다. 이와 더불어 지상에서의 예수의 역할에서도 차이점을 비교할 수 있다. 기독교에서는 그는 죄인을 위한 '구원자'로서, 이슬람교에서는 인간들에게 복음을 전달하기 위한 '선지자'로서 일컬어진다. 따라서 기독교에서 강조하는 속죄 사상이 이슬람교에서는 성립될 수 없다.

기독교에서는 예수 그리스도에 의한 중재사상을 내포하고 있으나 이슬람교에는 기독교에서 말하는 중재사상이 없고 중재의 의미와 그 중재를 소유한 주체에 대해서도 다른 입장을 취한다. 성서에서는 신성과 인성을 동시에 갖고 있으며 죄가 없는 예수에게만 중보자로서의 자격이 있고 그로 인해 죄인들이 용서를 받게 된다고 가르친다. 그런데 꾸란의 중재는 원죄에 대한 중보의 개념이 아니라 지옥 불에서 고통당하는 자들을 구출해 내는 의미이다. 그리고 이슬람교에서는 궁극적인 중재자가 하나님이라고 말하는데, 이 중재권이 하나님의 허락하에 천사들, 선지자들, 신자들에게 주어지기도 한다고 말한다. 특히 심판의 날에 무함마드의 중재가 가장 중요한 것으로 간주된다.

두 종교는 모두 부활 이후 심판이 있으며, 이때에 각자의 행위에 대한 기록에 따라 심판이 이루어진다고 가르친다. 그러나 그 심판의 의미와 범위에 있어서는 차이가 있다. 기독교에서는 '믿음'에 따라 천국과 지옥으로 분리된 인간들이 그 행한 바에 따라 각각 다르게 상급이 결정된다고 한다. 이에 반해 이슬람교에서는 신자라 할지라도 죄가 있을 때에는 먼저 지옥 불로 정화된 후에 천국으로 가게 된다고 가르치므로 지옥이 불신과 악행에 대한 영원한 형벌의 결과만이 아니라 영혼의 정화라는 역할을 한다고 제시한다.

(1) 신앙고백(샤하다): "알라 이외에 신은 없다. 마호메트는 그 사도(예언자)이다."라는 것을 고백하는 일이다. 이것은 신앙의 길로 들어갈 때 고백하는 말이며, 예배나 그 밖의 경우에 모슬렘이 항상 표명하는 것이다. 이와 똑같은 표현이 꾸란에는 없지만, 이것은 모슬렘이 되는 것과 모슬렘이라는 것을 단적으로 표명하는 일이다. 즉 앞부분에서는 일신교의 원리를, 뒷부분에서는 마호메트가 신의 사도라는 것을 인정함으로써 마호메트를 통해 신이 계시한 말씀(꾸란)을 진실이라고 인정하는 것이다.

(2) 예배(살라트): 피조물인 인간이 창조주인 신 앞에서 자기를 낮추고, 신의 위대함과 영광을 찬양하는 의례적 행위이다. 1일 5회씩(새벽, 정오, 오후, 저녁, 밤) 일정한 시각에 일정한 형식을 따라 행한다. 금요일 정오, 단식 직후의 제사(祭祀), 희생제(犧牲祭), 비가 오기를 기원하는 기원제(祈願祭) 등을 지낼 때는 모스크에서 집단예배를 본다.

(3) 자카트: 희사(喜捨)나 시혜(施惠)를 뜻한다. 사다카가 자발적으로 수시로 행하는 것인 데 대해, 자카트는 일정량 이상의 재산에 부과되는 종교세(宗敎稅), 구빈세(救貧稅)라고 할 수 있다. 금전, 곡물, 가축 등 종류에 따라 과세율이 정해져 있으며 가난한 사람, 나그네, 고아 등 곤궁한 사람들에게 나누어준다. 세속화되고 있는 오늘날의 이슬람 여러 나라들은 자카트를 개인의 발의(發意)에 맡기고 있다.

(4) 단식(사움): 이슬람력의 제9월, 즉 라마단월에 행하는 단식을 말한다. 단식하는 사람은 새벽부터 해가 지기까지 일체의 음식을 끊고, 근신(謹身)해야 한다. 병이나 여행으로 단식하지 못한 사람은, 다른 달에 똑같은 일수(日數)만큼 단식을 하거나, 가난한 사람에게 먹을 것을 베풂으로써 보상(補償)할 수 있다. 단식기간은 인간 최대의 욕망인 식욕을 이기고, 먹을 것이 없는 사람들에 대한 동정을 환기시키는 때라고 한다.

(5) 순례(하지): 이슬람력 제12월, 즉 두알히자월 7~10일 사이 메카의 카바신전 및 메카 근교의 성역(聖域)을 순례하는 것을 말한다. 육체적 능력과 재산 능력이 있는 모슬렘이 일생에 1번은 해야 하는 의무이다. 이것을 '이바

다트'라고 하며, 이것은 신에 대한 인간의 봉사의무를 말한다. 이에 대해 일상생활의 인간관계, 예를 들어 혼인, 상속, 계약, 매매, 재판, 형벌, 성전(聖戰) 등을 규제하는 인간의 의무관계를 '무아말라트'라고 한다. 이바다트와 무아말라트가 이슬람법(샤리아)의 내용을 이루고 있으며, 이슬람법학(피크)이 밝히고 있는 것이다. 이슬람이란 이와 같은 생활규범 속에 표시되어 있는 신의 명령에 따라 일상생활을 영위하는 일이다. 이런 뜻에서 이슬람교는 생활에 밀착되어 있는 종교라고 할 수 있다. 모슬렘이 된다고 하는 것은 일상과 다른 특별한 생활을 하는 것이 아니라 일상생활을 자각적으로 올바르게 행하는 것을 말한다. 이슬람은 그것을 추상적인 도덕으로 가르칠 뿐만 아니라, 그렇게 하기 위한 구체적인 생활규범까지도 밝히고 있다. 이와 같은 삶의 방식 속에 현세의 복지(福祉)와 내세의 구원이 있다. 왜냐하면, 신이 그 말씀 속에 보여준 명령은 이슬람의 정의를 뜻하고, 바르게 산다는 것은 신에게 순종하며 사는 일이기 때문이다. 이리하여 이슬람의 신앙은 필연적으로 공동체적 형태를 취하고, 나아가서 국가적 형태를 취하려고 한다. 이슬람의 이 실천적 성격은, 최초로 그리고 가장 고도로 발달한 학문이 신학이 아니고 법학이라는 사실을 통해서도 알 수 있다. 그것은 단순하고 알기 쉬우며 명료하기 때문이기도 하지만, 모슬렘이 가장 먼저 직면하는 문제가 "무엇을 해야 하는가?", 즉 "어떠한 행동이 신의 뜻에 적합한가?"라고 하는 구체적인 행위규범이었기 때문이다. 신의 뜻을 알기 위해 제일의 근거인 꾸란을 바르게 해석하기 위한 과정에서 꾸란학과 문법학, 나아가 고시학(古詩學)과 전승학(傳承學)이 생겼고, 이슬람법 해석의 방법론을 밝히는 법리론(法理論) 외에 신학(칼람)이 생겼다.

Ⅱ. 힌두교(Hinduism)

브라만교의 철학을 배경으로 하는 전통적이고 민족적인 제도와 관습을 망라한 인도의 민족종교를 말한다. 힌두란 본디 인더스 강의 산스크리트 명칭인 신두(Sindhu; 大河의 뜻)의 페르시아 발음으로 인도를 가리키는 말이다. 그러므로 힌두교는 넓은 의미로 인도에서 발생한 모든 종교를 포함하는 말이 될 수 있으나, 일반적으로는 베다의 권위를 인정하지 않는 불교·자이나교를 배제한 좁은 의미로 사용된다. 또한 실제에 있어 힌두교는 하나의 종교를 넘어서 인도인의 삶 전체를 지배해 온 성스럽고 다양한 사상적 전통들과 행위의 관습들을 총망라한 매우 포괄적인 문화적 전통을 가리킨다.

1. 역 사

주전 2300－1800년 모헨조다로, 하라파를 중심으로 인더스문명이 번영하였는데, 주전 1500년 무렵 아리아인이 서북인도에 진입해 인더스문명 유적 근처인 펀자브지방에 정착하여 주전 1200년 무렵 "리그베다(Rigveda)"를 편찬하였다. 그 뒤 주전 500년 무렵까지 주요 베다성전(聖典)이 편찬되었으며, 브라만계급을 정점으로 한 브라만교가 전성시대를 맞았다. 그러나 주전 500년 무렵부터는 사회적 대변동을 배경으로 반(反)브라만교적인 자유사상가가 배출되면서 불교, 자이나교가 성립하였다. 불교가 종교, 사상계의 주류를 이루던 주전 2세기-주후 3세기 무렵 베다문화의 틀이 붕괴되고 브라만교가 토착의 비(非)아리아적 민간신앙, 습속 등을 흡수하면서 크게 변모하여 힌두교가 성립하였다. 힌두교는 브라만교를 기반으로 하면서 ① 힌두교의 핵심을 이루는 성전의 성립(기원 전후 이후) ② 종파의 성립(1-2세기 이후) ③ 강한 바그티(信愛) 사상의 대두(6-8세기 이후) ④ 탄트리즘 형성(8세기 이후) ⑤ 이슬람 침투(13세기 이후) ⑥ 영국의 지배, 서양문명과의 접촉(18세기 이후) 과정을 거쳐 오늘날의 힌두교가 성립되기에 이르렀다.

2. 성전(聖典)

가장 근본적이고도 오래된 성전은 "베다"이다. 힌두교도는 "베다"에 대하여 절대적인 권위를 인정하고 천계성전(天啓聖典)이라 부르며, 이것은 신이 만든 것도 인간이 만든 것도 아닌 성선(聖仙)이 신비적 영감을 감득하고 계시를 받아 만든 것이라고 한다. 그러나 이는 명목적인 일로 모든 힌두교도가 다 함께 절대적으로 존숭해온 것은 아니며, 오늘날 이것을 읽을 수 있는 힌두교도 또한 많지 않다. 천계성전 다음으로 권위를 부여한 문헌들에는 인도의 국민적 2대 서사시 "마하바라타", "라마야나", 일반대중의 힌두교 백과사전이라 할 만한 성전 "푸라나", "마누법전(法典)"을

비롯한 많은 법전 등을 포함한 고전서(古傳書)가 있다. 고전서는
성현의 저작으로 생각되며 대부분은 산스크리트로 씌었다.

3. 사 상

힌두교에서는 서로 모순되는 사상, 교의가 공존하며, 다른 종교
에서 보이는 정통과 이단을 둘러싼 엄격한 대립·항쟁은 별로 없
다. 이런 힌두교의 성격상 교의를 총괄적으로 개관하기는 어렵고,
다만 널리 용인된 중심사상은 다음과 같다.

1) 우주관

우주 창조에 대해서는 여러 가지 설이 있다. 절대자 브라마(梵
天)가 유희(리라)를 위해 우주를 창조하여, 이 현상세계를 브라마
의 환력(幻力, 마야)에 의해 나타난 것으로 본래는 환영처럼 실재
하지 않고 브라만만이 실재한다고 설법할 때가 있다. 우주의 중간
에 있는 대지는 메루산[須彌山]을 중심으로 한 원반으로, 그 중요
부분이 바라타바르샤 즉 인도이다. 이 우주는 브라마의 하루 동안
즉 1칼파(劫, 지상의 43억 2000만 년) 동안 지속되고, 하루가 끝나
면 다시 우주는 브라마로 돌아간다. 우주는 1칼파마다 창조와 귀
멸(歸滅)을 반복한다는 것이다.

2) 업(業)과 윤회

인간은 죽어서 무(無)로 돌아가지 않고 각자의 업에 따라 내세에서 다시 새로운 육체를 얻는다. 이처럼 생사를 끝없이 반복하는 것이 윤회(輪回)로서, 현재 각자의 성격, 계급, 행복, 불행 등은 모두 과거에 행한 업의 과보(果報)이다. 업, 윤회 사상은 우파니샤드 가운데에 처음으로 명확한 형태를 취한 것으로 힌두교의 핵심적 교의가 되었지만, 운명론이나 결정론과는 본질을 달리하고 있다.

3) 법(다르마)

행위규범으로서, 중심과제는 종성법(種姓法)과 생활기법(生活期法)이다. 종성법은 브라만, 왕족, 서민, 노예의 4계급에 부과된 법이다. 생활기법은 학생기, 가주기(家住期), 임주후(林棲期), 유행기(遊行期)라는 인생의 4시기에 관해 규정한 규범이다. 종성제도는 카스트제도와 연결된 것으로 오늘날에도 농촌사회를 중심으로 깊이 뿌리내리고 있다. 다르마의 실천은 물질적 이익을 추구하는 실리, 애정과 성애를 추구하는 애욕, 그리고 해탈과 함께 힌두교도 인생의 4대 목적으로 되어 있다.

4) 해　탈

우파니샤드의 사상가들은 업・윤회로부터의 완전한 자유, 즉 해탈을 인생의 최고 목표로 삼았다. 해탈에의 길에 대한 견해는 다양하지만 중요한 힌두교 성전인 "바가바드기타"에서 다음 3가지를 제시하고 있다. 첫째, 행동(카르마)의 길로서, 결과에 대한 이기적 집착심이 없는 의무의 수행은 과보를 낳지 않으며, 따라서 윤회에서 벗어나는 길이다. 둘째, 지식의 길로서, 참다운 자아는 육체나 감관이나 사고 등이 아니라 영원불멸하는 아트만이며, 이것은 브라만과 동일한 직관적 통찰에 이른다. 셋째, 박티의 길로서, 인격신(비슈누 또는 시바)에 대한 헌신과 사랑의 길이다. 가장 대중적인 길로서 7-8세기부터 독립된 교파로 발전되었다. 업, 윤회, 해탈의 문제는 일반 힌두교도뿐 아니라 사상가들에게도 중요한 과제로서, 힌두교의 정점을 형성한 산키아학파 등 6파 철학이 성립하여 이론적, 체계적으로 해탈과 그 방법을 연구하였다. 그중에서도 우파니샤드에 입각한 베단타학파는 인도사상의 주류를 형성하고, 현대인도 지식인의 대표적 철학이 되었다.

4. 종파와 의례

다신교적 성격을 반영, 다른 종파는 다른 주신(主神)을 중심으로 하는 그룹으로 나타났다. 대부분의 종파는 비슈누교와 시바교의 두 그룹으로 나뉜다. 그러나 힌두교의 경우 종파라고 해도 막연한 것이며 조직화된 교단, 교회라고 부를 만한 것이 없다. 힌두교 사원은 인도 각지에 무수히 존재하고 있으나 독립적이며 횡적인 조직은 없다. 사회적 조직은 카스트제도가 대용되는 것으로 생각된다. 중세 인도에는 이슬람신비주의(수피즘)가 침투해, 16세기 무렵부터는 힌두교에 이슬람교와 융합된 종교개혁의 기운이 생성되었으며 시크교 등이 성립되었다. 1858년 인도가 영국의 직할 식민지가 된 뒤 서양 사상, 문물과의 접촉을 계기로 19-20세기에 힌두교의 르네상스라 하는 큰 변동이 일어나 새로운 종파가 성립되었다.

힌두교에서는 아침마다 강이나 저수지에서 목욕하고 시바신 등의 신상(神像)에 예배한 뒤 식사를 한다. 의례에는 염주를 사용하고 만트라(神歌)를 부른다. 의례 가운데 개인의 일생을 통해 실행해야 하는 약 40가지에 이르는 삼스카라(통과의례), 특히 탄생제, 남자가 정식으로 힌두사회의 일원이 되는 입문식, 결혼식, 장례식은 중요하다. 힌두교 전통에 의하면 사람들은 각자의 성향과 관심에 따라 자기가 선택한 신을 섬기는 것은 당연한 일이며, 또한 여러 신들을 동시에 섬기는 것에서도 힌두교도들은 아무 갈등이나 모순을 느끼지 않는다.

Ⅲ. 조로아스터교(Zoroastrianism, 배화교)

불을 신성시하고 유일신을 예배하던 고대 페르시아의 종교다. 교도 자신들은 아후라 마즈다를 믿는다 하여 마즈다 예배교(마즈다야스나, Mazdayasna)라고 부르며, 한자로는 배화교(拜火敎), 불

을 숭상하는 종교라고도 한다. 조로아스터는 영어발음이다. 조로
아스터교는 짜라투스트라가 만든 종교이며 유일신교이다. 유일신
인 아후라 마즈다를 섬기며, 그의 아들이자 성령인 스펜타 마이
뉴를 통해 자신의 의지를 퍼트리고, 악한 정령인 앙그라 마이뉴
가 인간들을 유혹하고 해치는 것을 막는다.

경전 "아베스타"에 의하면, 태초에 앙그라 마이뉴(훗날의 아리
만)는 악을 택하고, 스펜타 마이뉴(아후라 마즈다의 성령)는 선을
각각 택하였다고 한다. 신자가 생각, 말, 행동에서 그 둘 중에 어
느 것을 택하는가는 자신의 선택에 달려 있다. 그 한쪽은 다른
한쪽이 없으면 의미가 없는 상호관계에 있기 때문에 '아후라 마
즈다의 쌍둥이'라고도 부른다.

조로아스터교는 베다 시대 아리아인의 종교와 뿌리를 같이 한
다. 이란 고원의 척박한 조건에서는 삶의 영위를 추구하는 가운
데에서도 덕성이라는 것이 종교의 주된 관심사가 되었지만 금욕
주의의 분위기는 없었다.

Ⅳ. 시크교(Sikhism)

16세기경, 인도의 펀자브 지방에서 힌두교인인 나나크가 창시
한 종교다. 힌두교의 신애(바크티) 신앙과 이슬람교의 신비사상을

융합한 것으로 인도 서북부의 펀자브 지방에 퍼져 있다. 힌두교에는 많은 신이 존재하지만, 시크교 같은 경우에는 이슬람교의 영향을 받아 유일신 사상이다. 또한 우상숭배나 카스트 제도에 대해서도 반대한다. 그 외에는 힌두교의 성격이 그대로 남아 있어 힌두교와 이슬람의 통합 종교라고 할 수 있다. 힌두교 개혁운동의 산물이라고도 볼 수 있는 종교다.

인도 인구의 2%가 시크교도라고 한다. 시크교의 창시자인 나나크는 제일 바탕이 되는 근본적인 신, 즉 유일신을 '참다운 이름'이라고 불렀다. 이 '참다운 이름'은 전 우주의 창조자이며 인간은 신의 피조물 가운데 가장 고귀한 존재라고 여겼다. 때문에 기존 힌두교에서 중시 여기는 '불살생(아힘사)'이라는 계명을 버린다. 나나크는 인간은 가장 중요한 피조물이므로 동물을 죽이고 먹을 수 있다고 생각했다. 대신 윤회와 업의 교리는 수용했다. '참다운 이름'에 의해 윤회로부터 해방될 때까지 그 영혼이 반복해서 태어나고 죽으며 업을 축적한다고 믿은 것이다. 하지만 나나크는 힌두교와 이슬람교의 의례와 제식주의는 모두 거부한다. 외형적인 의식을 불신하고 단순한 형태의 종교를 가르쳤다.

그리고 현대 시크교는 세 파로 갈라져 있다. 그중 우다시스 파는 기본적으로 출가자 중심으로 힌두교나 불교의 고행자와 비슷한 규칙과 원칙에 따라 생활한다. 두 번째 교파인 사하즈다체스는 시크교의 특징인 전투적 태도를 거부하고 머리카락과 수염을 깎는다. 나머지는 전투적 성격의 시크교도로서 긴 머리와 수염, 터번과 금속으로 만든 팔찌와 단검으로 알아볼 수 있다. 시크교엔 특정한 사제가 없고 누구나 예배를 지도할 수 있으며 성이나 카스트에 대한 차별이 없다. 그들은 구르드와라고 부르는 사원에서 그란트(시크교의 경전)를 대상으로 예배한다.

V. 모르몬교(Mormonism)

일명 '말일성도예수기독교'라고 하는 모르몬교는 1830년 4월 6일 뉴욕 팔미라 근방에서 요셉 스미스 2세와 그의 몇몇 추종자들에 의하여 창설되었다. 모르몬이란 이집트어와 영어의 혼합 창작어로 "더욱 선량"이라는 뜻이다. 초기 모르몬교도는 선민의식이 강하여 타 교도를 이방인 취급하다가 미움을 받아 창시자 스미스 자신도 피살되었다. 그의 후계자 영(Young)은 박해를 피해 본거지를 솔트레이크시티(salt lake city)로 옮기고 교세를 확장했다.

모르몬교에서는 그리스도의 신성을 부인한다. 예수를 하나님과 마리아 사이의 성적 관계에서 태어난 지상적 산물로 본다. 우리 인간과 똑같은 방법에서 출생되었으니 우리의 맏형 격이라고 하면서, 예수는 다처가(多妻家)였다고 말하고 있다. 또 루시퍼의 형제라고도 주장한다. 예수님은 하나님으로 승진되었으니 우리들도 예수처럼 하나님이 된다는 주장이다. 마귀도 엘로힘(신)의 자녀요, 예수의 형제라고 주장하는데 물론 그리스도의 대속을 믿지 않는다.

이렇게 모르몬교의 주장은 비성서적이다. 또한 세상의 종말에는 예수 그리스도가 1000년간 신도에게 임한다는 신앙이라든지, 사람의 영혼은 미리 어디엔가 존재하여 지상에 오는 것을 기다린다고 생각하는 등 신비적 색채가 짙은 교리를 갖고 있다. 한편, 경전에서는 금지되어 있음에도 불구하고 초기 교단의 사정으로 다처주의가 실행된 것은 유명하나 1904년 이후 금지되어 지금은 그 자취를 전혀 볼 수 없다고 한다.

Ⅵ. 결 론

이처럼 많은 종교가 이 세상에 존재하고 있지만 그 어느 것 하나 가치 없는 것이 없다. 나름대로 오랜 역사와 전통, 그리고 교리를 가지고 각각 발전되어 온 것이다. 이것은 또한 인간사회에서 발생하는 문제들이 매우 많다는 것을 의미하며 모든 사람들은 궁극적으로 종교를 통해서 그 문제들을 해결하려는 경향이 짙다는 것을 의미한다. 이러한 다종교사회에서 기독교가 어떤 방식으로 선교를 해야 할 것인가에 대한 고민은 우리의 몫이다. 다만 일방적으로 배타적인 자세를 위하거나 무분별하게 수용하는 방식은 극단적이다. 상황과 현실에 맞는 방법으로 선교를 하고 가능하면 적절한 토착화를 시도하는 것이 지혜로운 일일 것이다.

제3장 한국의 종교: 무교(巫敎)

한국인의 종교는 보통 네 가지로 나눌 수 있다. 그것은 무교
(巫敎, shamanism)와 유교(儒敎, confucianism), 불교(佛敎, buddhism),
그리고 노장사상(老莊思想)과 도교(道敎, Taoism)로 나눌 수 있
다. 그중 도교를 제외한 세 가지의 종교를 중심으로 한국의 종교
에 대한 개괄적인 연구를 해보자.

Ⅰ. 무교(巫敎)

우리가 무교를 연구함에 있어서 가장 주의해야 할 점은 무교를
미신이나 저급(低級)한 종교행위로 이해하는 것은 잘못된 것이라
는 사실이다. 무교도 종교로서의 모든 기본 요소를 갖춘 순전한

종교이다. 먼저 무교에 대한 우리의 종교적 편견을 깨뜨리고 객관적인 입장에서 무교를 보고, 성서적 입장에서 평가하도록 하자.

1. 무교의 정의

무교란 무엇인가? 그것은 사람들이 평상시 일반적인 방법으로는 풀 수 없는 큰 문제에 직면했을 때 무당의 중재를 빌려 신령들의 도움을 청하는 종교라고 할 수 있다. 무교에 의하면 사람들은 누구나 신령한 힘을 소유하고 있었으나 대부분이 타락하면서 잃어버리고 극소수의 사람만이 이 힘을 소유하고 있다고 믿었는데 이들이 바로 무당(巫當)이다.

무교의 요소로는 신령(신적 존재)과 무당(사제), 그리고 단골(신도)로 나눌 수 있다. 그런데 이 세 요소는 아무 곳에서나 만나는 것이 아니라 오직 "굿"을 통해서만 만날 수 있다.

무교의 3요소

신령(神靈)
|
무당(巫當)
|
단골(신도)

"굿"의 기능을 더 알기 위해서는 무(巫)라는 글자를 분석해보

면 더 잘 알 수 있다. 巫는 아래 위의 직선과 그 선을 세로로 연
결하는 수직선, 그리고 양쪽에 사람 인(人) 자가 두 개 있는 형
상이다. 이때 위의 선은 하늘을, 아래의 선은 땅을 상징하며, 그
것을 연결하는 수직선은 무당을 나타낸다고 한다. 신령계와 인간
계를 연결하는 무당의 직능을 잘 나타낸 글자이다. 그리고 양쪽
에 있는 사람 인(人) 자는 둘이 있는데 사람이 춤추는 모습을 형
상화한 것이다. 즉 무당은 노래를 곁들인 춤으로써 망아경
(ecstacy)에 빠짐으로써 신령을 접대하고 그 말씀을 받아 신도들
에게 전하는 것이다.

$$巫 = 一 + 一 + | + 人 + 人$$
$$(天) \quad (地) \quad (무당) \quad (춤추는 \ 사람)$$

  한국무교의 기원에 대해서 학자들은 일반적으로 그 기원을 동
북아시아의 시베리아에 있던 샤머니즘(shamanism)을 한국 무의
기원으로 본다. 시베리아에서 선령(善靈)을 섬기는 샤만을 백(白)
샤만, 악령을 섬기는 샤만을 흑(黑)샤만이라고 부른다. 이 둘 사
이의 많은 유사점에도 불구하고 가장 중요한 차이점은 망아경(忘
俄境)의 기술이다.
  한국 무교의 경우에는 천계의 신령들이 무당의 몸에 실리는 빙
의형(憑依形)인 반면, 시베리아의 샤먼들은 우리 무당의 경우처
럼 가만히 기다리는 것이 아니라 망아경이 되면 혼(魂)이 몸을
빠져나가 천상계(혹은 지상계)로 가서 신령들과 직접 만나는 이
동형(移動形)이다. 이러한 이유는 시베리아의 문화는 자연과 끊

임없이 투쟁하고 더 좋은 자리를 찾아다니는 이동형 문화인 반면, 한국은 한 곳에 정착하고 기후와 자연조건에 절대적으로 의존해야 하는 농경문화이기 때문이다.

2. 한국 무교의 역사

1) 초기역사

국가가 아직 수립되기 전인 부족사회나 부족연맹사회일 때에는 정치적 수장과 종교적 수장이 같은 이른바 제정일치(祭政一致)의 사회였을 것으로 추측할 수 있다. 이에 대해서 최남선은 "단군"이라는 단어가 북방의 알타이어 계통에서 무당을 이르는 "텡그리"라는 말에서 온 것으로 보았다. 그리고 신라의 두 번째 임금이었던 남해 차차웅(次次雄)의 경우를 보면 더 자세히 알 수 있다. 신라의 김대문에 의하면 "차차웅" 혹은 "자충(慈充)"은 방언으로 무당을 뜻한다고 했다. 학계의 일반적인 정설로는 헌재 불교 승려를 부르는 "중"이란 말은 자충에서 온 것인데 이것은 불교가 처음 들어왔을 당시에 승려를 다른 나라에서 온 무당으로 생각하고 불렀기 때문인 것으로 추측할 수 있다. 또한 부여(附與)에서는 흉년이 들면 왕이 하늘과의 교통을 잘못했다고 해서 이에 책임을 지고 죽임을 당했다고 한다.

『삼국사기』와 같은 문헌에 보면 무당의 기능은 세 종류가 있었는데 당시 왕의 옆에서 자연적 혹은 초자연적 현상을 해석해

주는 점복가(psychic counsellor)의 기능과, 왕실에 병이 생기면 병을 고쳐주는 치병자(medicine man)의 기능, 그리고 기우제(祈雨祭)와 많은 종교적 의례를 주관하는 사제(priest)로서의 기능이다. 또 유동식은 화랑도(花郎道)에서 이를 찾는데, 이른바 풍류도(風流道)에서 찾기도 한다. 그에 따르면 화랑들이 즐겨 부르던 혜성가와 같은 향가를 통해서 신령을 움직이는 마술적인 힘이 있다고 믿었다.

2) 고려의 무교

화랑도의 이러한 가무적인 성격은 고려조의 팔관회(八關會)로 이어진다. 원래의 팔관회는 불교의 법회였으나 이 의미는 사라지고 음주가무가 이어지는 축제판으로 변했다. 이 축제를 주관했던 사람은 선관(仙官)이라는 상류층 출신의 무당이었다. 이렇듯 무교는 주자학이 통치이념으로 들어서게 된 조선조까지 흥왕한 종교였다.

3) 조선과 현대의 무교

조선조에 무교는 많은 억압을 받았다. 그 대표적인 현상이 무당의 신분하락과 굿의 금지이다. 고려시대까지만 해도 상류층이던 무당은 제일 천민으로 하락했고, 성종대의 『경국대전』에서는 굿을 금하는 명을 내리기도 했다. 그러나 이미 민중들의 삶 속에 깊이 들어와 있는 무교는 쉽게 그 뿌리가 뽑히지 않았으며 오히

려 서서히 민중의 삶을 지배하는 이데올로기의 역할을 했다. 이
런 현상은 민중사회에서뿐 아니라 관청에서도 나타났는데 우선
별이나 천신에게 왕족의 수명장수를 빌던 성수청(星壽廳)의 설치
이다. 그리고 활인원이나 활인서에 무당을 집결시켜 전염병을 고
치게 했다. 또한 민비와 같은 황실의 사람들도 굿을 좋아했으며,
바로 측근에 용한 무당을 두는 등 무교는 조선시대에까지 여전히
그 세력을 유지하고 있었다. 그리고 이 무교는 끊임없는 탄압 속
에서도 존재해 왔으며 현재까지도 무교는 계속 번창하고 있는 추
세이다.

3. 무교를 이루고 있는 것들

1) 무 당

무당(巫當)은 성스러운 존재이기 때문에 아무나 되는 것이 아
니라 속된 인간의 모습을 버리고 성스리운 존재로 다시 태어나야
하는데 이 태어나는 과정에서 무병(巫病) 혹은 신병(神病)을 앓
아야 한다. 이렇게 무병을 앓는 사람은 다른 약으로는 치료가 불
가능하다. 오직 한 가지, 내림굿을 받는 길뿐이다. 그러나 만일
내림굿을 끝까지 거절하면 "인다리"라고 하는 현상이 생기는데
이 인다리는 무병을 앓는 사람의 가족이나 친척 중에서 가장 아
끼는 사람을 신령이 빼앗아가 버린다는 것이다. 그래서 무병을
앓으면 대부분은 내림굿을 한다. 이 내림굿을 통해서 무당은 다

른 사람의 아픔과 고통을 대신 짊어질 사제로 태어난다. 그리고 한평생 무당으로 살아가면서 신령을 모셔야 한다.

내림굿을 마친 무당은 신어머니나 신아버지를 모시고 여러 가지 무당으로서의 자격과 업무를 배운다. 이렇게 일정 기간의 수련을 쌓은 무당은 본격적인 업무를 하는데 그중에 가장 보편적인 것이 '무꾸리'라고 하는 점치는 행위(divine)이다. 보통 점을 칠 때에는 엽전을 사용하는데 쌀이나, 젓가락을 사용하는 경우도 있다.

이렇게 점을 치고 난 후에 액땜을 하기 위해서는 부적(符籍)을 써주기도 하고 필요에 따라서는 굿을 권하기도 한다. 부적은 민화처럼 된 것도 있고 한자를 파자(破字)해서 여러 글자를 합해놓은 것이 있다. 정신분석학자들에 따르면 이 부적에는 죽음과 환생의 상징이 들어있어 강한 종교성을 지닌다고 한다. 부적의 종류로는 석부류, 조개부, 여자 단속곳, 여자 자궁부, 호랑이코, 수닭꽁지털, 도끼부 등이 있다.

이 부적으로 안 될 경우 굿을 하는데 굿은 춤과 노래로 원귀들의 한(恨)을 풀어주는 역할을 한다. 그러나 굿은 아무 때나 하는 것이 아니다. 이 굿은 치성이나 부적으로 되지 않을 때, 즉 죽은 조상이 몹시 노했거나 집안에 억울하게 죽은 귀신이 있다든지 하는 등 귀신을 직접 불러서 달래야 할 경우에만 실시하는 것이다.

우리나라에는 여무(女巫)가 남무(男巫)보다 훨씬 많이 있다. 무당의 종류는 신이 내려 무당이 된 '내린 무당(강신무)'과, 가업으로 이어받은 '세습무'의 두 종류로 나눌 수 있다. 이 둘을 비교해

볼 때 세습무는 강신무보다 예능 면에서 뛰어난 반면 신점의 정
확도는 약간 떨어진다. 중부 이북지방에는 강신무가 많고 호남지
방과 남부지방에서는 세습무가 많이 있다는 기록이 있으나 요즈
음에는 보편적으로 편재해 있다고 본다.

2) 굿

굿의 최대 관심사는 복을 구하고 재앙을 물리치는 데 있다. 신
령은 굿을 통해서 그의 의지를 움직이고, 화를 면하고 복을 줄
수 있기 때문에 많은 이를 아는 사람들은 돈을 들여서라도 굿을
하려고 한다. 굿도 몇 가지의 요소로 구성되어 있다.

굿은 보통 굿당에서 이루어진다. 굿당의 크기는 다양한데 방
서너 칸짜리부터 몇 개의 독채로 된 굿당도 있다. 서울의 대표적
굿당은 인왕산의 국사당과 무악재의 산신당이다.

굿당을 관리하는 사람을 당주라고 하는 당지기 가족이 사는데,
이 가족 중에는 무당이 없다고 한다. 굿당에는 성스러운 나무 혹
은 하늘과 땅을 연결하는 의미로시의 '신목(神木)'이 눈에 들어온
다. 굿을 하는 방에는 무신들의 그림들이 있고, 이 무신도 위에
는 신령의 마음을 상징하는 놋쇠로 만든 명도(明渡)거울이 걸려
있다. 굿당은 보편적으로 생각보다는 작았다고 보인다.

굿은 주무(主巫) 한 사람과 보조무당 두 사람이 한다. 그리고
주무(主巫)가 춤을 출 동안에 반주를 하는 악사들이 있는데 이들
이 사용하는 악기는 보통 피리, 젓대, 해금, 제금, 장구 등이다.
그중에서도 장구와 제금을 가장 많이 쓴다.

진정한 무당이 되기 위해서는 무구(巫具)를 다 갖추어야 한다. 그중 굿과 관련된 무구로는 신령의 마음을 상징하는 명도와, 청동으로 만든 방울, 그리고 잡귀들을 내쫓을 때 사용하는 삼지창이나 월도가 있었으며, 신들린 무당이 올라가서 타는 작두도 있다. 그리고 굿 도중에 점을 치는 오방신장기라는 도구도 있어야 한다.

우리가 흔히 만나는 굿은 천신굿 혹은 재수굿과, 오구굿이다. 천신굿은 단골신도가 자기 집의 평안을 위해서 정기적으로 행하는 굿이다. 이 굿은 열두거리로 구성되어 있으며 그 내용은 지방에 따라서 약간씩 다르나 비교적 대동소이한 편이다.

우선 부정한 신이나 잡귀를 가시게 하는 부정거리로 시작을 해서 죽은 단골무당을 위한 말명거리와 가망거리가 있고, 집터나 집과 관련되어 있는 성주거리, 부락에서 모시는 산신을 위한 산신거리, 불교 계통의 신을 모시는 제석거리, 신도의 죽은 조상을 모시는 조상거리, 수호신 노릇을 하고 마마신 노릇도 하는 별상이나 호구신을 모시는 거리들, 놀이를 잘하는 신인 창부를 모신 창부거리, 재물을 벌게 해주는 대감신을 모신 대감거리, 장군과 같은 무장을 섬기는 군웅거리 등이 있는데 그 순서는 일정치 않다. 그리고 이 굿의 마지막은 굿이 진행되는 동안 참여하지 못하고 박대만 받던 온갖 잡신을 불러다 먹이는 뒷전거리(일명 뒷풀이)로 굿을 마친다.

한편 오구굿은 전형적인 사령제(死靈際)로서 죽은 영혼을 저승세계로 안전하게 도착시켜주는 굿이다. 죽은 영혼도 이승의 생활에 대한 미련으로 쉽게 저승으로 가지 못하는데 이들을 저승으로 보내기 위해서 굿을 통해 영혼을 달래어서 저승으로 보내는 일을 한다. 특히 억울하게 죽은 영혼은 저승으로 가는 길이 쉽지 않다. 그래서 이들의 영혼을 위로해 주고 달래어서 저승으로 보내는 굿이 오구굿이다.

원래 굿은 보통 해 질 때쯤 시작해서 온 밤을 놀고 난 다음날 아침나절에 끝났다고 한다. 물론 큰 굿이나 내림굿은 며칠 동안이나 하는 것도 있지만 대체로 하룻밤 사이에 다 끝난다.

신령의 숫자는 정확하게 알 수 없다. 그러나 크게 분류할 때는 천신류, 지신류, 인신류, 잡귀류의 네 가지로 나눌 수 있다. 이것은 천상신, 영웅령, 시방법계, 제불보살, 천왕, 산왕대신, 용왕대신, 도사신령, 대신할머니, 호구마마, 창부대신, 동자신령으로 나눌 수 있는데, 그중에서 주종을 이루는 부분은 천신(天神)과 지신(地神)류로서 일(日)·월(月)·성(星)·신(新)에 관한 신령, 또 산신(山神), 수신(水神) 등 자연계에 있는 사물이나 현상을 의인화해서 만든 신령을 통칭해서 말하는데 전체 신령의 60% 이상을 차지하고 있다. 이것은 우리나라가 농경사회였기 때문으로 추측된다.

반면 인신에는 조상신령이 있다. 이 중에서도 평안하게 죽은 조령과 선령, 억울하게 죽은 원귀(怨鬼)와 같은 종류로 나눌 수 있으나, 무신이라고 할 때에는 이런 개인적인 신령은 포함되지 않는다. 보편적인 인신으로는 최영 장군, 연산군, 광해군 등 영웅적인 생을 살았으나 비참하게 죽은 사람의 혼령을 신령으로 모신다. 필자는 맥아더장군 신을 모시고 있는 무당에 대해서도 들은 적이 있다.

이러한 신령들의 특징으로서는 지극히 인간적인 모습으로 나타난다. 이는 인간사회 속에 깊이 뿌리 내린 신앙의 특성으로서 민중과 함께하는 신령임을 보여주는 것이다. 또한 이러한 신령들은 자기의 영역 밖의 것에 대해서 간섭을 하지 않고 오직 자기의 영역 안에서만 활동한다.

Ⅱ. 기독교와 무교

불교나 유교와 같은 외래 종교가 우리나라에 처음 들어왔을 때 그 종교들은 한국 고유의 종교인 무교와 혼합됨으로써 그 종교의 순수성이 퇴색되고 샤머니즘화된다는 것이 일반적인 정설이다. 기독교에서도 마찬가지의 현상이 일어나고 있다.

예를 들면 기복적인 설교의 내용이나, 기복적인 신앙의 목표, 그리고 기복적인 헌금 생활 등이다. 그리고 이러한 무교적인 토양 위에서 한국교회는 양적인 성장을 해왔다. 그러므로 한국의 기독교와 무교와의 관계는 더 이상 뗄 수 없는 관계이고, 무교적인 삶의 양태가 교회 생활의 거의 대부분을 차지해왔기 때문에 무교적인 요소들을 제거하는 데에는 많은 어려움이 뒤따를 것으로 보인다.

1. 부정적인 영향

한국의 기독교가 무교의 영향을 받은 부정적인 요소 중에 가장 우선으로 꼽을 수 있는 것은 현세기복적(現世祈福的) 신앙이다. 성서의 핵심은 예수 그리스도를 통한 구원과 그 구원을 선포하는 선교행위이다. 그러나 본질적인 이러한 면을 접어두고 신앙생활을 함으로써 물질적 축복과, 건강의 축복, 그리고 현실적인 풍요로움을 그 목적으로만 한다면 신앙생활의 본질적인 면이 전이(轉移)되는 결과를 가져온다. 실제로 이러한 신앙생활의 피해가 여러 곳에서 나타나고 있다.

물질적으로 빈곤했던 시절에 이러한 기복적 신앙생활에 열심이었던 교회가 이제는 물질적 풍요의 시대를 맞아서 신앙의 궁극적인 목적을 상실하게 되었다. 그래서 교회는 신앙생활의 목적과 정체성을 상실하고 누수현상이 곳곳에서 일어나고 있다.

또 귀신에 대한 무교적인 영향이 기독교 안에 들어와서 끼친 부정적인 결과도 있다. 그 대표적인 예가 모든 질병의 원인을 귀신의 탓으로 돌리는 것이다. 이는 무교에서 죽은 조상의 귀신이 후손의 길흉을 결정짓는 중요한 역할을 하는 데 기인하고 있다. 물론 귀신이 주는 질병도 곳곳에 나타난다. 그러나 성서에 나오는 귀신이 주는 질병은 아주 드문 경우이다. 그럼에도 불구하고 우리나라의 교회에서는 마치 무교에서 무당들이 병을 치료할 때 "이 귀신아, 이것 먹고 물러나라." 하고 소리를 지르는데 교회에서도 목사들이 동일한 방법을 사용하고 있는 것은 무교의 영향을 받은 증거일 것이다.

그리고 또 부정적인 영향은 기독교의 기본 삶의 규범인 '세상 속의 소금'과는 대치되는 기도원 중심의 신앙생활이다. 목사나 신도는 일정 기간 동안 기도원에서 금식을 하거나 작정 기도를 함으로써 '능력'을 받는다고 생각한다. 그리고 그 능력을 받으면 또 내려와서 능력을 행사하고, 능력이 떨어지면 또 기도원으로 가는 등, 마치 무당이 산 기도를 반복적으로 함으로써 '영력'을 얻는 것과 유사하다 하겠다. 그리고 방언이나 예언 등의 현상적인 은사를 강조하면서 마치 방언을 하지 못하면 구원을 받지 못한 것처럼 생각하는 경향이 두드러지게 나타났다.

물론 성서에서 예수도 산에서 기도를 했고, 한적한 곳에서 기도하기도 했다. 그러나 예수의 기도는 생활 속에 정착된 기도였지 신비한 능력을 얻으려고 한 것은 아니었다. 오히려 예수가 금식기도를 한 후(마 4장), 제일 먼저 한 말은 귀신을 쫓아내는 것이 아니라 가난과, 온유와, 깨끗한 마음 등이었다(마 5장의 산상수훈). 기도하는 자세가 나쁜 것이 아니라 기도를 통해서 일시적인 신비한 힘을 충전받으려는 자세가 부정적인 것이다.

2. 긍정적인 영향

물론 무교화된 기독교가 전혀 부정적인 역할만을 한 것은 아니다. 긍정적인 결과로는 교인들의 열심이 증가되었고, 무엇보다도 수적으로 엄청난 성장을 가져왔다. 그리고 기독교인들의 증가로 공익사업에도 많은 부분을 담당하게 되었다. 교회가 학교를 세우고 병원을 세우는 일은 사실 다른 종교나 사회단체보다 더 많이 있는 일이다.

그리고 해외선교를 위해서 선교사를 파송하는 일에도 열심을 내게 되었으며, 말씀에 대한 사모함이 성서공부를 활성화시키기도 했으며, 신학교육의 수준이 질적으로 향상되는 결과를 가져왔다.

Ⅲ. 효과적인 선교를 위하여

이러한 긍정적, 부정적 측면이 모두 무교의 영향을 받은 결과이다. 물론 다른 나라에서도 그 나라의 토착 종교와의 결합을 통해서 생겨난 종교의 새로운 양태는 많이 있다. 이런 종교를 '토착화(土着化)'종교라고 하는데 그 대표적인 예가 아프리카의 원시종교와 기독교와의 만남이다. 마이클 커웬이 쓴 『아프리카와 선교사』라는 책에 보면 부족의 전통종교와 결합된 기독교를 심는 가톨릭 사제의 이야기가 나온다. 여기서 그가 처음에는 가톨릭의 전통을 그대로 옮겨 놓으려고 하였다가 아프리카인의 심령에 깊이 뿌리 내린 종교성이 우상숭배의 차원이 아니라 민족정신의 일종과 같은 것임을 발견하고서 선교의 정책을 바꾸었다. 그는 우선 아프리카의 민족종교인 정령숭배에 대한 부정적인 인식을 없

애고 그 마을의 정신적 지주인 주술자와 대화를 시작함으로써 그
들의 종교문화를 이해하게 되었다.

그러므로 기독교와 무교와의 결합에서 생긴 부정적인 요소들을
극복하기 위해서는 성서의 전통으로 돌아가는 운동이 필요하며,
긍정적인 결과는 토착화시켜서 더욱더 교회의 선교를 위한 힘으
로 축적하는 것이 바람직할 것이다. 또한 그것이 한국교회의 성
장의 열쇠인 이상 그것을 포기하려는 소극적인 자세보다는 더욱
더 적극적으로 적용해서 이용하는 자세가 바람직하다고 본다.

제4장 불교(佛敎)

Ⅰ. 세계 종교로서의 불교

1. 불교의 세계화

일찍이 토인비(A. Toinby)는 세계를 이끌어 나갈 종교는 기독교와 불교라고 했다. 불교는 지금의 이란 지방에서부터 동쪽으로 필리핀을 제외한 모든 지역을 적어도 한 번쯤은 불교국가로 만든 경험이 있을 정도로 위세를 떨친 종교이다. 사실 불교는 중국이 공산화되기 전까지 세계에서 가장 신도수가 많은 종교였다.

불교는 인도에서 발생하여 힌두교와 이슬람교의 침입으로 그 자리를 잃고 11-12세기 이후에도 거의 그 세력을 잃었지만 선교에 역점을 두어서 동남, 동북아시아로 전파되었다. 이렇게 불교의 전파가 쉬웠던 이유는 불교가 가진 세계관이나 인간의 궁극적인 문제를 다루는 심오한 철학적 깊이에 있다. 이 사상은 동양인의 심혼(心魂)을 흔들어 놓았고 불교는 동양에서 가장 적극적으로 전파되기 시작했다.

특히 민족적 자존심이 강한 중국에서조차 불교의 세력은 강하게 전파되었다. 이뿐만 아니라 우리나라에도 불교가 전파되었는데, 고구려에서는 주후 372년 소수림왕 2년에 불교를 받아들였으며, 조금 늦은 때 백제도 불교를 받아들였다. 그런데 이 두 나라의 불교 도입과정에서는 전통종교와 별 마찰 없이 불교가 들어왔다는 공통점을 가지고 있다. 그 이유로는 고구려와 백제는 불교에 압도되어서 우선 받아들이기에 급급했을 것으로 보기 때문에 충돌을 할 시간적인 여유가 없었다고 보는 것이 일반적인 견해이다. 신라의 경우는 불교를 받아들이는 과정에서 이차돈의 순교가 있었으나, 다른 종교가 타 문화권 안으로 들어가서 자리를 잡는데 치르는 일반적인 희생과는 비교할 수 없을 정도로 평안한 가운데 자리를 잡았다.

이러한 이유는 불교의 선교 전략이 주효했기 때문이다. 즉 불교는 다른 문화와의 충돌을 가능한 한 피하고 일단 불교를 심어놓고 난 후에 점차 불교화를 꾀하는 전략을 썼기 때문으로 보인다. 이후로도 불교는 선교를 할 때나 지배 종교가 되었을 경우에라도 다른 종교를 무시하거나 억압, 박해하는 행동을 하지 않았다. 이는 불교의 기본 정신인 자비(慈悲)에서 나온 것이다.

2. 이성적(理性的)인 불교

불교는 이성을 매우 중시하는 종교이다. 불교는 인간의 궁극적 문제에 대한 해결은 잘못된 현실을 직시하고 확실히 이해하면 자동적으로 풀리는 것이지 어떤 대상이나 그 대상의 능력을 믿어서 되는 문제가 아니라고 보고 있다.

그런 이유로 깨달음에 이르는 길로서 불교가 제시한 '여덟 가지의 바른 길(八正道)'을 보면 믿음에 관한 조항이 하나도 없다. 대신 첫 번째 조항으로 바른 이해를 뜻하는 '정견(正見)'을 놓은 것으로 보아서 불교가 얼마나 이성적인 견해를 중요시하는가를 알 수 있다. 불교에서 이성을 중시한다는 말은 달리 표현하면 불교는 매우 인간적인 종교, 다시 말해 개인의 이성과 판단을 가장 신뢰하는 종교라고 할 수 있다. 밖에서 권위를 찾는 것이 아니라 자신의 내부에서 건전한 권위를 찾는, 즉 자기 스스로가 주인이 되는 것을 가장 중요시하는 종교이다.

그 예로 붓다가 열반에 가까워졌을 때 제자들과 나누었던 대화에서 보면, 제자들이 묻기를 "스승께서 가시면 우리는 어떻게 수행을 해야 합니까?"라고 묻자, 붓다는 그 유명한 법설, 즉 법을 등불 삼아 스스로를 밝게 비추면서(自燈明) 나가야 할 것을 가르쳤다. 즉 항상 스스로 다시 생각해 보고 맞는다고 생각되면 따르고 그렇지 않으면 따르지 말라는 것이다.

이것은 인간은 어떤 권위에도 복속되어서는 안 되며 오로지 자신의 다리로 홀로 설 수 있어야 한다는 말이다.

불교에서 이렇게 다른 권위를 인정하지 않는 정신은 후대에 선불교(禪佛敎)에서 그 꽃을 피워 '길에서 붓다를 만나면 붓다를 죽이고 조사를 만나면 조사를 죽여라'라는 유명하지만 살벌한 경구를 탄생케 하기도 했다.

3. 석가모니의 일생(一生)

붓다는 주전 6세기경에 태어났다. 그는 인도의 카필라라는 조그만 성읍에서 태어났는데, 그의 아버지는 인도의 카스트의 두 번째 계급인 크샤트리아 계급으로서 무사였으며 왕이었다. 붓다는 어머니가 아이를 낳기 위해서 친정으로 가던 길인 '룸비니'라는 곳에서 태어났다. 전설에 의하면 붓다는 어머니의 옆구리로부터 나와서 연꽃 위로 일곱 걸음을 걸은 뒤 하늘과 땅을 가리키면서 '하늘 아래에서 존귀한 자는 오로지 나일뿐이다(天上天下唯我獨尊)'라는 말을 남겼다고 한다. 성인들이나 종교의 지도자들은 이와 같은 일반적으로 신비한 탄생설화를 가지고 있다.

그의 어머니는 그를 낳은 지 칠 일 만에 세상을 떠나고 그의 이모가 붓다를 양육하게 되었다. 어머니를 일찍 잃은 붓다는 아마 인생에 대한 많은 회의를 갖게 되었을지도 모른다. 그래서 붓다는 종교적인 문제에 대해서 예민했을 것으로 본다.

붓다의 출가(出家)에 대해서 한 이야기가 있다. 붓다가 축제 중에 우연히 나가본 네 성문의 이야기에 붓다가 출가를 결심한 내용이 들어있다. 첫 번째 성문에서는 노인을 만나게 되어 인간은 늙으면 추해진다는 사실을 처음으로 알았고, 두 번째 성문에서는 시체를 보게 되어 인간은 죽는다는 것을 알았고, 세 번째 성문에서는 병든 거지를 만나서 질병이 사람을 얼마나 고통스럽게 하는지 처음으로 알게 되었으며, 네 번째 성문에서는 고귀한 모습의 승려를 보고 자신도 저런 승려처럼 살겠다고 결심했다는 이야기이다.

그런 와중에 붓다는 '야소다'라는 여인과 결혼을 해서 '라훌라'라고 하는 아들을 낳았다. 붓다는 야소다 말고도 몇 명의 아내가 더 있었다고 하는데 그는 왕의 아들로서 그야말로 질탕하게 놀았다고 한다. 이렇게 질탕하게 놀던 어느 날 아침, 잠에서 깨어나 자신의 추한 모습에 환멸을 느끼며 출가를 결심한다.

그는 힌두교의 유명한 성자인 두 분의 '구루'를 만나서 초인적인 고행을 한 것으로 알려져 있다. 그 다음 그는 고행을 그치고 목욕을 한 후에 깨달음을 얻기 위해서 보리수나무 아래에 앉아 온갖 고뇌와 번뇌의 유혹을 물리치고 칠 일 만에 새벽별을 보고 깨달음을 얻었다고 한다. 그는 이름처럼 '눈뜬 이'가 된 것이다.

이렇게 깨달음을 얻었지만 붓다는 한 동안 깨달음을 만끽하면서도 앞으로 가르침을 펼 것인가 말 것인가를 주저했다고 한다. 왜냐하면 자기가 깨달은 경지가 하도 높아서 일반 사람들이 감히 이해하지 못할 것이라는 생각 때문이었다. 그러나 그는 이를 설법하기로 결심하고 이후로부터 40년 동안을 가르쳤으며 80세에 세상을 떠났다.

Ⅱ. 불교의 기본교리

불교는 어떤 교리에 대한 고백이나 믿음으로 현재 인간이 처한 궁극적 문제를 풀 수 있다고 말하진 않는다. 대신에 인간이 처한 실존적 상황을 정확히 파악하고 그것에 대해 대처할 수 있는 방법을 따르기만 하면 된다고 가르친다. 불교가 이를 위해 제시하는 방법은 크게 네 가지이다.

1. 사성제(四聖帝): 네 가지의 성스러운 진리

불교의 교리는 일반적인 것들로서 누구나 가지고 있는 이성에 호소하는 것들이다. 다음의 네 가지의 고통은 붓다가 네 개의 성문을 지나면서 보았던 모습들에게서 많은 영향을 받았다.

1) 첫 번째 진리: 인생은 괴롭다(苦帝)

삶이 괴롭고 힘들다는 것은 인도인들이 가지고 있는 전형적인 생각이다. 이 '삶은 괴롭다'라는 명제는 어느 특정인에게만 해당되는 것이 아니고 인간이라면 보편적으로 그 내면에 괴로움과 고통이 실존해 있다는 것이다. 그러니까 인간인 이상 누구나 괴롭다는 것이다. 이 진리는 붓다 자신이 왕궁의 호화로운 생활 속에서도 그의 마음에 남아 있던 고통을 근거로 한 것이다.

　전통적으로 불교에서는 인간의 고통을 네 가지 혹은 여덟 가지로 범례화시켜 말한다. 우선 네 가지의 고통은 생(生), 로(老), 병(病), 사(死)를 말하고 있다. 특히 이 네 가지의 고통 중 마지막에 나오는 죽음의 고통은 붓다에게조차도 중대한 문제였다. 그는 자신이 출가한 이유 중의 하나가 영원히 살 수 있는 방법을 찾으려는 것이었다고 말했다.

　여덟 가지의 고통으로는 위의 네 가지에다 다른 네 가지가 더해진다. 우선은 사랑하는 사람을 만나지 못하는 고통과, 미워하는 사람을 만나는 고통, 그리고 가지고 싶은 것을 가지지 못하는 고통, 이 일곱 가지에다 마지막으로 이 몸을 이루고 있는 것 자체가 고통이라는 것이다.

2) 두 번째 진리: 고통의 원인은(集苦)

　전통적으로 불교에서는 모든 고통의 원인을 욕심, 성냄, 어리석음에서 찾는데, 이 가운데 욕심을 가장 큰 원인으로 생각한다. 더욱이 한 걸음 더 나아가 그 욕심, 혹은 집착은 왜 생기는가라는 질문 앞에 불교에서는 '자신이 존재하려는 데에 대한 욕구' 때문이라고 한다.

　불교의 교리에서는 이 '나'라고 하는 개념이 매우 중시된다. 우리는 바로 이 '나'라는 의식(自己意識) 때문에 다른 사람들과의 수많은 관계 속에서 괴로워하고, 스스로 자기를 이롭게 한다는 명목으로 끝이 없는 욕심과 집착을 일으켜 한없는 고통 속에 빠져드는 것이라고 본다.

3) 세 번째 진리: 고통이 끝난 상태(滅苦)

불교에서는 고통이 완전히 끝난 상태, 즉 열반(涅槃, 니르바나) 혹은 해탈이라고 부르는 상태에 들어갈 수 있다고 주장한다. 원래 니르바나는 그 의미가 '불어서 끄다.'라고 하는데 인간에게 잠재되어 있는 모든 욕망, 갈망, 집착, 애증 등을 완전히 절멸시킨 상태를 말한다.

4) 네 번째 진리: 대자유로 가는 길(道苦)

이 네 번째 진리로서 불교가 철학이 아니라 종교라는 것이 드러난다. 이 네 번째 진리는 다른 사람과 같이 니르바나의 경지에 이를 수 있는 자비와 사랑을 표현한 것이다. 붓다는 이 네 번째 진리의 길을 걷기 위해서 중도(中道, middle path)를 제시한다. 이 중도는 여덟 가지의 바른 길(八正道)을 의미하는데 이 여덟 가지의 바른 길은 바른 이해, 바른 생각, 바른 말, 바른 행동, 바른 직업, 바른 노력, 바른 주의(念), 바른 집중이다. 이러한 것들을 바르게 행할 때 대자유(니르바나)하게 되는 것이다.

2. 불교적 진리의 보편성

석가모니는 불교의 진리가 보편적이라는 사실을 설명하기 위해서 '옛 성(城)의 비유'를 말한다. 즉 이것은 자신이 설법한 모든 가르침은 마치 숲 속에 감추어져 있다가 발견된 옛 성과 같다는 것이다. 말로만 듣던 옛 성을 찾으러 다녀보니 그 성으로 가는 길에는 이미 많은 선인들의 발자국이 있고, 그 발자국을 따라가 보니 성을 발견할 수 있었다는 것이다. 이런 근거로 불교에서는 과거불과 미래불, 즉 석가모니보다 먼저 진리를 깨달은 사람과 나중에 깨달을 사람이 있다는 것을 인정한다.

이렇듯 불교의 교리는 보다 탄력적이고 관용적이다. 그러므로 불교는 자신의 가르침이 최고라고 생각할지언정 다른 종교에 대한 배타적인 자세를 취하지 않는다. 그리고 더 나아가서 불교도는 자신이 불교도라는 사실조차도 초월해야 진정한 불교도가 된다고 말한다. 바로 여기에 불교의 포용성과 관용성의 위대함이 있다.

Ⅲ. 불교의 발전

붓다의 사망 이후 대승불교(大乘佛敎)가 등장한다. 대승불교는 주로 중국, 한국, 일본에 전파된 북방불교를 말하지만 티베트에서는 그곳의 토착신앙과 합해져서 금강승(金剛乘) 불교라는 독특한 불교를 만들어 내었다. 이렇게 해서 불교는 세 가지의 큰 갈래, 즉 장로불교, 대승불교, 금강승불교로 나뉘어 발전한다. 여기에서 는 우리나라의 불교 형성에 큰 영향을 준 대승불교에 대해서만 살펴보기로 한다.

1. 대승불교(大乘佛敎)불교의 출현

붓다가 죽은 후 불교는 많은 변화를 겪었다. 그중에서 두드러 졌던 것은 불교가 승단 중심이 되어 승려들의 수행만을 지나치게 강조했다는 점이다. 이것은 붓다 스스로가 그렇게 비판했던 승려 들의 아집과 독선의 결과였다. 이에 반발해서 새로운 불교 운동 이 일어났는데 이것이 바로 대승불교이다.

대승불교의 특징은 이웃에 대한 사랑이 강조됨에 따라 보살(菩 薩)이라고 하는 개념이 생기게 되었다. 이 보살은 이 지상에 아 직 깨닫지 못한 이웃이 한 사람이라도 남아 있는 한 나는 성불 (成佛)하지 않겠다든지, 지옥에 이웃이 한 사람이라도 남아 있는 한 나는 지옥을 나오지 않겠다는 등 자비심을 지닌 많은 보살들 이 생겨나게 되었다. 이러한 보살들의 삶은 여섯 가지 바라밀의 힘으로 나타났다.

첫째, 보시(布施)바라밀로서 보시라는 말은 "나눔", "베풂"이라 는 말이다. 여기에는 재시(財施), 법시(法施), 무외시(無畏施)의 세 가지가 있는데, 재시는 돈이나 재물 등의 가진 것을 더불어

사는 모든 생명들과 함께 나누는 것이고, 법시란 진리의 가르침 등 내가 아는 것을 이웃에게 되돌리고 나누는 것을 말하고, 무외시란 다른 사람의 마음을 편안하게 하는 것을 말한다.

둘째, 지계(智械)바라밀로서 계율을 잘 지키는 바라밀이다. 이 지계바라밀은 몸으로 살생이 아니라 살리며, 훔치는 것이 아니라 베풀고, 사악한 음행이 아니라 정결한 삶을 가꾸고, 입으로는 거짓말을 하지 않고, 아부하는 말이 아니라 곧은 말을 하고, 이간붙은 말이 아니라 화합하는 말을 하고, 험악한 말을 하는 것이 아니라 유순한 말을 하고, 그리고 욕심내는 것이 아니라 자비로우며 지혜로운 삶, 즉 열 가지 선행(十先行)을 해야 한다고 주장한다.

셋째, 인욕(忍辱)바라밀로서 욕된 것을 참아내는 것으로서 성내는 마음을 다스리는 덕목이다. 이 인내는 무턱대고 참는 것이 아니라 사물의 이치를 알아 마음을 비우는 것을 말한다.

넷째, 정진(精進)바라밀로서 쉬임 없는 노력의 덕목을 말한다. 이미 확립한 다른 목표를 향해서 쉬지 않고 한 걸음씩 정진해 나가는 마음이다.

다섯째, 선정(選定)바라밀이다. 선정은 항상 대상을 좇아 출렁이는 마음을 하나 되게 하여 가라앉히는 훈련을 말한다.

여섯째, 지혜(智慧)바라밀이다.

이상과 같은 바라밀의 힘을 가진 대표적인 보살로는 관세음보살이나 지장보살 등인데, 이들은 사람이 아니라 붓다가 지닌 수많은 공능(功能)을 여러 개로 나누어 인도인 특유의 엄청난 상상력으로 의인화, 혹은 신격화시킨 것이다.

이렇듯 보살의 신격화는 붓다에 대한 신격화로 변하게 되었다. 이러한 붓다의 신격화는 붓다 자신이 그렇게 원하지 않았던 것이었다. 그러나 다른 종교와 마찬가지로 죽은 다음에나 좋은 세상에서 다시 태어나기를 원하는 일반 민중들의 간절한 염원의 결과로 다른 종교와 거의 구분할 수 없을 정도로 종교화되어 갔다.

2. 화엄불교(華嚴佛敎)

주후 1세기경부터 중국에 전래된 대승불교는 13개의 종파로 나누어졌는데 그 영향은 실로 대단한 것이었다. 그 대표적인 영향은 그 당시 중국철학의 주류(主流)였던 도교 사상이 불교의 유입으로 말미암아 완성되기도 했다. 그중에서 가장 활발한 운동을 벌인 종단은 화엄종단이다. 이 종단은 인도에서 발생하기는 했으나 그 사상적 완성을 본 곳은 중국이다. 그들은 '십지품(十地品)'과 '입법계품(立法界品)'을 경전으로 삼고, 그와 유사한 경전을 모아서 '화엄경(華嚴經)'이라는 경전을 완성했다.

화엄철학은 총체성(總體性)의 철학이라고 불린다. 전 우주를 붓다의 깨달음의 입장에서 바라보면, 우주 안의 모든 사물 혹은 원리가 서로 연관관계가 있다는 것이 총체적인 화엄사상의 기본이다. 형상적으로 보면 개개 사물들이 모두 떨어져 있어 서로 아무 관계도 없는 것처럼 보이지만 사실은 내적으로 복잡한 관계 속에서 상관되어 있는 것이다. 이것은 마치 바다의 섬들이 겉으로 보기에는 서로 떨어져 있지만 바다 밑으로는 모두 하나로 연결되어 있는 것과 같다고 하겠다.

　이 사상은 최근 서구(西歐)에서 사상적 근거를 위한 자료로 많이 사용되고 있다. 즉 인간의 몸에는 서로 다른 많은 조직과 혈관이 있음에도 불구하고 서로 연결되어서 상호 의존적인 기능을 가지고 있다는 사실을 통해서 알 수 있다. 특히 동양의 침술 같은 한의학이 서양의술과 함께 사용되고 있으며, 기(氣)를 통한 치료와 같은 동양의 총체적 사상을 반영하고 있는 것들이 서구의 합리적인 사상의 자리에서 인정을 받기 시작했다.

3. 천태종(天台宗)

　천태종은 '법화경(法華經)'을 그 경전으로 하는 종단이다. 이 법화경은 어떤 특정 집단의 경전이었으므로 처음에는 많은 핍박을 받았으나 나중에 대중적인 경전으로 인정을 받게 되었다. 이 천태종은 6세기 중엽 중국에서 지의라는 승려에 의해서 창단되었고, 한국에서는 고려의 의천(義天)에 의해서 창단되었다. 이 천태종은 10세기 중엽의 고려 제관스님에 의해서 '천태사교의(天台四敎議)'라는 저술을 통해 한층 발전했다.

　이 법화경을 가장 중시하는 나라는 일본이다. 이상하게도 일본에서는 법화경을 좋아해서 천태종이 거대종파로 남아 있다. 이 법화경의 정신을 가장 잘 이어받은 현재 일본의 종파는 '나모호렝케교'로 알려진 '창가학회(創價學會)'이다.

4. 미륵불교(彌勒佛敎)

미륵사상은 민중들에게 가장 가까웠던 불교이다. 그런데 이상하게도 미륵불교는 종파를 형성하지 않고 민중들 속으로 잠적해 버렸다. 미륵은 통상적으로 '다시 오실 부처님(當來佛)'이라 불린다. 이 미륵신앙은 부처를 이 땅으로 끌어들여 이 세상을 불토국, 혹은 용화선경(龍華仙境)으로 만들려는 지극히 현세중심적인 불교이다.

미륵은 기존의 불교 내부권보다도 오히려 새로운 질서 혹은 개혁을 갈망하는 수많은 민중불교 혁명가들에게 인기가 높았다. 민중들이 현실 생활에서 겪는 신분제, 수탈 위주의 세금제 등 말로 할 수 없는 질곡에서 벗어나는 유일한 길은 미륵이 재림해서 고통과 모순과 탐욕밖에 없는 기존 질서를 무너뜨리고 새로운 세상을 열어주기를 기대하는 사상이다.

이 미륵 사상은 정치적인 운동을 일으키기도 했는데 그 대표적인 운동이 백련교(白蓮敎)라는 민중종교단체이다. 이 운동은 14세기 중엽에 한산동이라는 민중종교가 원(元)왕조의 정복을 목적으로 하고 미륵신앙을 도입함으로써 정치적인 집단이 종교적인 교리를 결합시킨 전혀 새로운 종교 정치적 민중운동단체로 태어나게 되었다. 이 운동은 청(淸)대까지 지속되었다.

한국에도 미륵사상이 들어와서 많은 변화를 겪었다. 신라의 진흥왕은 자신이 불교에서 말하는 최고의 통치자인 전륜성왕이라고 했으며, 삼국유사에는 미륵신앙에 관해서 얽힌 많은 이야기가 나온다. 우리나라에서도 많은 이야기의 대부분이 민중 속에 들어와 잠적해 있는 미륵신앙에 관한 것이다. 그래서 지금 우리나라에서는 미륵상이 400개 정도밖에 없으며, 그나마 다른 불상(佛像)에서 보는 것과 같은 세련된 멋이 결여되어 있는 것이다.

미륵불교가 하나의 민중종교운동으로 그치고만 다른 이유는 그 종교를 지지하는 지지구조가 취약했다는 것을 이유로 들 수 있다. 즉 미륵신앙은 기득권층에게는 위험한 사상으로 여겨졌을 것이고 경계의 대상이 되었을 것이다. 기득권자들이 지지하지 않는 종교는 그 생명력이 길지 못하거나, 그 운동의 세력이 미약하다. 미륵신앙은 이런 이유로 불교운동의 작은 지류에 불과한 것이었다.

Ⅳ. 기독교와 불교

기독교와 불교는 그 종교적 구성에 있어서는 흡사한 부분이 많이 있다는 것을 알 수 있다. 또 경전에 나타나는 이야기도 성서의 이야기와 비슷한 내용이 여러 곳에서 발견된다.

그러나 이러한 유사점들은 사람이 사는 세상의 보편적인 일치에서 오는 것으로 볼 수 있다. 그럼에도 불구하고 기독교와 불교에서는 많은 부분이 차이가 나고 있다. 불교의 교리와 기독교의 교리의 측면에서 그 차이점들을 교리문답의 형식으로 하나씩 연구해보면 다음과 같다. 단 미륵신앙이나 후기 불교의 사상을 배제한 순수한 붓다의 가르침을 그 판단의 기준으로 삼는다.

1. 사람의 제일 되는 목적은 무엇인가

불교에서는 사람의 제일 목적이 성불(成佛), 즉 부처가 되는 것이다. 그러나 기독교에서 사람의 제일 목적은 하나님을 영화롭게 하고 그를 즐거워하는 것이다(고전 10:31, 롬 11:6 시 73:24-26, 요 17:22-22).

2. 불경과 성서가 제일 요긴하게 교훈하는 것은 무엇인가

불경은 사람이 사람답게 사는 길을 가르치는 것이지만 성서에서는 사람이 하나님에 대하여 어떻게 믿을 것과, 하나님께서 사람에게 요구하시는 본분이 제일 중요한 것이다(미 6:8, 요 5:39, 20:31 등).

3. 부처와 하나님의 차이는 무엇인가

부처는 '선생', '도덕군자', '깨달은 사람'의 뜻으로서 완성된 사람을 의미한다. 그리고 부처는 셀 수 없을 만큼 많이 있다. 예

를 들면 서쪽에는 아미타불, 동쪽에는 아촉불, 정광여래불, 문수
사리불 등등 이루 말할 수 없을 정도이다. 또한 예정(豫定)으로
민중을 구원하지 못하고 다만 인연(因緣)을 따라서 저절로 될 뿐
이다.

그러나 하나님은 한 분이시고, 그의 존재하심과 지혜와 권능과
거룩하심과 공의와 인자하심과 진실하심이 무한하시며 무궁하시
며 불변하시는 분이시다(요 4:24, 출 3:4, 시 147:5 엡 1:1, 행
4:27-28 등).

4. 사람에 대한 관점은 어떻게 다른가

불교에서는 사람을 흙, 물, 불, 바람 이렇게 네 가지 원소로 구
성되어 있다고 한다. 그러므로 사람이 죽으면 이 네 가지의 원소
가 없어지는 것일 뿐 영혼은 없다고 한다. 그렇기 때문에 사람의
죄와 악을 전혀 인정하지 않고 있으며 다만 환상과 같은 것이고
일장춘몽(一場春夢)일 뿐 인생은 고해(苦海)와도 같다. 그리고 이
고해에 빠진 인간을 구원해 주지 못하고 자신도 고해에 빠진 인
간임을 제자들에게 시인했다.

반면에 기독교에서는 하나님이 친히 자기의 형상을 따라서 사
람을 지으시고 지식과 공의와 거룩함이 있게 지으사 모든 생물을
주관하게 하셨다. 또한 기독교에서는 하나님의 법을 불순종하거
나 어기는 것을 죄라고 규정하고 있으며(요일 3:4, 약 4:17, 롬
3:23), 이 죄에 빠진 인생을 부처처럼 그냥 두지 않으시고 은혜의

계약을 따라 미리 택하신 자들을 그 아들 예수 그리스도의 피로 구속하셨다(창 1:27, 골 3:10, 엡 4:24 등).

5. 생명에 이르는 회개가 있는가

불교에서는 생명에 이르는 회개가 없다. 선과 악이 없으며 죄의식도 없기 때문에 회개도 없다. 그러나 기독교에서 생명에 이르는 회개는 곧 구원 얻는 은혜인데 이로 말미암아 죄인이 자기 죄를 깨닫고 또 그리스도 안에서 하나님의 긍휼하심을 깨달아 자기 죄를 원통히 여기고 미워함으로 죄에서 떠나 하나님께로 돌아가서 든든하게 결심하고 마음과 힘을 다하여 새로이 순종하는 것이다(행 11:18, 고후 7:11, 렘 31:18-19, 행 26:18, 시 119:59 등).

6. 의롭다 하심이 있는가

불교에서는 부처가 중생을 의롭다고 하지 않는다. 의롭다는 용어조차 없다. 선과 악의 구별도 없으므로 당연히 회개도 없다. 그러나 기독교에서 의롭다 하심은 하나님의 값없는 은혜로 정하신 것으로서 그가 우리의 모든 죄를 사유하시고 그 앞에서 우리를 옳게 여겨 받으시는 것이니, 이는 다만 그리스도의 의를 우리에게 돌려주심인데 오직 믿음으로만 받는 것이다(엡 1:7, 고후 5:19-21, 롬 4:5, 3:22, 24, 25, 5:17-19 등).

또한 불교에서는 성화의 교리도 없지만 기독교에서는 거룩하게 하신 것은 하나님의 값없는 은혜의 역사인데 이로써 우리가 하나님의 형상을 좇아 온 사람이 새로워짐을 얻고 점점 죄에 대하여는 능히 죽고 의에 대하여는 능히 살게 되는 것이다(살후 2:13, 엡 4:23 - 24, 롬 6:4, 6, 14, 8:4, 벧전 1:2 등).

7. 죽음과 부활에 대해서 어떻게 다른가

불교에서는 사람이 불교를 열심히 믿다가 죽을 때 부처는 아무런 유익을 줄 수 없다. 왜냐하면 석가모니 자신도 여름 날 돼지고기를 먹은 후 배탈이 나서 설사병으로 죽음을 맞은 한 인간에 불과하기 때문이다. 그리고 죽음 후의 부활에 대해서도 함구하고 있다. 불교에서는 사람이 산다는 것은 한 조각의 구름이 없어지는 것과 같다고 한다. 그러므로 부활이란 있을 수 없다.

반면 기독교에서는 신자가 죽을 때 그 영혼은 완전히 거룩하게 되어 즉시 영광중에 올라가고, 그 몸은 여전히 그리스도께 연합하여 부활 때까지 무덤에서 쉰다(눅 23:43, 16:23, 빌 1:23, 고후 5:6 - 8 등). 뿐만 아니라 신자가 부활할 때에는 영광중에 다시 살아남을 입어 심판 날에 밝히 안다 하심과 죄 없다 하심을 받고 완전히 복을 받아 영원토록 하나님을 흡족하게 즐거워하는 것이다(고전 15:42, 43, 마 25:33, 34, 10:32, 살전 4:17, 시 16:11 등).

V. 맺는말

불교를 종교라고 볼 수 있는가? 사실 이 문제에 대해서는 정확한 진단을 할 수는 없다. 엄밀히 말하면 원시불교의 형태에서는 종교적인 색체를 찾아보기가 어렵다. 그리고 붓다 자신도 자신이 신격화되거나 종교화되는 것을 원하지 않았다. 그렇지만 불교는 엄연한 종교로 인정받고 있다. 이것은 아마 후기불교에서 나타난 강한 내세사상과 미륵신앙 때문인 것으로 본다.

그렇다면 현재의 불교는 원시불교와는 다른 변형된 불교로 보아야 할 것이다. 물론 종교는 그 특성상 토착화를 하기 때문에 서로 다른 유형을 가지고 발전하는 것이지만 불교의 경우는 본질이 전이(轉移)되는 기현상을 가져왔다고 볼 수 있다. 그러므로 우리가 불교에 대해서 이야기할 때는 종교라는 범주에 넣기가 어려울 것이다. 사실 불교는 그 원래적인 성격상 종교의 범주에 들어갈 수 없는 것이다. 석가모니 자신도 새로운 종교를 창설하려는 마음은 없었기 때문이다. 그러나 종교는 내세사상이 강하게 들어 있고 숭배사상이 강해야 발전한다는 일반적인 요청에 의해서 불교가 종교화되는 결과를 가져왔다.

아무튼 불교의 사상은 치열한 삶의 현장에 살면서 소유하는 것이 미덕이라고 생각하는 현대인들에게는 신선한 환기를 해줄 수 있는 고상한 철학이라고 본다.

제5장 유교(儒敎)

　고대 중국에서는 유교(儒敎)라는 말보다는 유학(儒學)이라는 말을 사용하고 있다. 그러나 현재는 유학이 유교라는 종교의 한 형태로 남아 있기 때문에 본 장에서는 유교라는 용어를 사용하는 것이 더 적합하다고 본다.

　유교는 수기(修己)와 안인(安人)의 가르침이다. 즉 스스로를 닦고 그 닦은 바를 바탕으로 다른 사람을 편안하게 해 주는 것이다. 불교식으로 하면 안으로는 지혜를 구하고 밖으로는 중생을 교화시킨다고 하는 것과 같은 셈이다. 이것을 제대로 할 수 있는 이를 유교에서는 군자(君子)라고 불렀는데 이 군자가 되는 것이 평생의 목표였다.

Ⅰ. 유교의 개괄적 이해

1. 공자(孔子)

공자는 그 명성과는 다르게 외모는 볼품이 없었다. 앞이마가 짱구처럼 튀어나왔으며, 앞니(齒)도 많이 튀어나온 못생긴 얼굴이었다. 그리고 그의 부모는 결혼 전에 공자를 낳았는데, 이 전력이 후에 스승으로서의 시빗거리가 되기도 했다고 사기(史記)는 전하고 있다.

공자는 노나라에서 태어나서 춘추전국(春秋戰國)시대가 시작되기 4년 전 즈음에 세상을 떠났다(이 부분에 대해서는 아직도 논란이 일고 있다). 그의 신분은 별로 높지 않았으나 그의 아버지가 무사계급으로서 귀족의 자제가 받는 교육을 받았다. 그 공부의 결과로 이미 30세에는 독자적 입장을 가진 학자로 인정을 받았으며, 50세경에는 벼슬길에 올라 지금으로 말하면 건설국장을 거쳐 법무부장관까지 지낸 사람이었다. 그리고 50대 중반에는 14년간의 방랑세월을 보내었으며, 60대 후반에는 방랑세월 끝에 온갖 실망을 가지고 낙향(落鄕)해서 5년여 동안 후학을 가르치는 일을 했다.

공자는 중국 역사상 도덕이나 정치를 가르쳤던 최초의 교사였고, 개인 자격으로 학교와 학파를 세운 최초의 교육자 및 학자였다. 특히 교육에 대한 공자의 열정은 대단해서 신분체제를 뛰어

넘어 누구든지 가장 작은 예물인 육포묶음만 가져오면 가르치기를 거절한 적이 없다고 한다.

공자는 말하기를 15세에 학문에 뜻을 두어 70세가 되어서는 모든 일을 뜻대로 행해도 법도에 어긋나지 않았다는 이야기가 있다. 이것은 배우기 시작하는 단계에서부터 가장 높은 경지까지의 지적 성숙도를 단계적으로 밝힌 것이다. 계속해서 30세에 뜻을 세워 후퇴함이 없이 굳건히 서고(立), 40세에는 지적인 균형이나 심리적 성숙을 이루어 더 이상 미혹에 빠지지 않았으며(不惑), 그런 상태로 10년을 더 지내다 보면 모든 것이 하늘에 의해서 결정된다는 천명을 확실히 알게 되었고(知天命), 60이 되면 좋은 말을 듣든 나쁜 말을 듣든 감정의 흔들림이 없는 도인(道人)의 경지에 다다르더라는 이야기를 했다.

2. 유교의 경전 사서삼경(四書三經)

사서는 "대학(大學)", "논어(論語)", "맹자(孟子)", "중용(中庸)" 삼경은 "시경(詩經)", "서경(書經)", "주역(周易)"을 말한다. 삼경에다가 '춘추', '예기'를 더한 것이 오경이다.

'대학', '논어', '맹자', '중용'을 특별히 사서로 분류하여 각별히 중요하게 여기게 된 것은 전적으로 주희 때문이다. 특히 '대학'과 '중용'은 각각 '예기'의 한 장에 불과했지만, 주희에 와서 비로소 각별한 중요성을 부여받았다. 주희는 1190년에 그 네 가지 문헌을 '사자(四子)'라는 이름으로 한데 모아 간행했다.

그렇게 한데 모아 일컫은 까닭은 다음과 같다. 첫째, 사서가 공자와 맹자의 언행을 담고 있는 데 비해, 오경은 그들 성인들과 한 단계 혹은 그 이상 떨어져 있는 문헌들이다. 둘째, 사서는 성(性), 심(心), 인(仁), 의(義)에 대한 통찰로 가득하며 그 안에서 리(理)를 찾을 수 있다. 셋째, 사서는 학문의 체계적인 방법론을 보여준다. 그렇다면 문헌 네 가지를 한데 모아 일컫고 간행한 일이 왜 중요할까?

주희 시대 이후 유교사상 관련 논의들은 거의 전적으로 사서를 중심으로 이루어졌다. 또한 1313년부터 1912년까지, 사서는 중국의 학교 교육과 과거 시험에서 국가가 공인한 기본 교재였다. 사서는 600여 년 동안 중국 사상의 기본 틀을 제공했다고 해도 지나친 말이 아니다. 주희의 사서 확정이 지니는 또 하나의 중요한 의의는, 오경 대신에 사서가 유학 사상의 정통적 권위를 지니게 되었다는 점이다. 주희는 사서의 주석을 집필하는 작업에 평생 몰두했고, 심지어 세상을 떠나기 사흘 전까지도 '대학'의 주석을 다듬었다. 주희의 사서 주석을 한데 모아 '사서집주'(논어집주, 맹자집주, 대학장구, 중용장구)로 일컫기도 한다.

한편 주희는 오경 가운데 '춘추'를 제외한 나머지 네 문헌에 대한 주석도 집필했다. 그러나 주석 작성에 임하는 주희의 태도는 그 이전 유학자들과는 무척 달랐다. 주희는 무엇보다도 비판적이고 회의적인 태도에 충실했다. 예컨대 주희는 '시경'의 서문이 후대의 필자들에 의해 집필, 추가된 것이며, 사랑을 노래하는 시를 도덕적인 교훈을 담은 시로 해석하는 오류를 범했다고 지적했다. 또한 '서경'의 문장 스타일이 고대의 필자가 작성했다고 보기 힘들며, 한나라의 공안국이 집필했다는 그 주석도 사실은 그 이후인 위진(魏晉) 시대에 작성된 것으로 보아야 한다고 주장했다.

학문하는 올바른 방법 혹은 절차로 볼 때도 사서는 각별하다. 주희는 사서의 순서를 '대학', '논어', '맹자', '중용'으로 정했는데, 아무렇게나 그렇게 한 것이 아니다. 주희는 '대학'에서 학문의 큰 틀을 세우고, '논어'에서 튼튼한 기초를 닦고, '맹자'에서 보다 상세하고 면밀한 측면을 다지고, '중용'을 통해 심원한 철학적 측면을 심화시킬 수 있다고 보았다. 주희 이후 사서를 배우는 사람들은 대부분 주희가 제시한 순서에 따라 사서를 차례로 익혔다.

사서의 구체적인 해석에서 볼 때도 주희는 혁신적이었다. 예컨대 '맹자'의 '양혜왕상' 첫 부분을 보면 맹자가 양나라 혜왕에게 이익(利)보다는 올바름(義)을 따를 것을 권한다. 주희는 여기에서 올바름을 하늘의 이치[天理]로, 이익을 인간의 사사로운 욕구[人欲]로 풀이한다. 주희 이전의 주석가들은 글자의 뜻을 단지 사전처럼 풀이하는 것이 보통이었다. 이에 비해 주희는 경서의 문장을 리(理)의 철학에 바탕을 두어 보다 철학적으로 해석했다. 리의 철학을 완성한 것에 못지않게, 사서를 확정하고 그 의미를 새롭게 해석한 것 역시 주희가 중국 사상사에 끼친 매우 중요한 공헌이다.

3. 중용과 대학

사서삼경 중에 특히 『중용』에서는 "하늘로부터 부여받은 것을 인간의 본성이라고 한다."라고 시작함으로써 유교가 종교라는 것을 강조하고 있다. 유교도는 하늘의 선한 성품을 그대로 이어받았기 때문에 그것에 맞추어 살려면 당연히 착하게 살아야 한다고 주장한다. 여기서 신유학의 이론이 나온다.

또 『중용』에서는 하늘의 도가 절대적 성실에 있고 그것을 완성시켜 나가는 자는 바로 인간이라고 함으로써 하늘과 인간의 연계성에 확실한 단서를 제공하고 있다. 그런데 이 성실은 다름 아닌 중용으로 유교인들이 추구해 나가야 할 일생의 목표가 된다는 것이다.

『대학』에서는 "수신제가치국평천하(修身齊家治國平天下)"라는 유명한 말이 나온다. 그리고 수신(修身)을 하기 전에 행해야 할 네 단계가 있다. 이 네 단계는 사물을 탐구하고(格物), 지극한 지혜를 얻으며(至知), 생각을 절대적으로 성실하게 하고(誠意), 자신의 마음을 바로 해야 한다(正心)는 것이다.

Ⅱ. 한국의 유교사상

1. 삼국시대의 유교

우리나라에서 유교와 첫 접촉을 한 계기는 한문과의 접촉을 통해서 이루어졌다고 본다. 기록에 의하면 4세기(372년) 고구려에서는 태학을 세워 교육을 실시했고, 전국에는 경당이라는 보통학교가 만들어져서 오경이나 중국의 역사, 활쏘기 등을 가르쳤다. 또 기록에 보면 부모가 상(喪)을 당했을 때 입었던 옷이 중국의 것과 똑같았다고 한다. 이는 이미 유교식 관습을 따랐다는 것을 의미한다. 그리고 영양왕 11년에 태학박사 이준건이 『신집』 다섯 권을 지었다는 기록이 나타나는데 이는 이미 박사(博士)제도가 시행되고 있었음을 알 수 있는 자료이다. 이처럼 유교는 고구려 사회에 있어서 교육기관을 통해서 국민의 의식형성과 사회역할을 수행하는 중요한 역할을 했음을 알 수 있다.

그리고 백제에서는 고구려보다 좀 더 늦은 시기에 유학을 받아들였는데 그 이전까지 백제인들의 생활양식은 마한(馬韓)인들의 생활양식을 따르고 있었다. 그러나 유교가 들어온 후 백제인들의 생활은 예의를 중요시하는 전형적인 유교사회로 탈바꿈을 하게 되었다. 뿐만 아니라 백제의 고흥은 오경박사로서 유교의 경전을 교육했으며, 전의는 일본으로 건너가서 유학을 가르칠 정도로 뛰어난 유학자들을 배출했다.

한편 신라에서는 일찍이 6부 촌장들이 모여 덕망 있는 자를 왕으로 추대하였는데 그가 바로 박혁거세였다. 이러한 신라의 정치, 사회정신은 유교의 그것과 일치하는 경향이 짙었는데 이러한 정신적 배경으로 인해서 신라에서의 유교는 매우 활발한 움직임을 보였다. 그 대표적인 예가 신문왕 2년(628년)에 설립된 국립대학인 국학(國學)이었다. 이 국학에서는 유학의 고전을 교육하였는데 여기에서 화랑도의 세속오계가 나왔다. 이같이 신라는 유교를 현실적 상황에 알맞은 것으로 반영하여 국가윤리로 승화시켰다.

2. 고려시대의 유교

고려에서도 국자감을 세워 유교교육을 실시했다. 특히 고려의 성종은 신하 최승로와 함께 불교식 축제인 연등회와 팔관회를 없애버리고 국자감(國子監)을 세워서 유학을 교육했다. 그리고 고려 말기는 당시에 가장 첨단을 걷던 학문인 주자학(朱子學)이 등장했는데 이것은 조선조 유학 발달의 원인이 되었다. 주자학은 성리학과 비슷하기는 하지만 성리학이라고 할 때 그것은 주자 한 사람만의 사상이 아니라 여러 사람들의 사상이 들어 있기 때문에 주자학과 구별된다.

3. 조선시대의 유교

유교가 종교로서 우리나라에서 역사하기 시작한 것은 14세기 말 조선왕조가 시작되면서부터이다. 곧 신유학이 도입되어 불교를 배척하고 국가의 통치이념으로 등장했던 때이다. 15, 16세기에는 성균관, 집현전 등을 세우고 한국의 문물을 재정비하고, 한글을 창제하는 등 많은 공헌을 했다. 조선조에는 유학을 도학(道學) 혹은 예학(禮學)이라고 했는데 이 전통은 사림파에 의해서 계속 계승되었다. 이 사림파는 정주학을 더 깊이 신봉하고 명분이나 절개, 지조, 의리를 무엇보다 더 소중하게 여겼던 사람들로서 중종 때에는 과감한 유교식 정치개혁을 주도하다가 기묘사화(己卯士禍)를 일으키기도 했다.

Ⅲ. 유교와 한국사회

우리 국민들은 종교가 무엇이든지 간에 유교적인 삶과 의식이 몸에 배어 있다고 본다. 이는 오랜 세월 동안 우리의 생활을 지배해온 생활철학과도 같은 것이기 때문이다. 유교가 한국사회에 끼친 영향을 중심으로 그 관련성을 살펴보자.

1. 윤리관(倫理觀) 형성

유교의 가르침 중 현재의 한국인의 생활에 가장 영향을 많이 미친 덕목은 아마도 오륜(五倫)일 것이다. 그 가운데서도 부자유친(父子有親)으로 대변되는 효(孝)의 강조와, 장유유서(長幼有序)로 표현되는 상하 질서의식, 또는 부부유별(夫婦有別)로 나타나는 남녀차별은 현재 한국인들의 대인관계의 전부라고 할 수 있을 정도이다.

특히 장유유서(長幼有序)에 따라서 상하(上下)로 나누는 데에는 항상 아랫사람의 도리만이 강조되는 경향이 있어 왔다. 그리고 한국에는 유교의 산물 중 하나인 복잡한 경어(敬語)와 호칭이 있다. 또한 유교의 부정적인 영향중의 하나는 권위주의의 강화이다. 유교는 연하자(年下者)에게 더욱더 많은 도리만을 기대하는 권위적인 면이 강하다.

그리고 유교에서는 여자의 위치가 지극히 미미하다. 가령 과부들의 재혼문제나 유산상속 문제만 보아도 조선 중기부터 여성들에게 불리하도록 변했다는 것을 알 수 있다. 이 조선 중기는 유교가 상당히 정착되어서 그 영향력을 백성들 가운데서 완전하게 행사하기 시작하던 때인데 조선 중기 이전까지는 제사를 지낼 아들이 없으면 시집간 딸이라도 데려와서 제사를 지냈으나, 조선 중기 이후부터는 아들이 없으면 양자(養子)라도 데려다가 제사를 지내게 하는 등 여성의 권위는 보잘것없는 것으로 낮아졌음을 알 수 있다.

그러나 유교가 여성을 존중하는 측면도 있다. 예를 들면 며느리 적에는 시어머니에게 많은 수모를 겪지만, 시어머니가 되면 엄청난 대우를 받는다든지, 아들을 못 낳을 때에는 온갖 구박을 다 받다가 아들을 낳으면 그 지위가 상승되는 등 유교의 기본적인 요구에 부응할 경우에는 여성에게도 상당한 대우를 허락했다.

2. 가족주의(家族主義)의 영향

효의 경우만 보아도 내 부모에게 효도를 하는 것이 우선적이었다. 더구나 할아버지나 아버지 등 남자들의 권위가 많이 강조되었기 때문에 이들을 제외한 나머지 가족들의 인권은 무시되기 십상이었다. 따라서 자기 자신을 가능한 한 주장하지 않고 위의 권위에만 순종하는 혹은 눈치만 보는 경향으로 흘러서 개인생활이 많이 위축되었다.

이 가족주의는 언어생활에서도 나타난다. '나', '내 것'이라는 말보다 '우리', '우리 것'이라는 말에 더 익숙하다. 또한 가족을 중심으로 해서 개아성(個我性)이 약해지는 것은 우리나라의 가옥의 구조에서도 볼 수 있다. 보통 양반의 집은 담이 높아서 바깥에서는 안에서 무슨 일이 일어나는지를 알 수 없다. 그러나 일단 안에 들어오면 사랑방과 안채 등이 연결이 되어 있어 무슨 일이 있는지를 잘 알 수 있다. 이는 가족 중심적인 생활에서 나온 것이다.

이런 가족 중심주의는 족보(族譜)를 중요시하고 종친회(宗親會)를 중시하는 경향을 낳았다. 심지어는 주거지를 결정함에 있어서도 같은 성씨끼리 한 지역에 집중적으로 모여 사는 집성촌(集姓村)이 우리나라에는 많이 있다.

가족주의의 가장 대표적인 것이 바로 제사(祭祀)이다. 이 제사만큼은 기독교인을 제외하고는 온 국민들이 지키고 있다. 왜 이렇게 제사를 열심히 지내는 걸까? 그것은 우선 누구나 자기의 뿌리를 확인해서 자기의 존재의 배경을 알고 싶어 하는 욕망 때문일 것이다. 그리고 자기 자신도 후손에게 기억되고 싶은 욕망도 함께 포함되어 있다. 제사야말로 가장 효성스러운 일이라고 가르치는 것도 이러한 복합적인 의미가 있음을 알아야 한다.

유교가 가져다준 긍정적인 영향으로 제일 먼저 꼽을 수 있는 것은 배움에 대한 높은 열의이다. 유교의 경전인 『논어(論語)』가 배울 학(學) 자로 시작을 하고 있다. 공자도 사람은 교육을 통해서만 변화시킬 수 있다고 했다. 그리고 그는 실제로 개인 학교를 세우고 후학을 가르치는 일에 열심이었다.

또한 유교는 우리나라의 발전에 공헌을 했다. 그 이유로는 개인보다는 공익을 우선으로 생각하고, 집단을 우선으로 생각하며, 나보다 회사를 우선으로 생각하는 의식이 산업을 발달시키는 결정적인 역할을 했다는 것은 부인할 수 없는 사실이다.

한편 유교의 정신을 통해서 교육받은 많은 지성인들이 배출됨에 따라서 한국의 민주화에도 많은 기여를 했다. 우리나라의 문맹률은 5% 미만이다. 이 수치는 세계 다른 나라의 수치와 비교하면 상당히 낮은 수치이다. 그 결과 많은 책들이나 정보가 나오게 되었으며 많은 학교들이 생겨서 수준 높은 교육을 하는 나라가 되었다. 그러나 이러한 긍정적인 역할 뒷면에는 입시지옥이니, 취업전쟁이니 하는 부정적인 요소들도 숨어 있다는 것을 알아야 한다.

Ⅳ. 유교와 기독교

한국의 기독교는 피할 수 없이 유교와의 상관관계 속에서 성장해왔다. 그리고 그 속에서 상호 영향을 주면서 지내왔다. 그 영향을 준 내용을 크게 세 가지로 볼 수 있다.

1. 유교의 가족 중심주의와 개교회 중심주의

유교의 가족 중심, 혈연 중심주의는 교회에도 상당한 영향을 미쳤다. 우선 꼽을 수 있는 것은 혈연 중심의 의식이 개 교회를 부흥시키는 일에 많은 역할을 했다. 교회를 건축하는 일에 정성으로 헌금을 한다든지, 교회의 어려움을 나의 어려움으로 알고 최선을 다해서 봉사하는 등 교회 성장에 많은 긍정적인 역할을 했다. 그러나 지나치게 개 교회 중심주의와 교파중심주의로 흐르는 등 부정적인 역할을 했음을 부인할 수도 없다. 세계에서 찾아볼 수 없이 많은 교파들, 신학교들, 이해관계에 얽혀서 교회가 갈라지는 등의 부정적인 영향을 유교에게서 받았다고 볼 수 있다.

또한 유교의 가부장적 권위 체계가 가져온 긍정적인 영향으로는 교역자와 중직자를 중심으로 한 교회의 시스템이 교회 성장에 큰 역할을 했다. 교역자의 목회철학이 교우들에게 잘 전달되었고 또 교역자의 말을 잘 순종하는 교우들의 헌신과 순수한 봉사의 결과로 교회가 화목하고 건전한 공동체로 성장할 수 있었다. 반면, 지나친 가부장적인 권위의 결과로 교우들의 뜻을 교직자들에게 전달할 방법이 없었으므로 많은 분열의 원인이 되기도 했다. 또 교역자를 지나치게 신성시함으로써 교역자가 타락할 수 있는 여지를 많이 남겨 놓은 것이 부정적인 영향으로 볼 수 있다.

또한 유교가 여자를 천시한 데 대한 반발로 우리나라의 기독교는 초기부터 차별대우를 피해 온 여성들이 많았다. 그래서 교회나 교회를 통해서 세워진 많은 학교들이 여성들을 교육해서 문맹률을 낮추는 데 많은 역할을 했다. 그래서 여자들은 교회 안에서 신분이 많이 상승되었다. 그러나 반면에 수많은 고급 여성인력이 교회 안에서 그 재능을 묻어두고 있다. 이것은 교회가 유교로부터 받은 부정적인 영향들 가운데서 가장 심각한 것이라고 볼 수 있는데, 성서에서도 여성을 천하게 보는 헬라인의 관념이 들어 있는데 이 두 가지가 맞물려서 교회 안에서의 여성의 지위가 너무 낮아졌다. 여성들은 식사 대접이나 봉사하는 일에만 임하고 있을 뿐이다. 앞으로 여성인력을 더욱 적극적으로 활용하는 방안이 강구되어야 할 것이다.

2. 유교의 제의 중심적 생활과 예배

유교에서 조상에게 제사를 드리거나 3년간 시묘살이를 하는 등 제의는 상당히 중요한 위치를 차지하고 있다. 그중에 제사를 드리는 일은 현재까지도 철저하게 지켜지고 있을 정도다. 이 제사에 대한 집착

과 의무감은 예배생활에도 잘 나타나 있다. 특별히 새벽예배나 수요
예배, 그리고 주일 저녁예배와 같은 것은 세계교회사상 찾아볼 수 없
는 귀한 신앙의 요소들이다. 이 예배생활에 철저한 생활은 한국 교회
의 신앙생활이 성서를 벗어나지 않는 건전한 신앙생활이 되게 하는
데 중요한 역할을 했다.

또한 이 예배를 통해서 설교를 듣고, 말씀을 공부하는 등 유교
의 학문에 대한 열정이 교회 안에서 성서를 연구하고 공부하는
열정으로 승화되었다. 그래서 한국교회는 성서를 연구하는 데 세
계 제일이라는 말을 많이 들어 왔다.

반면에 제사를 통해서 조상신들로부터 액땜을 하고 복을 비는
기복신앙이 기독교에 들어오게 되었다. 이 기복신앙은 세계에서
도 찾아볼 수 없을 정도로 특이한 것으로서 제사를 통해서 복을
받으려고 하는 유교의 전통이 예배를 통해서 하나님께 복을 받으
려고 하는 신앙으로 변질된 것이다. 기독교의 본질은 기복신앙이
아니다. 복은 하나님의 말씀대로 사는 가운데 주어지는 부수적인
것일 뿐이지, 그것이 최후의 목표가 되어서는 안 된다.

바울은 "나는 상급을 바라보고 달려간다."고 했다. 그러나 그
상급은 현세적인 축복을 말하는 것이 아니었다. 그러나 우리는
현세적인 축복에 지나치게 집착하고 있다. 그리고 '내가 열심히
기도하고 예배를 드리면 내 후손이라도 복을 받겠지.' 하는 신앙
도 기복신앙의 일부일 뿐이다. 성서에 나오는 후손의 복은 현세
적인 복이 아니라 앞으로 이루어질 하나님의 나라의 성취에 대한
예표일 뿐이다.

3. 유교의 지나친 윤리의식과 교조주의

유교의 이러한 지나친 의식은 성서를 중심으로 하는 건전한 신앙생활을 하는 데 많은 도움이 되었다. 유교에서는 바르게 사는 길을 가르쳤고 그것이 유교인의 평생의 과업이라고 했는데, 기독교에서도 초기부터 술 담배를 금하게 하고, 주일을 철저하게 지켰으며, 성서의 내용을 문자적으로 지키려는 시도가 한국교회의 신앙을 성서적으로 올려놓았다. 그래서 기독교인은 윤리적인 측면에서 일반 사람들로부터 인정을 받았고 또 그것이 선교에 상당한 긍정적 요인이 되었다.

반면 이러한 삶에 대한 지나친 요구는 윤리적인 높은 수준을 요구하게 되었고, 그렇게 살지 못하는 사람들에 대해 교리적 잣대로 비판과 정죄가 있었다. 이것이 결국은 한국 장로교회의 극단적 분열을 낳았고 수많은 이단 논쟁의 시비를 가져왔다. 그리고 그 영향은 아직도 출신학교와 교단을 따지는 부정적인 역할을 하고 있다.

Ⅴ. 결 론

유교는 종교적인 체제를 갖추고 있으나 실상 그 체제가 갖추어진 것은 공자 이후 시대였다. 그러므로 유교의 본래적인 의미를 가지고 종교냐 아니냐를 굳이 따진다면 종교가 아니라 하나의 가르침(學)이라고 보아야 할 것이다. 이것은 유교에 가미된 제의적인 의미를 뺀 원시 유교를 의미하는 말이다. 그러므로 현재 우리나라를 비롯한 유교를 숭상하는 국가에서 행해지고 있는 상벌(賞罰) 개념의 유교는 그 원래적인 의미에서 크게 벗어나 있는 것이라고 할 수 있다.

  우리는 유교적인 삶의 원칙을 긍정적으로 활용하는 일에 최선을 다해야 하지만 유교의 지나친 교조주의가 가져온 폐단에 대해서는 부정적인 입장을 취하는 것이 옳다고 본다. 그러므로 유교의 긍정적인 면이 사라지고 있는 이 시대에 반드시 있어야 될 좋은 점은 취사선택을 하되 부정적인 측면은 좀 더 효율적이며 합리적인 사고구조로 바꾸는 것이 필요하리라고 본다.

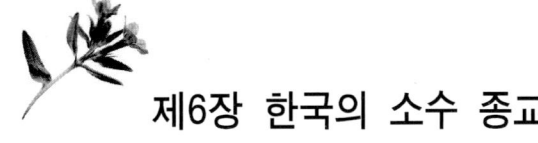

제6장 한국의 소수 종교

Ⅰ. 천도교(天道教)

조선 후기 1860년(철종 11년)에 수운(水雲) 최제우(崔濟愚)를 교조(教祖)로 하는 동학(東學)을 1905년 제3대 교조 손병희(孫秉熙)가 천도교로 개칭한 종교다.

1. 창도과정

최제우는 전통적 유교 가문에서 태어나 지방의 유학자로 이름이 높았다. 조선 후기는 국내적으로는 외척(外戚)의 세도정치와 양반, 토호들이 일반 백성에 대한 가렴주구(苛斂誅求)를 자행하여 도탄에 빠진 백성들의 민란이 각지에서 발생하였고, 대외적으로는 제국주의의 무력침략의 위기를 맞던 시대였다. 최제우는 21세에 구세제민(救世濟民)의 큰 뜻을 품고 도(道)를 얻고자 주유팔로(周流八路)의 길에 나서 울산 유곡동 여시바윗골, 양산 천성산 암굴에서 수도하고 도를 갈구하여 1860년 4월 5일 '한울님(하나님)'으로부터 인류 구제의 도인 '무극대도(無極大道)'를 받게 되었다. 따라서 처음에는 도의 이름을 '무극대도(無極大道)'라고만 하였다. 최제우가 포교를 시작하여 많은 교도들이 모이자, 관(官)과 유생들이 혹세무민한다는 구실로 탄압하여 부득이 전남 남원 교룡산성(蛟龍山城)으로 피신하였다. 이때 제자들에게 가르침을 주고 많은 저술을 하였다. 특히 1862년 1월경에 지은 "논학문(論學文: 東學論)"에서 처음으로 무극대도는 천도(天道)이며 그 학은 서학이 아닌 '동학(東學)'이라고 천명하였다. 이로써 동학이라 지칭하게 되었다. 이 해에 다시 경주의 박대여(朴大汝) 집에 머물면서 포교하자, 충청·전라 지방에서까지 수천 명의 교도들이 모여들었다. 이 교도들을 조직적으로 지도하기 위해 1862년 12월 동학의 신앙공동체인 접 (接)제도를 설치하고 접주(接主) 16명을 임명하였다. 최제우는 1863년 3월 경주 용담정으로 돌아와 대대적인 포교활동에 나섰다. 접주들로 하여금 교도들을 수십명씩 동원하여 용담정에 와서 강도(講道)를 받게 하는가 하면, 동학 교단 책임을 맡을 북도중주인(北道中主人)으로 해월(海月) 최경상(崔慶翔: 時亨)을 선임하였다. 한편 관의 탄압을 예견하고 그해 8월 14일에는 도통(道統)을 최경상에게 완전히 물려주었다. 날이 갈수록 동학 교세가 커지자, 놀란 조정은 그해 12월 10일에 선전관(宣傳官) 정운구(鄭雲龜)를 파견, 최제우를 체포하여 이듬해 3월 10일 대구에서 정형을 집행하여 최제우는 41세를 일기로 순도하였다.

2. 천도교의 약사

관의 탄압으로 최제우가 순도한 이후 교세가 급격히 줄어들었으나 제2세 교조 해월 최경상의 노력으로 다시 복구, 1870년경에는 신도수가 수천에 이르렀다. 그러나 영해지방에서 이필제(李弼濟)가 주축이 되어 교조신원운동(敎祖伸寃運動)을 일으켜 1871년 3월 10일 군아(郡衙) 습격과 8월 2일의 문경 초곡 군기고 습격사건으로 300여 교도가 희생되어 또 다시 타격을 받았다. 1875년 최경상은 이름을 시형(時亨)으로 고치고 강원도 지방과 충청도 지방의 포교를 시작, 많은 교도를 얻었다. 이때 최시형은 양천주(養天主), 사인여천(事人如天)의 실천적 수도요령과, 위생 등 생활의 합리화를 내세워 민중들로부터 환영을 받았다. 그리하여 1880년에는 강원도 인제와 단양 천동에서 "동경대전(東經大典)"과 "용담유사(龍潭遺事)"를 최초로 목판 간행하여 경전종교로서의 기틀을 세웠다. 이후 충청도 지방으로, 1889년경에는 교세가 전라도 지방까지 뻗치기에 이르렀다. 1892년경에 이르자 신앙자유를 내세워 충청도 공주와 전라도 삼례에서 대대적인 민중시위를 벌였는데 이후부터 교세는 급격히 늘어났다. 이듬해인 1893년에는 서울 광화문 앞에서 정부를 상대로 한 종교 자유화와 교조신원을 소청하였는데, 뜻을 이루지 못하자 3월에는 충북 보은 장내리에서 수만 교도들이 모여 보

국안민, 척왜양이(斥倭洋夷)를 내세운 반봉건, 반제국주의적 정치
운동으로 발전하였다. 이 운동 역시 성과를 거두지 못하자 1894년
3월에 이르러 전라도 고부에서 전봉준(全琫準) 고부 접주에 의해
고부민란이 일어난 것을 계기로 전봉준・김개남(金開南)・손화중
(孫華中)・김덕명(金德明) 등 지방의 동학 대접주가 공동으로 동학
군을 동원, 동학혁명으로 발전시켰다. 5월에는 전주화약(全州和約)
이 이루어져 53곳에 집강소(執綱所: 군사위원회 같은 것)가 설치되
어 폐정(廢政) 개혁을 단행했다. 그러나 청・일 전쟁이 일어나 결
국 청국이 패퇴하기 시작하자 일본 제국주의는 조선을 강점하려
들었는데 이때 최시형은 전 동학군에 기포령(起包令)을 내려 반제
국주의 무력항쟁에 나서도록 하였다. 그러나 최신식 무기로 무장한
일본군과 관군에게 패퇴, 수만의 희생을 내고 막을 내렸다. 이로부
터 4년 뒤인 98년에는 최시형마저 체포되어 6월에 순도함으로써
동학(천도교)은 위기에 처하게 되었다.

　1900년에는 지도급 인물 중 손천민(孫天民)과 김연국(金演局)이
체포되어 손천민이 순도하자, 위기를 느낀 제3세 교조 의암(義菴)
손병희(孫秉熙)는 1901~1902년에 망명길에 나서 상하이[上海]까
지 갔다가 이상헌(李祥憲)이라는 가명으로 일본에서 1906년 1월
까지 머물렀으며, 1904년 러・일 전쟁을 계기로 국내 동학군을
동원하여 진보회(進步會)를 조직, 10월 8일 360곳에서 30만 명이
색옷 입기와 단발을 단행하는 개화운동을 전개하였다. 이 운동은
한국 근대화의 민중운동이었으나 동학군이 주동이 되었음이 세상
에 알려지자 곧 탄압을 받게 되었다. 그런데 국내 지도자인 이용
구(李容九)가 단독으로 일진회(一進會)와 합동, 노골적인 친일행

위를 자행하였다. 손병희는 1905년 12월 1일 동학을 '천도교'로 개칭하고 근대적 종교체제를 갖추는 데 힘썼다. 1906년 1월 말경에 귀국하여 2월부터 천도교 중앙총부를 설치하고, 9월에는 이용구를 포함한 교도 62명을 출교 처분하였다. 1910년 나라의 주권을 빼앗기자 종교적 수행을 강화하는 한편 보국안민이라는 슬로건 아래 민족해방운동을 추진하기에 이르렀다.

국민교육을 위해 800여 개의 강습소를 설치, 기본교육에 힘썼으며 보성전문학교, 동덕여학교를 경영 또는 보조하는가 하면, 16개 학교에 보조금을 제공하였다. 1919년 3월 1일 천도교는 기독교계, 불교계 인사 및 학생들과 더불어 독립운동을 위한 대민중시위를 주도하였다. 1922년 5월 19일 제3세 교조인 의암 손병희가 생애를 마치자 한때 교세는 주춤하였다. 그러나 청년들에 의해 1919년 9월에 발족한 천도교 청년교리 강연부를 토대로 1920년 3월에 천도교청년회를 조직, 종합잡지 "개벽(開闢)"을 간행함으로써 문화운동이 시작되었고, 1921년에는 어린이운동의 선구자인 천도교소년회를 발족시켰다. 1922년 9월에는 천도교청년회를 천도교청년당(黨)으로 발전시켜 여성운동, 농민운동을 전개하기 시작했다. 이때 천도교가 간행한 잡지만도 "개벽"을 비롯하여 "신여성", "어린이", "학생", "농민", "천도교 월보", "신인간", "별건곤(別乾坤)", "자수대학강의" 등이 있었는데, 일제의 탄압이 심해져서 1935년 이후부터는 거의 마비상태에 들어갔다. 그러자 천도교 청년들은 오심당(吾心黨: 1922년 조직)을 조직, 1935~36년에 조선독립운동을 꾀하다 발각되어 많은 인사가 체포·구금되었고, 1938년에는 제4세 대도주 춘암(春菴) 박인호(朴寅浩)가 주도한 멸왜기도사건(滅倭祈

禱事件)이 발각되어 수십 명이 체포·구금되기도 하였다.

45년 8·15 광복 이후 국토가 양단되자 북한에서는 천도교 북조선종무원과 천도교 청우당(靑友黨)을 조직, 활동하였는데 280만 교인을 갖게 되었다. 그러나 1948년 북한 측이 유엔감시하의 총선거를 반대, 이미 분단정권을 세우고 국토 분단을 영구화하려 하자, 1948년 2월에 3·1재현운동, 즉 남북통일 총선거운동을 전개하려다 사전에 발각되어 1만 7000여 명이 체포되었다. 이로부터 조직적인 탄압을 받았는데 그래도 많은 교도들은 영우회(靈友會)라는 이름 아래 국토통일운동을 계속하였다. 1950년 6·25 전쟁이 일어나자 북한에서는 많은 교도들이 남쪽으로 피난하였다.

Ⅱ. 원불교(圓佛敎)

1916년 전북 익산시(益山市)에서 소태산(小太山) 박중빈(朴重彬)이 개창한 불교의 한 유파이다. 우주의 근본원리인 일원상(一圓相, 즉 ‖의 모양)의 진리를 신앙의 대상과 수행의 표본으로 삼는 종교로, 진리적 신앙과 사실적 도덕의 훈련을 통하여 낙원세계를 실현시키려는 이상을 내세우고 있다.

1. 약사(略史)

교조 중빈은 전남 영광(靈光)에서 출생, 어려서부터 우주와 인생에 대한 회의를 품기 시작하였는데, 그의 머리에 가득 찬 의문을 한학(漢學)공부로는 풀 수가 없었으므로, 범인(凡人)보다는 높은 차원의 경지에 있는 어떤 대상으로부터 의심의 해답을 얻고자 산상기도와 도사(道士)를 찾는 일에 열중하였다.

이 같은 그의 구도정신은 결국 그를 외부로부터의 문제해결을 포기하고 독자적 수도 고행에 들어가게 만들었는데, 어떤 일정한 수행법을 택하지도 못한 채 망아(忘我)의 침잠(沈潛)상태에서 깨어나지 못하는 폐인이 되었다. 5년여의 침잠 끝에 1916년 4월 28일 마침내 깨달음을 얻고 깨어난 그에게는 우주와 세계의 새로운 질서가 뚜렷이 드러나 보였다는데, 그 질서를 "만유(萬有)가 한 체성(體性)이며 만법(萬法)이 한 근원"이라는 말로 표현하고, 불생불멸(不生不滅)과 인과응보(因果應報)의 진리를 천명하였다.

그 후 그는 유(儒), 불(佛), 선(仙) 3교의 경전을 비롯하여 기독교의 성서 등을 두루 섭렵하였는데, 특히 "금강경(金剛經)"이 자신이 깨달은 진리와 일치함을 깨닫고 근본 진리를 밝히는 데는 불법(佛法)이 제일이라고 생각하여 석가를 선각자로 존숭하는 동시에 불교와의 인연을 스스로 정하였다.

그러나 그는 자신이 깨달은 진리를 펴기 위하여서는 종래의 불교와는 크게 다른 새 불교·새 교단을 설립해야겠다고 생각하고, "물질이 개벽(開闢)되니 정신을 개벽하자"는 표어를 내걸었다. 동시에 그는 새 교단 창립과 새 세상 구제(救濟)의 대책을 법어(法

語)로 발표하였다. 그 내용은 수신(修身)의 요법(要法), 제가(齊家)의 요법, 강자약자(强者弱者)의 진화상(進化上)의 요법, 지도인(指導人)으로서 준비할 점 등으로 되어 있다.

이 같은 개교(開敎)의 기치 아래 최초의 법어로써 1916년 새 교단을 열 의사를 표명하자, 마을사람들을 중심으로 인근에서 40여 명이 모였다. 그는 이 가운데서 8명을 선발하고 후에 정산(鼎山) 송규(宋奎: 후에 一代 宗法師)를 맞아 도합 9명을 새 교단 창립의 첫 제자로 삼았다.

원불교에서는 이 해를 원기(圓紀) 1년으로 삼고 있다. 그는 불교의 현대화·생활화를 주장하면서 신앙의 대상을 불상(佛像)이 아닌 법신불(法身佛)의 일원상(一圓相)으로 삼고, 시주(施主), 동냥, 불공 등을 폐지하는 대신에 각자가 정당한 직업에 종사하며 교화사업을 시행한다는 이른바 '생활불교'를 표방하였다. 그리하여 1917년 저축조합의 조직을 필두로, 1918년에는 바다를 막는 간척사업을 시작하여 이듬해 2만 6,000평의 논을 조성하고, 그 후 엿공장, 과수원, 농축장, 양잠, 한약방 등 생산적인 경영을 하여 새 교단 창립의 경제적 기틀을 마련하였다.

한편 1919년에는 9명의 제자와 함께 대기도(大祈禱)를 시작하여 3개월 후 최종 기도에서 '백지혈인(白指血印)의 법인성사(法認聖事)'라는 기적(奇蹟)을 낳고, 여기에서 무아봉공(無我奉公)의 정신적 기초를 확립하여 신성(信誠), 단결(團結), 공심(公心)을 더욱 굳건히 하였는데, 이것이 곧 교단 창립의 얼이 되었다.

1924년, 마침내 서중안(徐中安) 등이 발기인이 되어 전북 익산에서 불법연구회를 창설하고 중빈을 총재로 추대하였다. 1938년에는 "불교정전(佛教正典)"을 간행하여 기본원리인 일원상의 진리를 포명(布明)하였으나, 일본 관헌의 탄압이 계속되어 겨우 교단을 유지해 나갔다. 1943년 교주가 죽자 송규가 종법사(宗法師)가 되어 교통(教統)을 계승하고, 광복 후 1947년에는 교명을 원불교로 개칭하는 한편, 교육·자선(慈善)·교화(教化)의 3대 실천목표를 세워 포교에 힘쓰다가, 1962년 규가 죽자 김대거(金大擧)가 2대 종법사에 취임하였다.

2. 현 황

익산에 있는 중앙총부(中央總部)에서 교단을 총괄운영하고 지방에 교구(教區)와 교당(教堂)을 두고 있으며, 그 운영기구로서 종법사(宗法師)를 중심으로 수위단회(首位團會), 중앙교의회(中央教議會), 교정위원회(教政委員會) 및 교정원(教政院)과 감찰원 등이 있다. 교당에는 교무(教務)와 교도가 있는데, 교도는 10인을 1단으로 하는 10인 1단 교화단(教化團)을 조직하는 것이 특색이다. 각종 연구소 외에 교육 기관으로 원광대학교(圓光大學校), 영산선원(靈山禪院) 등의 종합대학, 전문대학 1, 중·고등학교 6, 선원(禪院) 3개 처 등을 운영하고 있으며, 교당별로 설치한 유치원, 유아원과 양로원, 보육원, 수양원 등 자선기관도 운영하고 있다. 한편, 교단 직영의 산업체로 제약회사를 비롯하여 4개의 농원과 정미소, 원예원 등이 있으며, 복지기관으로 양·한방(洋韓方)의 종합병원과 보화당한의원 등이 전국 주요도시에 있다. 문화사업으

로 경전의 출판과 "원광(圓光)" "원불교신보(新報)" 등 정기간행물
도 간행하고 있다. 1993년 현재 20개의 국내 교구에 520여 교당과,
미국, 일본, 캐나다, 중국 등 3개의 해외교구에 20여 개의 해외 교
당이 있으며, 신도 수는 100여 만 명에 이른다.

Ⅲ. 증산교(甑山敎)

1901년 고부(古阜) 출신의 유생(儒生) 강일순(姜一淳)이 전주
(全州) 모악산(母岳山) 아래에서 창도한 흠치교(敎)와, 나중에 그
의 부인 고씨(高氏)가 창도한 태을교(太乙敎)를 비롯하여 현재의
대순진리회(大巡眞理會)에 이르기까지, 이 계열의 교파를 통틀어
이르는 말이다. 교주 강일순의 도호(道號)가 증산(甑山)이었으므
로 증산교 또는 증산교단이라고 하며, 일제강점기에는 흠치교라
고 하였다.

1894년 고부에서 일어난 동학혁명이 실패하자 강일순은 전국
을 떠돌다가 모악산 대원사(大願寺)에서 크게 깨달음을 얻고 동
학과 마찬가지인 '후천선계개벽(後天仙界開闢)'을 주장하는 흠치
교를 창설하였다. 그 교리는 '천지공사(天地公事)'로 집약되며,
그것은 다시 운도공사(運度公事), 신도공사(神道公事), 인도공사
(人道公事)로 구분된다. 그는 여러 가지 이적(異蹟)을 행하였다고

전한다. 그가 죽은 후 교인들이 흩어지자 1911년 그의 부인인 이태을이 태을교를 만들어 교인들을 다시 모았으나, 그 후 보천교(普天敎), 미륵불교, 모악교(母岳敎), 용화교(龍華敎), 증산대도, 태극도, 대순진리회 등 많은 파로 갈리었다.

Ⅳ. 천부교

천부교회는 일명 한국예수교 전도관부흥협회라는 이름의 전도관으로 사용하다가 1982년에 천부교회로 개칭하였다. 1955년 3월 26일부터 10여 일간에 걸쳐 서울 남산에서 한국 예수교부흥협회 주최로 박태선(朴泰善) 장로가 부흥강사가 되어 심령부흥회를 개최하였는데 이것이 한국예수교전도관 신앙운동의 효시였다.

부흥회가 끝난 직후 박태선 장로를 중심으로 한국예수교 부흥협회를 조직하고 1955년도에 서울, 인천, 대구, 부산, 순천 등지에서 7회에 걸친 부흥집회를 가져 호응을 얻자 1955년 12월 서울 원효로에 전도관을 개관한 데 이어 1956년 인천 전도관 등 전국 주요도시에 전도관을 건립하고 부단히 부흥을 일으켰다.

1957년에는 경기도 부천군 소사에 제1신앙촌을 건설하여 신자들을 집단 이주를 시켰으며 1959년에 한국 예수교전도관 부흥협회로 개칭하고 1962년에는 경기도 양주군 덕소에 제2신앙촌을 건설하였고, 1970년에는 경남 동래군 기장에 제3신앙촌을 세웠다. 신앙촌은 신자들이 집단생활을 하면서 신앙심을 고취시키는 동시에 산업에 종사하여 지역적 발전을 꾀하는 것을 목적으로 하는 그야말로 신앙과 산업의 이중구조를 융합시킨 집단이다. 전국적 전도조직을 갖춘 천부교회는 소사와 덕소의 시온중학교를 포함한 11개의 학교와 180여 교회를 가지고 있으며 마산에는 자산동과 북마산 회원동에 두 곳의 교회를 두고 있다.

마산지역에는 첫 교직자 김응오 관장이 1955년에 전도를 하였는데 그때에 교인은 3백 명에 달했다. 그 이듬해 마산전도관이 설립되어 오늘에 이르고 있다. 전도관을 세운 것은 인간의 역사를 하나님의 역사로 규정짓고 이 역사를 거스른 자는 망한다고 여긴 데서 비롯한다. 하나님이 인간의 몸을 입으시고 친히 역사하였다고 굳게 믿는다. 삼인을 거쳐 하나님께서 완성하였으니 동방나라 한국 땅에서 이긴 자이신 하나님께서 만민을 다스린다는 예언에 따르고 있다.

V. 대종교(大倧敎)

나철이 창시한 종교로 우리나라의 단군을 신앙의 대상으로 섬기는 우리나라 고유의 민족종교다. 우리들이 사는 세상을 평화롭게 하고 이 땅 위에 천국을 이루는 것에 그 목적을 두고 있다. 이에 대해서 근본 교리로 삼진귀일(三眞歸一)을 둔다. 먼저 삼진의 의미는 사람이 가지고 있는 성품, 생명, 정기를 말한다. 이 삼진은 하늘(환인, 환웅, 환검의 천신(한얼님))로부터 받아 완전무결하다. 하지만 사람은 이 삼진만 가지고 태어나지 않고 삼망(三妄)이라고 하는 마음, 기운, 육체를 가지고 태어난다. 이 삼망으로 인해 사람은 선한 마음이 약해지고 맑은 기운이 흐려지게 된다. 그러므로 삼망에서 벗어나 삼진으로 가야 하는데 이를 위해 수행하는 것이 삼진귀일(三眞歸一)이다. 그 수행방법으로 들고 있는 것은 감정의 조절, 기운의 조절, 금욕이다.

이 종교는 일제시대 도중 창시되었는데 창시자 나철은 일본의 조선에 대한 간섭이 날로 심해지자 이를 항의하고자 3차에 걸쳐 일본을 도발하였으나 뜻을 이루지 못하고 귀국하여 구국운동이 몇 사람의 애국 열사만으로는 이룩될 수 없음을 절실히 느끼게 되었다. 여기에서 그는 국가의 기틀을 튼튼히 하고 민족을 부흥시키는 원동력은 민족의식을 일깨우는 데 있다고 보고, 1909년 고려시대 몽골의 침략 이후 700년간 단절되었던 국조 단군을 숭상하는 단군교를 창시하게 된 것이다. 망국의 비운을 당한 당시의 조선 백성을 단군이라는 구심점으로 새롭게 결집시킨 것이다.

Ⅵ. 결 론

이상에서 살펴본 한국의 종교들은 대개 그 당시의 정치적, 사회적 상황에서 나온 것들로서 한국인들의 심성에 가장 적합한 방법으로 부흥한 종교들이다. 이러한 종교들 가운데 상당수는 이미 그 세력이 미약해졌지만 한때는 기존의 종교들에게 심각한 도전이 될 정도로 큰 반향을 불러일으켰다.

이 종교들의 또 다른 특징으로는 피안의 세계에 대한 희망을 심어줌으로써 민중들이 현실의 고통을 탈피하게 하는 것이다. 민중들이 가장 필요로 하는 욕구를 채워줌으로써 기층 민중들 사이에 깊이 뿌리를 내릴 수 있었던 것이다. 그 좋은 예가 바로 동학이다. 동학의 가르침을 위해서 40만 명의 신도들이 순도했다는 것은 세계 종교 역사상 찾아보기 어려울 것이다. 기독교도 우리 시대의 사람들이 가장 갈망하는 문제에 대한 적절한 해답을 줌으로써 많은 민중들의 지지를 받을 때야만 종교적 기반을 확고하게 할 수 있을 것이다.

제2부

기독교

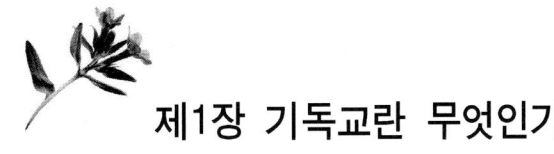

제1장 기독교란 무엇인가

Ⅰ. 기독교의 성서적 배경

1. 구약성서적 배경

 기독교의 발상지는 아시아의 서방인 팔레스타인이었는데 당시에는 유대였고 지금은 이스라엘이다. 히브리민족은 본래 셈족의 한 계파로서 주전 15세기경에 세워진 나라이다. 이들은 다른 셈계의 사람들과 마찬가지로 유일신 신앙을 가지고 있었는네 히브리인들의 유일신은 '야웨(Yahweh)'이다. 이 유일신 야웨는 천지만물을 만드신 창조자요, 인간 만사의 섭리자로 믿었다. 그런데 인류의 시조인 아담과 하와가 야웨의 명령을 어기고 죄를 범함으로 야웨가 인간에게 그 죄를 벗고 다시 야웨에게로 돌아갈 종교적 약속을 맺었다. 이것이 구약성서의 중심 되는 사실이요 사상이었다. 그러므로 기독교는 신, 즉 야웨가 계시한 것이요 인류의 시조 때부터 시작한 것이다.

　그러나 히브리민족 곧 이스라엘민족의 조상이라고 할 만한 이는 주전 2천 년경에 바빌론에서 팔레스타인으로 나온 '아브라함(Abraham)'이었다. 야웨가 아브라함에게 그의 자손 중에서 인류를 구원할 메시아(Messiah)가 나타날 것이라는 언약을 하셨다. 그러므로 이 약속은 히브리인들의 마음속에 깊이 자리를 잡아서 메시아의 임함을 대망(大望)하였다.

　그 후 다윗 왕 때(주전 1천 년경) 야웨는 다시 다윗왕의 자손 중에서 영원한 메시아왕국을 이 세상에 세울 메시아가 나올 것이라고 재차 약속하셨다. 그러나 주전 7세기 초에 다윗왕의 자손의 나라인 유다가 망하고 왕족과 학자들, 그리고 유능한 사람들은 바벨론에 포로로 잡혀가고 민족의 소망은 끊어진 것처럼 보였다. 그럼에도 불구하고 히브리인들은 메시아에 대한 소망을 버리지 않고 있었다. 그 후 70년이 지난 후에 바벨론에서 돌아왔으나 페르시아의 속국이 되었고, 그 다음은 마케도니아와 알렉산더 대왕에게 정복을 받고, 그 다음에는 시리아와 이집트에게 압박을 당하고, 마침내 주전 63년부터는 로마의 식민지로 전락하고 말았다.

　그러나 이러한 와중에도 히브리인들은 자기들을 구속해 줄 메시아에 대한 소망을 버리지 않았고, 예언자들을 중심으로 한 일단의 지도급 사람들이 묵시문학을 통해서 메시아에 대한 소망을 백성들에게 더욱더 강하게 불어넣어 주었다. 그리고 묵시의 시대가 지나고 세례 요한이라는 선지자에 의해서 메시아의 임함이 선포되었다. 이로써 구약의 종결을 알림과 동시에 신약시대가 시작되었다.

2. 신약성서적 배경

복음서에 의하면 기독교의 형성은 예수가 그의 제자들을 불러 모은 때부터 시작되었다고 볼 수 있다. 좀 더 구체적으로 말하면 로마제국의 지배하에 있던 시절인 주후 1세기경으로 볼 수 있다. 그 당시 로마인들은 로마 밖에는 미개인 민족이 살고 있다고 믿었고 로마만이 문명세계라고 믿었다. 그리고 기독교는 텅 빈 세계로 들어간 것이 아니라 우주, 종교, 죄, 상벌에 대한 여러 가지 신앙과 개념들로 가득 차 있던 문명의 도시 로마로 들어갔다.

특히 기독교가 들어간 세계는 그리스 사상의 영향을 많이 받고 있었고, 당시 로마의 지성 세계를 지배하고 있던 것도 그리스 사상이었다. 이 중에서도 각별히 중요한 사상은 '로고스(Logos)'와 '이데아(Idea)'와 '스토이즘(Stoism)'이었다. 이 사상들은 당대의 유명한 학자인 소크라테스, 플라톤, 제논 등에 의해서 로마지역에 강력한 학파를 형성하고 지성계를 대표하고 있었다.

기독교가 출현할 즈음에는 위와 같은 고대 사상이 큰 변화를 일으키게 되었다. 그 변화 중에는 혼주의적인 성격이 두드러지는 데 한 분이신 통치자 하나님에 대한 신앙은 교회에서는 성자 숭배로, 국가적으로는 영웅 숭배로 전락해 갔다. 당시 로마제국은 국가의 안정과 영속을 위해 고대의 전통적인 종교의식을 살려 통치자를 숭배하는 의식으로 전환시키려는 정책을 강화하게 되었다. 이때부터 기독교와 본질적으로 충돌해야 하는 계기가 마련되었다.

로마 수령의 애국적인 신성화로 추앙된 "로마신(Deo Roma)"에 대한 숭배를 대대적으로 강요하였다. 그러나 초대 그리스도인들은 로마 황제에 대한 숭배와 그리스도에 대한 충성과는 타협할 수 없는 것으로 생각하였다. 처음 얼마 동안 로마정부는 기독교를 단지 법적 보호 아래 있던 유대교의 한 분파로 생각하고 있었다. 그러다가 유대인 자신들의 기독교에 대한 적개심과, 네로 당시(64년) 로마 도성에 발생한 화재 사건을 그리스도인에 의한 것으로 뒤집어씌움으로써 그 철저한 박해는 극에 달하게 되었다.

기독교인에 대한 죄목은 방화 외에도

① 로마 신을 섬기지 않는 무신론자라는 것,

② 지상의 나라보다도 하늘나라를 대망하는 무정부주의자,

③ 황제 숭배를 거부하는 반역자,

④ 그리스도의 피와 살을 나누어 먹는 성만찬 의식이 오해되어 식인종이란 혐의를 받았고,

⑤ 성만찬 의식은 대부분 밤에 거행되었음으로 남녀 간에 방탕한 추행을 했다는 것이었다. 이와 같은 지탄과 박해에 대한 그리스도인들의 최선의 대답은 그리스도를 향한 충성과 높은 도덕성을 견지하는 것이었다.

이미 베드로전서가 기록된 90년경부터 그리스도를 믿는다는 고백만으로도 그리스도인에 대해 본격적인 박해가 로마에서 가해지게 되었다. 그중에서 트라야누스(98-117 재위) 때 소아시아를 거쳐 로마로 가던 도중 순교한 이그나티우스(Ignatius de Antiochia)와, 서머나의 감독이면서 화형당한 폴리캅(Polycarp)의 장렬한 순교는 유명한 일화이다. 신약시대의 교회는 이러한 많은 무명의

순교자들과 감동적인 순교자들의 피 위에 든든히 서가기 시작
했다.

Ⅱ. 교회사 안의 교회

1. 타락 이전의 기독교

초대 기독교회가 교회의 직제를 갖추어 감독, 성직자, 집사를
임명한 것은 대개 두 가지 이유에서였다. 그 하나는 역사적인 압
력, 즉 교회를 향한 공격과 핍박에 맞서 자신을 방어하며 일사불
란한 조직적 통일체를 유지할 필요가 있었다. 그리고 또 하나는
교회의 대(對)사회적 봉사였는데, 하나님의 백성들이 모여든 공동
체의 조직과 직책을 제도적으로 강화한 동기는 하나님에 대한 예
배와, 그리고 무엇보다도 이웃을 위한 구제사업을 보다 효과적으
로 수행하기 위해서였다.

이러한 조직의 운영을 위해서 교인들의 신앙생활을 지도하고
가르치기 위한 책을 만들었는데 그것이 바로 『디다케』(Didache,
교훈)라고 한다. 뿐만 아니라 엄격한 세례의식과 성찬의식을 지
킴으로써 교인들의 신앙의 정절을 지키려고 했으며, 이 중에서
특히 세례의식을 강조했는데 '세례를 대치할 만한 것은 순교뿐'

이라고 할 만큼 세례를 중요한 것으로 여겼음을 알 수 있다.

2. 콘스탄티누스와 교회의 위기

기독교인들은 4세기간에 걸친 처절한 박해와 위협을 극복하고 로마인들보다 더 높은 윤리의식과 확고한 믿음으로 그 숫자가 점차 많아지기 시작했다. 더욱이 기독교가 대외적으로 공인받게 된 결정적인 사건이 발생하는데 이것이 바로 콘스탄티누스의 꿈 이야기이다. 콘스탄티누스는 이탈리아와 북아프리카를 통치하던 막센티우스와 최후의 결전을 벌이기 전 날 밤 이상한 꿈을 꾸었다. 콘스탄티누스는 꿈속에서 그리스도의 첫 글자를 보는 한편, "이 상징을 사용하면 이기리라."는 말까지 들었다. 이를 하나의 계시로 여겨 그의 철모와 그의 병사들의 방패에 그 기호를 그려 넣었다. 그리고 312년 10월 28일, 역사를 판가름하는 전쟁에서 막센티우스는 패하여 사망했고 서방은 콘스탄티누스의 천하가 되었다.

드디어 313년 초에 밀란 칙령(Edict of Milan)을 선포해서 기독교는 제국적 종교(Imperial Church)가 되었다. 이때부터 기독교는 국고로 큰 교회를 짓게 되고 세금을 면제받았으며, 재산을 상속받는 등의 권리를 가지게 되었다. 이와 동시에 기독교는 교회의 본성인 개혁을 버리고 현실에 안주하게 되는 잘못을 저지르게 되었다.

3. 흔들리는 중세

콘스탄티누스가 교회를 공인하고 난 후 신도들의 삶은 사도적 전통에서 멀어져 갔으며 교회는 변질되게 되었다. 비록 신앙의 자유로 신도의 숫자는 늘었지만 그 질은 저하되었으며, 엄숙했던 신앙은 값싸게 되었고 도덕과 규례들은 해이해지게 되었다. 이러한 가운데 교회는 분파되기 시작했고 교부들의 말대로 교회는 마치 "죄인들의 학교"와 같았다.

이러한 가운데 중세에 가장 큰 운동이 일어나는데 그것이 바로 문예부흥(文藝復興)이다. 이러한 문예부흥의 영향으로 고전 문서와 교부들의 저서가 속속 발간되었고, 대학들은 희랍어와 히브리어를 철저히 연구하여 성서를 보다 더 자세히 연구했다. 그중 에라스무스(Erasmus)는 희랍어 성서를 라틴어로 번역했으며 여러 가지 사본들을 비교하고 검토하는 이른바 성서비평을 시도하기도 했다.

또한 로마 기독교는 어떠했는가? 한 마디로 중세의 중앙집권을 고수하고 있으면서도 그 방대한 조직을 유지해 나갈 힘이 없었다. 더욱이 교회는 그 본래의 사명을 떠나서 전쟁과 재물과 권력에만 몰두하고 있었다. 성 아우구스티누스는 하나님의 도성인 교회는 흔들리지 않는다고 했으나 교회는 그의 말대로 되지 않았으며 로마교회는 그 궤도를 잃은 수레바퀴처럼 심하게 흔들리고 있었다.

4. 면죄부의 출현

1513년 알브레히트 신부는 불과 23세의 나이에 세 교구의 대감독이 되고 싶었다. 그의 나이도 자격에 미달되는 것이었지만 그는 교황청에 3만 두가텐의 초수입 세조를 헌납하고 대감독에 임명되었다. 이때에 알브레히트는 폭거라는 부자에게서 대부를 받았다. 그래서 그는 성 베드로 성당의 건축이라는 명칭 아래 능수능란한 티첼(Titjel)을 기용해서 면죄부를 발행하기 시작했다. 그리고 그는 다음과 같이 외쳤다.

> "나는 교황의 사신이다. 즐거워하라. 나는 그리스도의 십자가와 비견할 만한 능력을 가진 홍십자(면죄부)를 1만 9백매나 가지고 왔노라. 면죄부를 사는 돈이 돈 궤짝에 쨍그렁하고 떨어지는 순간에 그대들의 양친이나 애인의 불쌍한 영혼이 고통의 연옥에서 벗어나 천국으로 올라간다."

그러나 이 돈은 교황 레오에게 일부가 상납되었으며 알브레히트와 타락한 교황청을 위해서 사용되었을 뿐이다. 그리고 면죄부를 사라는 그들의 목소리와 동시에 중세의 교회는 더욱더 심하게 흔들리고 있었을 뿐이다.

5. 르네상스와 종교개혁

르네상스(Renaissance)는 유럽 문명사에서 14세기부터 16세기

사이에 일어난 문예부흥 운동을 말한다. 르네상스의 구체적인 시기는 1400년부터 1530년의 130년간을 의미한다. 과학혁명의 토대가 만들어져 중세를 근대와 이어주는 시기가 되었다. 여기서 문예부흥이란 구체적으로 14세기에서 시작하여 16세기 말에 유럽에서 일어난 문화, 예술 전반에 걸친 고대 그리스(→ 고대 그리스 문화사)와 로마 문명(→ 고대 로마사)의 재인식과 재수용을 의미한다. 이 점에서 르네상스는 일종의 시대적 정신운동이라고 말할 수 있다. 역사적인 측면에서 유럽은 르네상스의 시작과 더불어 기나긴 중세시대의 막을 내렸으며, 동시에 르네상스를 거쳐서 근세시대로 접어들게 되었다. 르네상스의 정신, 혹은 운동은 이탈리아에서 비롯되었으며, 얼마 안가 유럽의 다른 국가, 프랑스, 네덜란드, 영국, 독일, 오스트리아 등지로 퍼져나갔다. 그러나 이베리아 반도와 스칸디나비아 반도의 나라들은 이 운동에 거의 영향을 입지 않은 것으로 알려져 있다. 이 말은 비유적으로 사용되기도 하는데 그때는 '절정기', '융성기'를 뜻하는 것이다.

중세기의 유럽은 지금의 유럽연합(EU)보다 더욱 강력하게 통합된 하나의 사회였다. 지금의 유럽연합이 경제, 즉 돈을 매개로 한 경제 공동체에 불과한 반면 당시 유럽은 신앙을 매개로 정치 경제 문화 등 모든 부분에서 통합을 이루고 있던 단일체였다. 그러나 중세 말기에 이르러 교황권의 추락 등과 함께 민족국가들의 군락으로 변모돼 있었고 이러한 민족국가의 형성은 자연 교회로부터의 독립을 추구하며 이른바 민족적이고 영토적인 개념의 국교회 사상을 등장시켰다. 어느 곳의 통치자들도 교황의 간섭을 용납하지 않았다. 그것이 자국 내 교회에 관한 일일지라도 콘스탄츠 공의회 이후 영국, 독일, 프랑스 등 각국 정치 세력들이 공의회 우위론자들을 지원한 것도 이런 이유에서였다.

그러나 기독교적 세계의 해체보다 더욱 큰 문제는 교회의 세속화로 인한 '영적 취약성'에 있었다. 당시 교회는 많은 사람들이 갖고 있던 신앙적 고뇌와 갈증을 해소해 줄 능력이 없었다. 오히려 교회가 고뇌의 원천으로 비춰졌다. 이처럼 중세 말의 교회가 사람들의 신앙심을 충족시켜 주고 단련시켜 주는 영성과 신학을 제공하는 데 실패했다는 것이 종교개혁의 성공적 요인이 됐다.

성인공경과 성지순례, 죽은 이를 위한 기도, 연옥 교리 등은 대중적으로 크게 인기를 누리고 있었는데 이런 대중들이 올바른 지도를 받지 못해 미신적이고 주술적인 형태로 흘렀다. 그런데도 불구하고 교회는 영적인 일에 몰두하기보다는 교회의 영향력 확대를 위해 제후들과 투쟁을 일삼는 등 세속적인 일에 더 몰두해 있었다. 또한 교회 내치(內治)도 법치주의에 젖어 복음 정신의 삶보다는 각종 준수사항과 금지조항만이 남은 죽은 교회로 전락했고 단순한 관습의 종교가 됐다. 더욱 고약했던 것은 성직자들 사이에 만연한 권위주의와 배금주의로 성사를 비롯한 사목행위들을 계량화해 세금을 거두어들인 것이다. 밤베르크 신부들의 경우 성혼 선언 대가로 9페니, 혼인미사 시 48페니, 장례식 240페니, 부활판공성사 1페니, 세례성사 12페니 등을 받을 정도였다. 당시 노동자들의 하루 품삯이 10페니 정도였다.

그러나 이 시기는 비록 전쟁과 전염병 등으로 어려운 시절이었지만 교육의 확장기였다. 군주들과 제후들은 비록 보편 교회 이념에 대항해 자신들에게 유리한 이론을 전개하기 위한 목적에서

였지만 각종 대학들을 설립했다. 1300년과 1500년 사이에 유럽의
종합대학은 20개에서 70개로 늘어나 있었고 각 나라마다 각종
단과대학들이 무수히 생겨나기 시작했다. 이미 1500년에 이르러
독일 전체 인구의 약 3-4%인 40만 명 정도가 읽고 쓸 수 있었
다고 한다. 교육의 확장은 사람들에게 비판적 기질을 길러주었고
동시에 급속히 발달하기 시작한 인쇄술은 이를 더욱 증폭시켰다.

신자들은 출판으로 대중화되기 시작한 모국어 성서를 직접 읽
음으로써 교회의 폐해를 지적하기 시작했고 이탈리아에서 시작된
인문주의가 알프스를 넘어 북유럽으로 전파되면서 신앙에서도 성
서나 교부들의 가르침으로 돌아가자는 기독교적 인문주의가 형성
됐다. 그 대표적 인물이 프랑스의 르페브르(Lefevre), 잉글랜드의
토마스 무어(Thomas More), 네덜란드의 에라스무스(Desiderius
Erasmus) 등이다. 그중에서도 인문주의자들의 왕자로 불리는 에
라스무스는 후대 개혁가들의 사상에 큰 영향을 미쳤다는 점에서
아주 중요한 인물이다.

6. 에라스무스

1466년 네덜란드 로테르담에서 성직자의 사생아로 태어난 에라
스무스는 9살 때 인문주의자 헤지우스(Hegius)가 만든 데벤테르의
학교에서 공부했고 1486년 아우구스티누스 참사수도회에 입회했
다. 1492년 사제품을 받은 후 파리대학으로 유학을 갔지만 스콜라
학풍에 젖어 시시콜콜한 추론에만 매달려 있는 신학에 별 흥미를

느끼지 못한 채 프랑스와 네덜란드 영국 이탈리아 등지를 다니며
인문주의자와 주교와 제후들과 친분을 쌓으며 신앙의 고전들 연
구에 헌신했다.

에라스무스는 많은 작품들을 남겼는데 '그리스도 군인의 소교
본'(Enchiridion militis christiani, 1504)에서 성직자들의 무지와 탐
욕, 부패, 미신적인 신심 등을 꼬집은 데 이어 우신예찬으로 잘
알려진 「미련함의 찬미」(Laus Stultitae, 1511)에서는 모든 계층의
부도덕과 모순 특히 고위 성직자들의 교만함과 신앙생활의 폐해
등 교회를 날카롭게 풍자해 비판했다. 또한 성서 원전 연구에도
박차를 가하여 1516년 예로니모의 불가타 라틴어 역본의 오역을
지적한 그리스어 신약성서를 출판했다.

에라스무스는 이러한 작품들을 통하여 위선과 미신, 교계제도
의 폐해, 교회의 형식주의를 배격하고 순수하고 원천적인 복음의
정신에로 돌아갈 것을 주장했으며 이를 위한 방법으로 성서와 교
부들을 비롯한 초대교회의 저서들에게서 그 원(原)정신을 찾고자
했다. 그래서 에라스무스는 신약성서 서문에서 교회 전통들 가운
데서 본질적인 요소가 아닌 것들은 과감히 폐지해야 한다고 강조
하면서 산상수훈에 입각한 생활 즉 복음의 정신대로 살면 그리스
도를 발견할 수 있다고 강조했다.

그러나 "폐해는 제거되어야 하지만 신앙의 실체가 침해되어서
는 안 된다."는 그의 말처럼 그는 교회 분열을 통한 개혁이 아니
라 용서와 쇄신의 정화를 강조했다. 이 부분이 루터와 비교되는
면이기도 하다. 부패한 교회를 고치는 데 회초리가 필요하지만
권위를 파괴함이 없이 순화시킬 수 있는 방법을 택한 것이다. 그

에게 있어 그리스도인들이 서로 싸운다는 것은 대단히 수치스러
운 일로 종교를 위한 소란과 혁명, 전쟁은 자기모순에 빠지는 것
으로 확신했다. 에라스무스는 당시의 신앙상태를 어리석음과 광
신의 만연으로 보고 참된 지식을 통하여 대중의 비판력을 회복하
여 복음의 원정신을 회복해 참된 경건으로 나아가고자 했다.

　타성화된 교회 관습을 철폐해야 한다고 주장하면서도 물리적인
힘으로 자신들의 주장을 관철하려는 개혁파들도 거부한 에라스무
스의 이런 중용적 자세는 결국 양측 모두로부터 비난받았다. 성
서의 정신에 입각한 개혁정신은 평화로운 개혁을 원하는 많은 이
들에게 영향을 미쳤고 열렬한 지지를 받았지만 양측 비평가들의
혹평에 의해 역사의 뒤안에 머물게 됐다.

7. 루터와 종교 개혁가들의 출현

　일찍이 복음의 진리를 외치다가 순교한 보헤미아의 허스
(Johann Hus)가 화형장에서 마지막으로 한 말 가운데 "그대들이
지금은 작은 새를 불사르지만 이제부터 100년 후에는 한 큰 황
새가 날 터인데 세상에서 아무도 그를 처형할 수 없을 것이다."
라고 예언했다. 이와 같은 예언이 선포된 지 86년 만에 루터(M.
Luther)가 독일에서 출생했다. 루터라는 이름은 본래 독일 고어
(古語)에서 "순수한", "맑은", "뒤섞이지 않는" 등의 의미를 가지
고 있다.

　이 루터가 출생한 때와 지역은 개혁을 서두르기에 여러 가지의

조건이 무르익어 있었다. 한 예로 울지(Wolsey)가 교황청의 대사로 영국에 임명되어 교황청에 바칠 세금을 잘 바치지 않자 교황청 당국은 이 결손을 메우기 위해 그때까지 강력한 중앙정부가 없었던 독일에 세금을 부과하여 영국 대신 착취의 대상으로 삼고 있었다.

또한 종교적인 측면에서 볼 때도 당시의 세속사회는 신학문을 장려하고 있던 반면 성직자들은 무능하기 짝이 없었다. 심지어 영국의 어느 교구에서는 교직자 311명 중 주기도를 외우지 못하는 자가 11명이나 되었고, 또 27명은 주기도를 누가 가르쳤는지도 몰랐다. 이와 같이 루터가 태어나 청장년이 되었을 때는 권력과 금력에 혼을 빼앗긴 종교계는 추악하기 그지없었다.

이런 가운데 면죄부 판매는 가속되었다. 루터가 더욱 경악한 것은 음탕한 신도가 면죄부를 사서 소유하고 있다는 이유로 참회를 거부한 사태가 벌어졌다. 루터는 한탄을 하다가 1517년 10월 31일 신학도의 순수한 한계를 엄수하면서 저 역사적인 "95개의 논제"를 대학 정문 벽에 내걸고 종교개혁을 일으켰다. 그리고 뒤이어서 쯔빙글리, 깔뱅, 멜랑히톤 등이 개혁의 기치를 높이 들고 일어나서 얼마 지나지 않아 전 유럽은 종교개혁의 물결로 휩싸이게 되었다. 그리고 머지않아 기독교회는 구교인 로마 가톨릭과, 신교인 기독교 둘로 나뉘어져서 지금까지 그 전통을 계승하고 있다.

특히 그 가운데 프랑스의 종교개혁가인 장 깔뱅(J. calvin)은 유명한 사람이다. 깔뱅은 하나님의 사역에서 최선의 준비와 최선의 신실함으로(Prompte et sincere in opere Dei)라는 표어처럼 그런 사람이 되기를 원했으며, 사실 그런 사람이었다. 깔뱅은 원래 학 문적인 삶을 계획하였으나, 자신의 표현을 빌린다면 20살 전후에 있었던 "갑작스런 회심"이 자신의 뜻보다는 하나님의 뜻을 따르 고 궁극적으로는 하나님의 소명을 받아들이도록 인도하였다.

그 결과 깔뱅은 자신의 고향 프랑스를 떠나 스위스 제네바에서 교회와 공동체 속에서 하나님의 명예와 영광을 사심 없이 추구하 는 설교자, 성서교사, 목사, 개혁자, 신학자, 그리고 세계적인 종교 개혁의 조언자로서 완전히 대중에게 노출되어 하나님을 섬기면서 그의 성년의 생애 대부분을 보냈다. 이 결과 깔뱅은 당대와 적어 도 그 후 100년 동안에 살았던 어느 누구보다도 그의 사상이 역 사를 더 풍요하게 만들었다는 의미에서, 세계에서 가장 영향력 있 는 사람이 되었다.

깔뱅의 위대한 교리 및 경건서는 "기독교강요(christian institute)" 이다. 이것은 개신교의 전통적 진술이다. 그리고 그의 성서주석들 은 아직까지 주석 가운데 제일 훌륭한 것으로 꼽히고 있는 이정 표적인 저술들이다. 루터와 아우구스티누스에게서 습득한, 절대주 권적으로 죄인을 구원하시는 하나님에 대한 깔뱅의 비전은 윌리 엄 캐리와 같은 개척선교사들뿐만 아니라 리차드 백스터, 존 번 연, 조지 휘필드, 조나단 에드워드, 찰스 스펄전, 그리고 마틴 로 이드 존스와 같은 위대한 부흥목회자들에게 불을 질렀다. 교회의 목회, 목회훈련, 정부 통제로부터의 적절한 자유에 대한 깔뱅의 비전은 장로교의 설립을 낳았으며, 거기에서 생겨난 현대대표제 민주주의는 세속정치의 기초가 되었다. 그리스도인의 문화적 소 명에 대한 그의 개념과, 예정된 사역과 고난의 길을 따라 안전하

게 고향으로 인도받는 전투적 순례자로서의 그리스도인의 삶의
개념은 겸손하고 열심 있는 신앙의 영웅들을 중단 없이 만들어준
세계관이 되었다.

제네바에 정착한 깔뱅은 자신의 당대에 영국, 스코틀랜드, 프랑
스, 저개발국가들, 그리고 그 밖의 지역에 있는 개혁자들을 조언
하고 격려하는 국제적인 인물이 되었다. 1559년 이후, 기독교 대
학으로 장식된 제네바 자체는 수천 명의 학생들과 난민들에게 하
나의 피난처이자 영감이었다. 깔뱅주의는 초기 미국을 형성하였
고, 근대 서구는 깔뱅주의에 대한 지식 없이는 거의 이해될 수
없다. 깔뱅의 영향력은 너무나 광범위하게 미쳐왔기 때문에, 사실
우리가 깔뱅에 대한 어떤 지식 없이는 오늘날의 우리의 자신들의
종교적 및 문화적 유산을 이해하는 것이 불가능하다고 말해도 과
언이 아니다.

Ⅲ. 종교개혁의 의의

루터의 개혁 이후 유럽은 100년 이상에 걸친 종교분쟁과 내란
을 겪고 1648년에야 안정을 찾았다. 그 후 가톨릭교회로부터 분
리한 교파들을 통틀어 개신교 또는 프로테스탄트라고 하는데 이
들을 탄생시킨 종교개혁의 의미는 과연 무엇일까? 사실 개신교가

가톨릭에 비하여 더 심화되고 내면화된 신앙심에 입각해 있다거나 혹은 개신교의 모든 교파가 개인의 자유와 권리 발전에 긍정적인 것도 아니었다. 그러나 종교개혁은 교황의 정신적 권위가 부정되면서 가톨릭교회에 의해 독점적으로 오던 기독교의 교리와 의식이 보다 자발적이고 다양한 방식으로 해석되고 전유될 수 있음을 시사한 사건이라고 할 수 있다. 종교개혁으로 성서와 신앙의 우위가 확립되어 개인의 내면적 신앙을 자극하는 결과를 가져왔으며, 오랜 종교분쟁에 지친 결과이기도 하지만 종교적 관용이 보다 증대되었음을 부인할 수는 없을 것이다.

종교개혁의 가장 큰 역사적 의의는 중세기독교세계의 통일이 와해됨으로써 보다 순조롭게 근대화의 길을 모색했다는 데 있다. 봉건적 구속으로부터 벗어나려 했던 사회계층의 욕구, 교황의 지배로부터 벗어나려는 민족적 자각이 어느 정도는 실현되었다는 데 그 의미가 있겠다.

중세의 스콜라 철학은 그리스 철학과 기독교 사상 간의 종합이라고 할 수 있었는데, 르네상스에 이르러 이런 중세적 종합 안에 묶여 있던 두 힘 중 그리스 정신이 자신의 고유성을 찾고자 분열하였고, 종교개혁에 이르러서는 그런 두 힘 중 기독교 정신이 자신의 본래성을 찾고자 재차 분열하였다고 할 수 있다. 그러나 인쇄술의 확산과 함께 종교개혁이 전파되는 과정에서 인간의 지성과 비판정신이 증진되고 세속화되어 가는 경향을 저지할 수는 없었다. 대부분의 서술들은 인간과 신과의 관계보다는 인간과 자연, 인간과 다른 인간들 간의 관계에 대해서 보다 더 주의를 기울였다.

　　정치사상의 발전은 종교개혁의 또 하나의 성과였다. 종교분쟁은 세속의 통치자들을 교회의 개입으로부터 해방시켰고 광범위한 사회 대중을 동원하면서 다양한 정치적인 사유를 촉진했다. 이후 근대 정치적 사유의 흐름을 주도한 주권론과 자연법사상은 주권의 문제를 사회의 주요세력이었던 귀족과 부르주아의 입장을 중심으로 검토하면서 절대주의체제에 대한 옹호 혹은 비판의 입장을 개진하게 된다.

　　종교개혁과 함께 민중문화의 개혁운동도 전개되었다. 이를 주도했던 것은 성직자들이었다. 16세기까지 가톨릭교회는 상당한 정도로 민중의 자치를 허용했으며, 민중은 집단적 신앙행위에 입각해 있었다. 그러나 이제 관대함, 자발성, 무질서 등 이교적이고 분방했던 민중의 전통적인 문화 및 윤리 체계와 상반되는 예의, 근면, 엄숙, 정숙, 순종, 검약, 이성, 자제 등의 새로운 윤리가 주입되었으며 유럽 각 국가에서 성행했던 마녀사냥은 그 폭력적인 상황을 반영해준다. 결과적으로 민중신앙의 자율성이 크게 감소되었으며, 민중문화의 지형 역시 통치자의 종교적 결정에 따라 크게 좌우되었다. 또한 기존의 가족, 친족 및 향촌적인 유대가 폐지되고 국가와 교회를 중심으로 하는 단일한 위계질서가 자리 잡혀 갔다.

Ⅳ. 맺는말

교회의 출현과 함께 기독교는 출현했음을 알 수 있다. 물론 기독교는 예수의 활동과 함께 태동되었다고 볼 수 있으나 본격적으로 그 종교적 형태를 갖추고 종교활동을 한 것은 초대교회 이후부터라고 볼 수 있다. 초기 기독교는 그 신도들의 구성원들이 민중층이었기 때문에 세력상으로는 널리 퍼져 있었으나 실제적인 영향력은 미미했다. 그러나 그들의 신앙의 순결과 열정은 많은 이방인들을 감동시키기에 충분했으며 기독교 전파에 긍정적인 역할을 했다.

그러나 주후 313년 콘스탄티누스에 의해서 기독교가 귀족종교로 공인을 받게 되자 기독교회의 영향력은 커졌으나 그 순수성과 열정은 사라지게 되었다. 그리고 기독교는 교회의 부패와 함께 내부적으로 부패하기 시작했다. 그러나 하나님은 루터나 깔뱅 같은 개혁가들을 불러주셔서 구교(舊敎)의 신앙적 타락을 경고하시고, 하나님의 교회의 신앙회복을 위해서 개신교를 세우시고, 이 개신교는 기독교라는 이름으로 지금까지 그 역사와 전통을 이어오고 있다. 그러므로 개신교는 개혁주의적 입장에 서서 항상 그 시대에 적합한 성서적 입장을 견지해서 시대를 밝혀주는 사명을 감당해야 할 것이다.

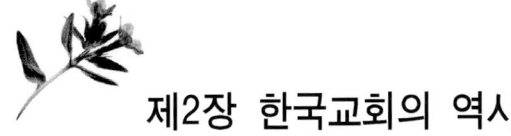

제2장 한국교회의 역사

　지난 2세기 동안 세계 사조, 특별히 기독교 사상은 역사상 유래를 찾아 볼 수 없는 격변의 변천 과정을 거쳐 왔다. 서구는 찰스 다윈의 진화론이 역사에 등장하면서 종교를 시대적 역사적 산물로 보려는 움직임이 기독교계 일각에서 일어나 종교 진화론과 종교사학파의 영향은 걷잡을 수 없이 확산되기 시작하였다.

　유럽 기독교 지성사의 변천이 19세기 중반부터 미국 기독교에 심각한 영향을 미치기 시작하였다. 전통적인 청교도 개혁주의가 지배하던 미국 기독교가 유럽으로부터 밀려오는 고등비평과 찰스 다윈의 진화론 등 현대사조로 흔들리기 시작하였다. 거의 같은 시기, 특히 19세기 후반 남북전쟁 이후부터 미국 사회는 농업중심의 사회에서 산업사회로 전환되면서 산업화로 인한 도시집중화 현상이 발생하고 그와 같은 전통적인 가치관이 일대 변혁을 맞이하기 시작하였다. 1870년부터 1925년까지의 기간 동안 미국의 기독교는 전통적인 기독교를 고수하려는 공동체와 현대사조와 보조를 맞추려는 공동체로 뚜렷이 이분화되기 시작하였다. 전자를 가리켜 근본주의(fundamentalism)라고 칭하고 후자를 현대주의(modernism)라고 부른다.

미국기독교 지성과 사회가 변혁을 맞던 19세기 후반과 20세기 초엽, 격변의 시대에 한국 선교는 시작되었다. 1884년 9월 20일 알렌(Allen)이 입국하고 그 이듬해 4월 5일 언더우드(Underwood)와 아펜젤러(Appenzeller)가 입국하기 시작한 이래 1910년까지 한국에서는 수많은 다양한 개신교 선교사들이 입국하여 다양한 개신교 유산들을 한국교회에 남겨주었다.

한국 개신교 역사가 한 세기를 넘어선 오늘의 시점에서 한국교회사를 돌이켜보았을 때 한국 개신교 역사의 사상적인 맥은 뚜렷이 1930년 이전, 1930년부터 1960년까지 그리고 1960년 이후부터 현재까지 세 단계로 뚜렷이 대별해 볼 수 있다. 1930년 즉 1934년 한국 개신교 희년을 맞는 그때까지 한국교회를 주도한 중심세력은 역시 선교사들이었고, 1930년 이후부터 한국 개신교는 선교 1세대들이 선교지를 떠나고 외국에서 유학을 마치고 돌아온 한국의 신학자들과 교계 지도자들이 한국교계를 이끌면서 한국 개신교는 한국인들이 주도하는 교회로 리더십이 전환되었다. 그리고 1950년대 일련의 분열을 맞았다. 6·25 이후 사회 및 경제적 정치적 불안정이 한국교회에도 그대로 반영되면서 한국기독교는 신사참배, 성서관, 교권문제 등의 문제로부터 분열하기 시작한 것이다. 1930년대 미국 교회가 안고 있는 똑같은 분열현상이 한국교회에 그대로 반영된 것이다. 1950년대에 장로교 안에서 발생한 이 분열은 전통적인 신학을 고수하려는 자들과 현대사조에 한국 기독교를 조정하려고 하는 공동체 사이에 벌어진 일련의 보수주의 대 진보주의 논쟁의 결과이다.

한국교회는 1960년 이후 한국교회는 자신들의 나갈 방향을 진중하게 고민하면서 정체성을 정립하려는 움직임이 일기 시작했다. 교파를 막론하고 한국 교회의 지도자들 사이에는 자신들이 걸어온 길, 그리고 걷고 있는 길을 반추해 보면서 제 삼의 길을 모색하려는 움직임이 일어났다. 이 움직임은 대체로 전통적인 보수주의 신앙을 계승하려는 전통주의, 한국적 신학을 추구하려는 자유주의 토착화 신학, 그리고 이 시대에 새로운 모델을 제시하려는 복음주의 세 가지 방향으로 전개되었다.

1960년대 이후 한국 개신교는 교파를 초월해 토착화 운동, 근본주의 운동, 복음주의 운동으로 대별되어 한국교회를 주도하기 시작하였다. 복음주의 공동체는 토착화 신학을 경계하면서 한편으로는 극단으로 흐르는 근본주의자들을 동시에 경계하는 것이다. 복음주의 한편으로는 양 극단을 극복하려는 움직임, 영미(英美)에서 일고 있던 복음주의 운동의 영향 그리고 한국복음주의협회, 한국복음주의신학회, 생명의 말씀사를 비롯한 초교파적 복음주의 출판사, 그리고 교파를 초월한 복음주의 교회의 성장으로 한국교회에 쉽게 정착할 수 있었다. 전통적인 신학을 양보하지 않으면서 사회적인 책임을 소홀히 하지 않는 교파를 초월한 복음주의 운동이 한국교회에 뿌리를 내리고 있다.

Ⅰ. 1930년대 이전

1. 서양 문화와의 접촉

역사적인 기록을 통해 우리들에게 구체적으로 알려진 한국입국 서양인들로는 1627년 경주 앞바다에서 표류해 입국한 벨테브레 (박연), 1653년 제주도에 표착한 핸드릭 하멜, 1816년 군함을 이 끌고 조선의 서해안을 탐사하기 위해 입국한 영국 해군 대령 머 리 맥스웰과 바질 홀, 네덜란드 선교회의 파송을 받고 입국한 칼 구출라프 선교사, 그리고 로버트 토마스 선교사를 들 수 있다.

벨테브레(J. J. Weltevree)는 병자호란에 참전한 기록도 있으며, 자신과 같이 표류하다 조선에 입국한 하멜(Hendrik Hamel)과 그 일행의 통역도 맡아보았다. 하멜은 제주도 앞바다에서 폭풍을 만나 표류하여 제주도에 도착했다. 그 후 13년간 그는 조선에서 있었으며, 탈출 후 표류기를 기술하여 조선을 세계에 널리 알렸 다. 영국해군 대령 맥스웰(Maxwell)과 홀(Hall)은 1816년 군함을 이끌고 서해안에 입항해 해도(海圖)를 작성하고 한문성서도 전 해주었다.

칼 구출라프(Karl F. A. Gutzlaff) 선교사는 상업이나 정치적인 목적으로 조선에 입국한 사람과는 달리 최초로 한국선교를 타진 한 사람이다. 당시는 제국주의 정책의 붐을 타고 동양과의 통상확 대를 통해 자국의 이익을 극대화시키면서 식민지 확보에 열을 올리고 있었다. 이런 두 가지 이유 즉, 상업과 선교의 목적으로 동양에 대한 유럽과 북미인들의 관심이 고조되었다. 구출라프는 서해안을 세 차례 항해하며 주민을 만나 감자씨를 전해주었으며 또한 성서도 주었다. 로버트 토마스 선교사는 1866년에 제너럴셔먼호를 타고 조선에 입국했다. 그는 황해도에서 한국어를 배우고 입국했으나 순교를 하였다.

2. 개신교 선교준비

19세기 중엽 특히 1866년 제너럴셔먼호 사건이 발생하고 나서 한국 국내의 최대의 이슈는 개항이었다. 우리가 개항을 해야 하느냐 하지 말아야 하느냐 하는 문제를 두고 개항을 반대하는 세력과 개항을 찬성하는 세력이 국내에서 끊임없이 논쟁과 세력 다툼을 벌여왔다. 개항을 반대했던 사람들을 위정척사파(爲政斥邪派)로 알려졌다. 이와는 달리 국제 질서에 합류하기 위해서는 문호를 열고 개화를 해야 한다고 외쳤던 사람들이 있었는데 이들은 개화파(改化派)로 알려졌다. 이 개화파는 크게 방법론을 두고 온건하게 개화를 추진하고자 하는 동도주후파와 급진적으로 개화하자고 하는 개화당 둘로 나뉜다.

위정척사파는 보수적인 민족주의 입장을 갖고 있었다. 이들이 갖고 있던 모토는 한국의 전통문화가 서구의 문화와 비교해서 결코 손색이 없다는 것이다. 따라서 조선은 개항할 필요가 없고, 개항을 하면 전통문화가 파괴되어 버린다고 생각했다. 이들은 기독교를 위험한 종교로 보고 기독교를 배척하였다.

동도주후파는 온건한 개화를 주장했던 사람들이다. 이들이 모델로 삼은 것은 중국식 개화이다. 중국에서는 전통적인 문화를 계승 발전시키고 서구의 문물을 선별적으로 받아들여 온건한 개화를 추진한 결과 자신들이 고유한 전통을 상실하지 않으면서도 경제적인 여유를 갖는 국가가 되었다는 것이다.

급진 개화당은 일본을 모델로 하여 개화를 하자는 것이다. 일본이 명치유신(明治維新)을 모델로 철저한 개화를 추진하기 위해서는 먼저 봉건질서의 재편이 있어야 한다고 보았다. 봉건질서를 근본적으로 변혁시키고 빠른 시일 내에 서구의 기술문명을 우리가 받아들이고, 서구 문화의 근간이 된 기독교마저도 주저할 것 없이 과감하게 받아들여야 한다는 것이다.

만주에서의 개신교 준비에서는 이응찬을 비롯하여 네 사람과 존 로스(John Ross) 선교사는 한국선교를 위해서 성서번역에 착수하였다. 이 네 명의 사람들은 성서번역을 위해서 성서를 읽고 한문성서를 한글로 번역하는 과정에서 예수그리스도를 영접하고 1876년 로스의 동료 선교사 존 매킨타이어(J. Macintyre) 선교사로부터 세례를 받기에 이르렀다. 성서번역을 한 후 이들은 전부 고향으로 돌아왔다. 이들에 의해서 국내의 복음전도가 시작되었다.

일본에서는 이수정에 의해서 복음이 준비가 되고 있었다. 율전 박사가 안천양이라는 일본 목사를 이수정에게 소개해 12월 크리스마스 때 처음으로 신앙생활을 시작하게 되었고, 이수정은 1883년 4월 29일 일본에 건너간 지 9개월 만에 노월정 교회에서 미국선교사 존 낙스로부터 세례를 받았다. 이수정은 당시 일본주재

미국성서 공회 헨리 루미스 선교사로부터 한글 성서번역을 의뢰
받자 주저하지 않고 성서번역에 착수했으며 자신이 만나는 일본
주재 미국선교사들에게 한국선교를 호소하였다. 이수정의 한국선
교의 공헌은 감리교 선교사 매클레이(Robert S. Maclay) 선교사의
요청을 받고 감리교 요리문답도 번역하여 1천부가 출판되어 국내
에 널리 유포되어 한국선교의 효율을 높일 수 있었다. 요코하마
에서 그의 마가복음성서 천 권이 출판되었다.

  이상에서 얻을 수 있는 결론은 첫째, 한국선교는 성서번역에서
부터 출발했다는 것이다. 둘째, 한국인에 의해서 스스로 복음이
전파되었다는 점이다. 셋째, 한국인에 의해서 복음이 전파되었을
뿐만 아니라 교회가 한국인 스스로에 의해서 자립의 틀을 형성하
기 시작했다는 것이다.

3. 한국선교를 위한 준비

  19세기 한국의 고위층 위정자들이 기독교를 반대했던 것은 기
독교 자체가 아니라 기독교와 한국의 전통문화가 서로 대립적인
관계에 있다고 보고 그로 인해 한국의 전통문화를 파괴한다고 믿
었기 때문이라는 점이다. 그러나 조선의 고위 정치인들 중에는
천주교와는 달리 개신교에 대해서는 긍정적인 입장을 갖고 있는
사람들이 많았다. 한국왕실이 공식적으로 개신교 선교를 허용하
지는 않았지만 간접적으로 개신교 선교를 묵인하고 있었다는 흔
적을 찾아볼 수 있다. 이런 요인들은 한국의 복음수용과 확장을

가져오는 요인이 되었다는 점이다.

한국선교는 개항과 함께 시작하였다. 일본은 강화도 조약을 체결하여 조선의 개항을 이루어냈다. 미국과의 수교도 이홍장과 슈펠트 사이에서 1882년 5월 제물포 해안에 마련된 장막에서 조미수호통상 조약이 체결되었다. 미국과의 조약은 지극히 정치적인 사건이었으나 이것이 미국과의 수교뿐만 아니라 선교관계를 수립하는 계기가 되었다. 이것을 계기로 견미사절단(見美使節團)이 파견되었고 견미사절단은 가우쳐(John Franklin Goucher) 목사를 만나 한국선교를 타진하기에 이르렀다.

감리교에서는 가우쳐와 매클레이가, 장로교에서는 엘린우드(W. W. Ellinwood)가 조선선교를 준비하였고 만주에서는 존 로스와 매킨타이어 선교사가 조선선교를 백방으로 모색하였다. 이들뿐만 아니라 일본주재 조지 낙스 선교사와 중국에서 활동하던 길버트 리드 선교사도 조선 선교의 즉각적인 점유를 선교본부에 촉구하는 서한을 보내 조선선교를 공식적으로 요청하고 나섰다. 특히 일본에서 활동하던 조지 낙스(George W. Knox) 선교사는 조선선교에 장을 여는 데 중요한 공헌을 하였다. 이런 일련의 노력으로 장로교 선교사 알렌과 언더우드(Horace Grant Underwood)가 입국하였고 감리교 선교사 아펜젤러(Henry Gerhard Appenzeller)와 스크랜턴(Mary Scranton)의 입국이 이루어졌다.

4. 각국 선교사들의 입국

미장로교와 감리교에서 교단적인 차원에서 한국선교를 위한 계획이 추진되고 있는 동안 중국에서 활동하던 북장로교 파송 의료선교사 알렌(H. N. Allen)이 전혀 예기치 않게 한국으로 선교방향을 돌렸다. 알렌은 갑신정변 때 치명적인 상처를 입은 민영익을 치료하였고 이것을 계기로 알렌은 고종에게 재가를 얻어 정2품에 해당하는 참판 벼슬까지 얻게 되었다. 알렌은 이것을 계기로 광혜원(廣惠院)이라는 병원을 설립하는 기회를 마련하였다. 광혜원이 제중원(濟衆院)으로 개명되고 왕실과의 유대도 더욱 강화되었다. 광혜원은 자연스럽게 한국 개신교 선교의 거점이 되어 선교의 효과를 극대화시킬 수 있었다.

알렌 이후 개신교를 대표할 만한 언더우드와 아펜젤러가 입국하였다. 한국에 도착한 언더우드는 한국어를 배우는 데 심혈을 기울였고, 동시에 마가복음의 번역과 사전편찬에 착수했다. 경신학교의 전신인 웰즈(J. D. Wells) 선교사는 학교를 설립해 인재양성에 심혈을 기울였다. 1887년 아펜젤러와 함께 상임성서번역위원회를 발족해 성서번역을 시작한 언더우드는 성서번역에 혼신의 노력을 기울여 1910년에 신구약 번역을 끝내고 여기에 만족하지 않고 개정작업에 몰두하다 그만 건강을 잃고 세상을 떠나고 말았다. 언더우드는 개신교 최초의 세례를 베푼 인물이며 남장로교 선교회와 캐나다 선교회의 대(對)한국선교의 문을 열어준 인물이며, 연합선교의 이상을 통해 한국선교를 성공적으로 이끄는 데 중추적인 역할을 했던 한국선교의 개척자였다.

언더우드와 함께 아펜젤러는 한국선교에 초석을 놓는 금세기 최고의 선교사였다. 이 둘은 신앙도 유사했다. 복음에 대한 열정, 남을 먼저 생각하는 이타적인 사랑, 한국선교에 대한 비전에서 어느 누구와도 견줄 수 없는 놀라운 공헌을 했다. 1902년 목포로 가는 작은 배를 타고 가다 난파되어 세상을 떠나기까지 한국선교에 헌신했던 사람이다.

한국의 이들을 통해 시작되었고 1898년까지 한국에서 북장로교, 남장로교, 호주장로교, 캐나다 장로교 등 네 개의 장로교 선교회가 입국해 한국 장로교 선교를 가속화시켰다. 한국에 입국한 네 개의 선교회는 1893년에 결성된 장로교공의회의 구성원이 되어 교단별로 한국 선교를 추진하기보다 범장로교 연합을 통해 선교의 효율을 증대시켜 나갔다. 또한 빅토리아 선교회, 미 감리교 선교단, 남 감리교 선교단, 러시아 선교회, 동아기독교, 동양선교회, 안식교 선교회, 플리머스 형제단 등이 차례로 한국선교를 시작함으로써 1910년까지 다양한 개신교 선교사들이 한국에 입국하였다.

우리의 한국선교와 관련하여 다음 몇 가지 사실을 발견할 수 있다. 첫째, 거의 같은 시기에 다양한 선교회가 동시에 입국하여 한국 개신교 선교를 시작했다는 사실이다. 둘째, 장로교는 네 개의 선교회가, 감리교는 두 개의 선교회가 거의 같은 시기에 입국함으로써 장, 감 선교회가 거의 한국 개신교 선교를 주도했다는 사실이다. 또한 이들의 연합은 선교지의 난관을 극복하고 상당한 선교의 결실을 거둘 수 있었다.

5. 개신교 선교정책

한국의 개신교에 대한 놀라운 결실은 그들이 사용한 선교정책과 무관하지 않는다는 것이 일치된 견해이다. 대체로 초기 선교사들이 사용했던 선교정책은 의료 및 교육선교, 성서번역, 연합사업, 그리고 선교지 분할정책으로 대변할 수 있을 것 같다.

한국에 파송된 개신교 선교사들이 사용한 선교정책 중에 하나는 의료선교였다. 의료선교뿐만 아니라 교육을 통한 선교에 선교사들은 지대한 관심을 가졌다. 배재학당, 이화학당, 고아원 설립과 여러 학교를 설립하여 서양교육을 시작하였다. 성서번역은 중국과 일본, 국내선교사들에 의해서 진행되었다. 한글 성서번역이 한글문화에 끼친 영향은 지대하다. 한글성서는 한글을 대중화시키는 데 결정적인 역할을 했다.

한국선교가 처음 크게 성공한 이유 가운데 하나는 그들이 독립적으로 활동하지 않고 연합하여 활동했다는 점이다. 연합운동이 가능하게 된 것은 언더우드의 역할이었다. 선교지 분할 협정은 지방색을 나타내는 단점을 드러냈으나, 선교의 효율성을 높이는 역할을 하였다. 협정의 중심내용은 첫째, 5천 명 이상의 도시는 공동으로 선교하고, 둘째는 5천 명 미만의 도시는 이미 선교를 시작한 선교단체가 기득권을 가지며 6개월 동안 공석일 때는 타선교회가 선교를 시작해도 좋다. 셋째, 가능하면 선교가 시작되지 않은 지역에 선교를 착수하는 것을 원칙으로 하며 넷째, 감리교나 장로교나 서로 다른 교회를 존중하며, 다섯째 다른 선교지역으로 교인들이 이동할 경우 자유의사대로 이동하되 반드시 목사의 추천서를 받는다. 여섯째 조사들에 대해서는 선교회가 직접적으로 보조금을 지불하지 말 것, 그리고 일곱 번째는 모든 문서의 규격은 통일한다는 내용이었다. 교파들 가운데 이와 같은 협약을 체결한 후 감리교에서는 그 입장을 받아들일 수 없다고 천명하기는 했지만, 한국의 선교지 분할 협정은 공식화되기 시작했다.

한국교회의 복음수용과 확장의 과정에서 우리는 다음 몇 가지 사실을 발견할 수 있다. 첫째, 한국선교는 다양한 선교단체가 거의 동시에 한국선교를 시작했다는 것이다. 둘째, 천주교와 개신교는 선교방법이 근본적으로 달랐다는 사실이다. 천주교는 교회를 설립하고 전도를 하는 등 직접적인 선교방법을 택함으로 많은 면에서 문화적 충돌을 야기했지만, 개신교는 간접적인 선교방법을 사용함으로써 사람들에게 다가가는 용이한 입장이었다. 셋째, 우리가 이해하기 힘들 정도로 한국교회는 한국인 스스로에 의해 복음이 전해지기 시작했다는 것이다. 넷째, 한국선교의 과정에서는 일련의 사건들이 모든 상황이 딱 맞아 떨어지는 경우는 너무도 많이 발견된다. 하나님의 섭리의 개입 이것은 우리가 마지막으로 지적하지 않을 수 없다.

6. 선교사들의 사상과 삶

한국에 파송된 선교사들은 한국인과 한국교회에 지대한 영향을 미쳤다. 그들이 과연 무슨 신학사상을 가지고 있었는가를 우리가 바로 조명해야 할 필요가 있다.

사무엘 마펫(마포삼열)과 소안론 곽안련은 맥코믹(McComic) 출신의 선교사들이다. 특히 소안론 선교사는 성서통신 강좌를 최초로 한국에서 시작하여 성서연구를 저변화시키는 데 큰 공헌을 했다. 그는 음악적인 재능에도 뛰어나 몇 편의 찬송가를 저술하기도 했다. 신학적인 면에서도 보수적인 선교사였다. 곽안련 선교사는 그의 시카고 대학 논문인 네비우스 선교정책은 해외 선교연구의 하나의 모델로 평가받은 작품이다. 표준성서를 비롯하여 성서주석, 평양신학교 교재, 그리고 신학지남에 남긴 주옥같은 여러 편의 논문들은 한국의 보수주의 신학의 맥을 형성하는 초석이 되었다. 유니온 신학교 출신 중 한국선교에 지대한 영향을 미친 사람은 레이놀즈와 크레인 선교사이다. 레이놀즈는 남장로교 선교의 개척자였고 남장로교 헌법을 번역해서 한국에 소개해 장로교 정치의 틀을 잡아주었으며, 성서번역과 신학교육을 통해서 한국에 지대한 영향을 미쳤다. 뿐만 아니라 평양신학교의 최초의 조직신학 교수로 수십 년을 봉사하면서 한국의 신학적 틀을 세우는 데 결정적인 영향을 미쳤던 인물이다. 크레인 선교사는 레이놀즈와 신학적인 보수성에서 맥을 같이한다. 한국 최초로 무천년설을 가르쳤던 사람이며 무천년을 가르치며 역사적 전 천년설이나 후천년설이나 개혁주의에서 다 포용하고 있다는 사실을 일찍부터 외친 사람이다.

프린스턴 출신들 중 한국선교에 영향을 미친 사람은 로버트, 어드만, 해밀턴 선교사이다. 라부열로 알려진 로버트 선교사는 1925년 평양신학교 교장에 올랐다. 상당히 보수적인 성서관을 가진 사람이었다. 어드만 선교사와 헤밀톤 선교사는 성서의 초자연적인

면, 성서가 구원이라는 측면뿐만 아니라 역사 과학 지리 모든 면
에서 성서는 오류가 없는 하나님의 말씀이라는 사실을 철저히 변
호한 사람이었다.

7. 네비우스 선교정책

1884년부터 1930까지 교인의 숫자가 엄청나게 증가했는데 이
렇게 급성장하게 된 요인은 무엇인가 하는 것이다. 한국교회와
네비우스 선교정책에서 곽안련 선교사는 한국교회의 성장요인들
을 여러 가지 열거하고 있다. 한국 전통종교들이 한국교회의 성
장을 촉진시켰다는 점, 한국인의 유순성, 리더십에 잘 따르는 한
국인의 국민성, 평안함에 대한 한국인의 갈구, 국왕의 호의(好意),
여성의 지위향상, 한국인의 애국심, 참되고 신비한 종교에 대한
한국인의 갈망, 서양교육, 높은 문자 해독률, 시대적인 상황, 그
리고 한국인의 종교 심성 등을 들 수 있다. 한국교회의 가장 큰
성장의 요인은 역시 1890년에 채택한 네비우스 선교정책 때문이
라는 결론을 내리게 된다. 지금까지 네비우스 선교정책의 핵심은
자립(自立), 자치(自治), 자전(自傳)이라고 알려져 왔다. 그러나
그 핵심은 성서공부에 있었다.

네비우스 선교정책의 10가지는 다음과 같다.

① 선교사들이 개인적으로 순회 전도한다.
② 모든 선교사역에서 성서가 중심이 되게 한다.

③ 한국인 스스로가 전도하게 한다.

④ 한국인 스스로가 교회를 치리한다.

⑤ 경제적으로 한국인 스스로에 의해서 자립한다.

⑥ 모든 신자는 그룹의 영수와 순회조사 아래서 조직적으로 성서공부한다.

⑦ 성서적인 권징을 엄격히 실시한다.

⑧ 다른 선교 단체들과 연합하고 협력한다.

⑨ 법정소송 사건이나 그와 유사한 문제는 간섭하지 않는다.

⑩ 가능한 민중의 경제문제에 도움을 준다.

이 열 가지 선교정책을 요약한다면 성서중심의 선교정책과 정교분리의 철저한 실시 두 가지로 나눌 수 있다. 또한 네비우스 선교정책은 교회의 성장 외에도 엄격한 주일성수, 교리주의 신앙, 반자유주의 신앙관을 한국교회에 뿌리내려 주었다고 지적한다. 그러나 이런 네비우스 정책은 사회적인 책임을 간과하는 부정적인 면도 만들게 되었다.

8. 1907년 부흥운동과 영계 길선주

길선주는 막힘없이 줄줄 암송하는 성서구절, 선교사들에 대한 가차 없는 비판, 무엇보다도 주권상실의 울분을 신앙으로 스스럼없이 승화시키는 탁월한 리더십, 이 모두는 길선주를 명실상부 한국교회의 지도자로 만들어 주기에 충분했다. 그는 1907년 한국 최초의 노회에서 목사안수를 받은 최초의 일곱 명의 장로교 목사 가운데 한 사람이다. 평양 장대현 교회를 무려 20년간 담임했고, 1907년 평양부흥운동의 불꽃을 점화, 확신시킨 대각성 운동의 주 인공이기도 하다. 그는 2만 번 이상 설교를 했고 3백80만 명 이 상이 그의 설교를 들었으며, 3천명 이상이 그에게서 세례를 받았 고, 무려 60개의 교회를 설립했던 한국 개신교의 살아 있는 증인 이었다. 길선주는 평서노회 사경회 마지막 새벽기도를 인도하다 1935년 11월 18일 주님의 부르심을 받았다.

II. 1930 - 1960년

1. 자유주의 노선

1930년대는 한마디로 새로운 신학이 역사에 등장하는 종교적 다원화 시대였다. 한국교회는 자신들의 신학을 정립하려는 움직 임이 일어나면서 신학적 방향이 몇 가지로 뚜렷이 대표되어 진행 되기 시작했다. 박형용 박사를 통해서 소위 정통주의(正統主義) 가, 김재준 목사를 통하여 소위 진보주의(進步主義)가, 정경옥 교 수를 통해서 자유주의(自由主義)가 뿌리를 내리게 된다.

한국의 자유주의 문제는 미국의 자유주의 논쟁의 축소판이었다. 1920년대는 미국에서 소위 근본주의 대 현대주의 논쟁이 정점에 달한 시대였다. 논쟁이 한창 진행되고 있던 1923년 구프린스턴 신학자 그레샴 메이첸(G. Machen)이 자유주의를 논박하는 기독교와 자유주의를 저술했다. 이 책에서 메이첸 박사는 로마 가톨릭이 기독교의 변형인지는 몰라도 자유주의는 다른 전제에서 출발하기 때문에 기독교가 아니라며 신랄하게 비판했다. 소위 북장로교 선교사 중 유니온 출신의 선교사와 감리교 선교사들이 자유주의 원천이었다.

전통종교와 기독교를 조화시키려는 사람도 있었는데 그 사람이 최병헌이다. 그는 좀 더 넓은 감리교 신학을 형성하는 데 중요한 역할을 했다. 그러나 감리교 신학을 좀 더 자유주의 방향으로 확장시키는 데 결정적인 역할을 한 것은 정경옥이었다. 1930년대에 들어서면서 외국에 유학을 갔다 온 젊은 신학자들에 의해서 자유주의는 좀 더 본격적으로 확산되어 갔던 것이다. 대표적인 인물들은 역시 송창근, 채필근, 김재준 등이다. 이들을 통해 한국의 진보주의 사상은 뿌리를 내리고 그 동기를 제공한 사람은 남궁혁 박사이다.

지금까지의 연구결과를 몇 가지로 압축시킬 수 있을 것 같다. 첫째 자유주의 사상이 1930년대에 발흥했던 것은 사실이지만 그러나 그 뿌리를 거슬러 올라가면 한국선교 초창기부터 한국에는 자유주의의 세력들이 등장하고 있었다는 사실이다. 두 번째로 소위 총회가 자유주의 도전을 교권을 이용해서 압도했으나 자유주의 세력이 완전히 영향력을 상실했거나 사라진 것이 아니라는 것이다. 세 번째, 박형용 박사가 한국의 보수주의를 대변하는 인물로 부상했듯이 김재준 교수 역시 진보주의를 대변하는 인물로 그리고 정경옥 교수는 좀 더 개방적이고 현대적인 자유주의자로 자리를 굳히게 되었다. 그리하여 1930년대 한국 기독교에는 박형용 박사의 보수주의, 김재준 박사의 진보주의, 정경옥 교수의 자유주의가 하나의 맥을 형성하기 시작하였다.

2. 신학지남 논쟁

1930년대 신학논쟁이 한국교회에 발생했을 때 그 논쟁의 점화시킨 신학지가 신학지남(神學指南)이었다. 신학지남은 1918년에 창간된 장로교의 평양신학교에서 발행하는 신학잡지로 1916년에 창간된 감리교의 신학세계, 1922년에 출간된 성결교의 활천지와 더불어 한국교회의 신학을 대변하는 신학지였다. 신학지남은 교단 내 목회자들에게 신학 기본지식, 설교, 강해주석을 제공하여 현장목회를 돕고 이름 그대로 신학적 방향을 지도하자는 데 발행목적이 있었다. 처음 10년간 서양 선교사들이 맡아오던 편집을 1928년 정월부터 평양신학교 교수인 남궁혁 목사가 맡으면서 신학지남에 변화가 시작되었다. 그는 신학적 입장을 달리하는 사람에게 대단히 관용적인 사람이었다. 그는 일본과 미국에서 유학을 마치고 돌아온 송창근, 김재준, 채필근 세 사람의 글을 신학지남 특별기고자로 끌어들여 개재하였다.

김재준은 평양 숭인상업학교의 성서교사로 있으면서 신학지남에 정기적으로 기고하기 시작하였고, 『자각, 정돈, 건설』이라는

1935년 1월 권두언에서 마침내 문제를 제기하였다. 채필근은 비교종교학에 관한 글을 여러 편 게재해서 신학지남의 폭을 넓혔다. 채필근은 기독교와 타 종교의 차이를 강조하고 여전히 비교종교학적 접근을 하였다. 그러면서 자기의 입장을 나타내지 않고 숨겨오던 채필근은 노골적으로 한국교회의 신학이 너무 극단적인 방향으로 흐르고 정통을 기준으로 진보적인 이들에 대해 비판을 가하는 교단의 행위가 신앙인으로서 바람직하지 않다고 교계를 향한 비판의 화살을 가했다.

송창근은 『기독교 윤리문제』라는 제목으로 신학지남에 기고하였다. 그가 볼 때 조선교회의 가장 큰 문제는 윤리문제였다. 그는 한 교회의 교인에 대한 불만에서 시작하여 목회자 전체, 더 나아가 조선교회 전체를 향한 비판으로 확대하는 것을 주저하지 않았다. 송창근의 비판은 단순한 비판의 성격을 넘어 교계에 대한 정면도전이었다. 한국교회의 정통주의를 가리켜 "위선자요, 형식주의자요, 이십세기 바리새교인"이라고 비판한 것이다.

이들의 글에 문제가 있다는 사실을 일찍부터 예리하게 간파한 사람은 박형용 박사였다. 신학지남의 신학적 변천을 처음부터 목도한 박형용은 반현대주의 변증적인 논문들을 발표했던 것이다. 현대주의 대 근본주의 논쟁을 피부로 체험한 그는 미국에서 일고 있는 신학논쟁, 현대주의자들의 전투적인 도전 앞에 정통주의 신앙을 변호해야 할 의무를 느끼고 있었던 것이다.

1930년대 들어서면서 표면화된 신학논쟁, 특별히 신학지남을 중심으로 벌어진 논쟁은 우리에게 적지 않은 교훈을 제시해 준다. 가장 먼저 지적하고 싶은 것은 어디에서 신학교육을 받았느

냐에 따라 신학적인 입장이 달라질 수밖에 없다는 사실이다.

그 다음 1930년대 진보주의 진영이나 정통주의 진영이나 정도의 차이는 있지만 모두 전투적인 성향을 띠고 있었다는 사실이다. 지난 이천년의 기독교 역사를 돌이켜 보면 신앙의 순수성을 외치는 이들은 분리주의로 흐르기 쉬웠고, 반면 신앙의 포용을 외치며 신학적 관용을 주창한 이들은 자유주의로 흘러왔던 것이 일반적인 추세이다. 신앙의 순수성을 유지하면서도 편협하지 않고 사회적인 책임을 다할 수 있는 기독교 공동체, 그것이 우리가 추구해야 할 과제인 것이다.

3. 아빙돈(Abingdon) 단권 주석 논쟁

아빙돈 단권주석의 출판은 한국교회에 적지 않는 충격을 가져다주었다. 감리교에서는 대단한 환영이었지만 장로교에서는 교단적인 차원에서 그 주석을 장로교 내의 목회자들은 절대 구매하지 말 것을 결정하였고, 그 주석의 번역에 참여한 장로교 목회자들이 총회에서 문제시되어 아빙돈 단권주석의 파장은 한국교회 전체에까지 미치게 되었던 것이다.

왜 이 주석이 논쟁거리가 되었는가라고 의문을 제기할 사람이 있을 것 같아 먼저 그 이유를 밝혀두는 것이 필요하다. 선교 50주년이 되도록 사실, 한국인들에 의해 기술된 주석은 고사하고 번역주석 하나 없었다. 이런 국내의 현실을 잘 알고 감리교에서 선교 50주년을 맞아 감리교 유형기 목사가 책임하에 기념사업의 일환으로 미국 아빙돈 출판사에서 출판한 단권주석을 번역하여 출판하였던 것이다. 막상 출판하고 보니 주석의 신학적 입장이 지금까지 한국장로교회가 지켜오던 신학적인 방향과 너무 차이가 있다는 이야기가 돌았다. 거기에는 이미 벨하우젠의 문서비평, 궁겔의 구전(口傳), 올브라이트의 성서 고고학, 역사, 신학, 그리고 전승사 등이 채용되어 있었다. 이것으로 아빙돈 성서의 신학적 입장은 분명해졌다. 성서가 영감으로 기록된 오류 없는 하나님의 말씀이라는 구프린스턴의 입장을 떠나 성서가 오류가 있지만 권위가 있다는 새로운 신학조류에 맞추어 기술된 주석인 것이다.

이 문제가 1935년 제24회 대한예수교 장로회 총회에 정식안건으로 상정되었다. 채필근은 주석에 참여한 것에 대해 사과하고 다시는 집필하지 않을 것과 재판(再版) 시 자신의 글을 빼겠다는 약속을 한 반면, 김재준, 송창근, 한경직 세 사람은 신학지남에 성명서를 내었다. 이 사과문은 신학적인 문제에 대해서는 전혀 책임이 없으며, 이 문제로 교계에 소란을 피워 미안하다는 것이다.

선교 희년을 맞아 한국교회의 신학이 선교사 중심에서 한국인에게로 전이되어 오면서 한국교회는 성숙하기 시작했다. 이제는 단순히 답습하는 신학이 아니라 우리의 것을 찾아 우리의 현실에 적용하려는 움직임이 일어났다. 장로교 총회가 표준 성서주석을 발간하기로 결정한 것도 그런 시대적 조류를 반영하는 것이었다. 총회차원에서 이것을 결의하고 박형용 박사에게 그 책임을 맡겼다.

4. 창세기 저작 문제와 여권(女權)논쟁

전통적으로 모세 저작권을 인정해 오던 미국기독교가 19세기 말엽부터 독일에서 일어난 성서고등비평의 영향을 받아 흔들리기 시작하면서 전통적인 보수적 입장에서 후퇴하며 발생한 것이다. 선교 50주년을 맞는 1930년대 초에 한국 장로교에서도 창세기 저작권 부인 문제와 여권문제가 제기되어 총회적인 차원에서 두 문제를 다룬 적이 있다. 창세기가 모세의 저작이라는 것은 기독교 이천 년의 고백이었다. 김영주 목사는 창세기 저작에 관한 문제를 일으켰다. 그는 일본의 자유주의 신학교 관서신학교를 졸업하고 일 년 동안 평양신학교에서 신학 재교육을 받은 인물이었다. 김영주 목사보다 모세 저작권 부인문제에 보다 더 노골적으로 총회의 보수적인 입장에 이의를 제기한 사람이 김춘배 목사였다. 그는 급변하는 현시대 여성의 권리가 신장되고 있는 이 현시대에 교회도 여성들의 지위를 현실화시켜 주어야 한다는 주장이었다.

이 두 문제는 총회적인 차원에서 다룰 정도로 심각한 도전이었다. 이 두 문제를 연구하기 위하여 1934년 제23차 총회 때 연구위원회가 조직되어 조사하기에 이르렀다. 연구위원회는 모세 저작에 관해서 오경의 모세 저작권 부인은 성서의 권위를 심각하게 손상하는 것이며 오경의 모세 저작을 인정한 그리스도의 권위에 대한 일대도전이며, 오경이 모세의 저작이라는 사실은 너무도 명백한 진리라는 것이다. 여성안수의 문제도 바울의 말은 당대에만 진리가 아니라 시간을 넘어 영원한 진리라는 것이다. 만약 성서의 진리가 당대의 시대적 배경에 국한된 현상이라면 성서의 모든 진리란 절대적인 것이 아니라 상대적인 진리에 불과하며 그런 변할 수 있는 진리는 성서의 권위를 치명적으로 손상시키는 행위라는 입장을 단호히 하였다.

이 사건은 현대 우리에게 적지 않는 교훈을 안겨다 주었다. 먼저 감리교와 장로교의 입장차이다. 또 하나는 총회가 두 문제를 단호하게 결정함으로써 신학적인 입장을 확고하게 내렸지만 그것이 곧 이 두 문제에 있어서 장로교회 내에 통일성이 있다는 것을 의미하는 것은 아니었다는 사실이다. 김영주 목사와 김춘배 목사가 자신의 주장을 번복한 것은 자신들의 신학적 잘못을 깨닫고 방향을 수정한 것이 아니라 총회의 압력으로 목사직이 면직될 위기에 처해 있었기 때문이다.

총회는 여권(旅券)문제가 단순한 해석상의 문제가 아니라 성서관과 연계되었다는 사실을 제시함과, 총회적인 차원에서 그 문제를 진정시키는 데는 성공했지만, 그렇다면 여성이 교회에서 어떻게 사역을 해야 하고, 교회가 이 문제에 대해 어떤 방향에서 지도해야 할 것인지에 대한 대안은 제시하지 못했다. 이것이 교파나 교단이 해야 할 몫이다.

5. 김재준의 신학사상

한 인간의 사상을 평가하는 작업은 그리 단순하지 않다. 영향이 깊게 드리워진 인물이라면 더욱 그렇다. 교단적으로 장로교

목사였던 김재준의 사상과 생애는 자연히 장로교사에서 박형용만
큼이나 중요한 위치를 차지한다. 김재준 역시 보는 시각에 따라
예찬과 비판을 동시에 받았다. 김재준은 신학을 하면서 신학을
학문적인 측면에서 접근하기보다는 인간적인 측면에서 먼저 정립
하는 것이 필요하다고 생각을 하였다. 이런 김재준의 사상은 현
대적인 표현을 빌리면 개방적인 사고방식이었고, 개방적인 사고
는 김재준으로 하여금 어떤 특정 신학서적에 관심을 집중하지 않
고 다양한 신학서적들은 섭렵하도록 자극을 주었다. 김재준이 공
부하고 있던 시절의 일본과 그가 재학하고 있던 청산학원은 상당
히 진보주의적 입장을 취하고 있었다. 이곳에서 신학하는 동안
그는 자유주의 신학에 대해서 어느 정도의 식견을 가질 수 있게
되었다. 미국으로 다시 공부하며 4년간 그는 일본에서의 자유주
의를 중화시키는 계기를 마련하였다. 그래서 청산학원의 급진주
의가 프린스턴과 웨스턴을 거치면서 진보주의 혹은 자유주의적
보수주의로 전향되었던 것이다.

　　김재준의 사상의 원동력은 부분적으로 청산에서 받은 진보적이
고 개방적인 인생관과 귀국 후 소선지서를 탐독하면서 체득한 예
언자적 의식에서 발원하였다. 그의 사상은 역사의 주인공으로서
의 인식이다. 이런 인식은 그를 반(反)선교사상과 반정통주의, 신
학교의 설립과 교육, 그리고 세계조류의 합류라는 세 가지 방향
으로 이끌었다. 김재준의 예언자적 외침은 반선교사상으로 표출
되었다. 김재준은 선교사의 신학사상이 한국교회를 지배하고 있
는 것에 대해 몹시 못마땅했다. 김재준은 프린스턴 출신들과 맥
코믹 출신 선교사들이 장로교를 주도하면서 한국교회를 지나치게

보수적인 교회로 만들어 버렸다고 보았다.

신학지남 사건으로 김재준은 평양을 떠나 간도 용정 진흥중학교로 자리를 옮겼다. 김재준이 평양을 떠날 즈음 한국의 국내 교계는 신사참배의 문제로 어려움을 당하게 되었다. 이 문제로 해외선교부는 한국의 선교지 철수를 결정하기에 이르렀고 한국의 보수주의 산실 평양 신학교는 폐교되었다. 신학지남도 폐간되었다. 보수적인 선교사들과 한국인들이 한국을 떠남으로 한국은 신학교 부재와 보수주의 지도력의 부재상태가 되었다. 이런 보수주의 지도력의 공백상태에서 일본에서 교육을 받은 김재준, 채필근, 송창근은 김대현 장로의 거액의 희사금으로 조선신학교를 설립하였다. 1930년대 교권적으로는 몰렸던 김재준이 결과적으로 전국적인 지지를 얻었고 자신이 개방과 진보주의 이상이 승리했다고 생각하였다.

그의 신학은 단순히 학문의 영역 그 이상이어야 한다고 보았다. 이런 김재준의 사상은 철학적으로 실존주의 철학에 신학적으로는 실존주의 신학에 뿌리를 두고 있었다. 김재준과 이들 사상가들과의 연계성은 이들 모두가 그리스도 중심의 신학을 생명으로 하고 있다는 점이다.

박형용이 서투른 자신의 작업을 추구하기보다는 완성된 서구의 신학사상을 소개하는 것을 철학으로 삼았다면, 김재준은 완성된 서구의 것보다는 서투르지만 자신의 신학세계를 만들러 가려고 노력했던 인물이다. 그 결과 김재준은 박형용의 정통주의나 정경옥의 자유주의와 대비되는 진보주의 사조를 한국교회에 뿌리내리는 역사의 주체 가운데 하나가 되었다.

6. 김교신과 무교회주의

1930년대 한국교회가 일제의 회유와 압력으로 흔들리며 일본의 황국신민화 정책에 합류하던 그때 민족의 자존심을 끝까지 지켜준 인물이 바로 김교신이었다. 일본에 유학하면서 친일로 전향하지 않고 마지막까지 조선 사람으로 남았던 민족주의자, 그러면서 교회의 제도와 가견적인(visible) 교회관을 거부하고 불가견적인(invisible) 교회를 유일한 교회로 주창하며 기성교회를 주저하지 않고 공격했던 예리한 비평가이다. 때문에 그는 마치 초대교회 교부 오리겐처럼 예찬과 비판을 동시에 받은 인물이었다.

무교회주의는 1930년 한국 장로교 총회가 자유주의와 아빙돈 성서주석, 여권문제, 창세기 저작권 문제처럼 총회적인 차원에서 거론되지는 않았지만 전국교회에 적지 않은 파란을 일으켰던 문제였다. 일본에서 유학 중이던 1920년 6월 김교신은 동경에서 노방전도를 통해 그리스도를 영접한 후 성결교회에 다니기 시작했다. 담임목사가 교인에게 쫓겨나는 것을 보고 기성교회에 회의를 느낀 그는 우찌무라 문하에 들어가 거기서 많은 영향을 받았다. 그는 귀국 후 우찌무라 문하의 동료들과 함께 성서조선(聖書朝鮮)을 만든다. 성서조선이란 조국의 미래를 염려하는 기독교 정신이었고 민족의 독립을 기원하는 소탈한 민족애였으며, 또 민족해방을 가져다주는 유일한 길이었다. 따라서 조선을 성서의 기초 위에 세우겠다는 희망은 곧 일본의 통치에서 벗어나겠다는 것으로 비추어질 수밖에 없었다.

김교신의 무교회주의 처음부터 일관되게 진행된 것이 아니라 어느 어간에 상당한 변환을 맞았다. 그의 무교회주의는 별다른 것이 아니라 기독교 자체였다. 무교회주의의 핵심은 그가 말하는 대로 성서에 있던 교회의 본질적 부정에 있던, 일본에 대한 보이지 않는 무언의 항거에 있던 분명한 사실은 그의 글과 사상 속에는 한국의 기성교회에 대한 공격이 하나의 축을 형성하고 있다는 점이다. 그는 조선적 기독교를 외쳐야 했고 선교사들로부터 독립과 서구의 자본으로부터의 해방을 외쳐야 했고 또 기성교회를 비판해야만 했다. 그는 이런 주장 속에서 성서신학의 맥이 무엇인가를 분명히 제시하거나 이해하는 데 실패하였다. 또한 한 주(主) 한 믿음 한 세례를 거부함으로 그는 스스로 비판을 자초했다.

이런 약점에도 불구하고 김교신은 기성교회가 갖기 쉬운 지나친 교권주의, 물량주의를 경계하고 순수한 조선의 기독교를 주창했다는 점에서 한국교회에 미친 영향은 적지 않았다. 그리고 하나님께서는 김교신의 무교회주의를 통해 교회가 무엇인가를 고찰하게 하였고, 단순한 예배당을 중시하는 사고에서 그리스도인의 모임 자체를 교회의 신성한 본질로 고찰해야 할 필요성을 제시해 주었던 것이다.

7. 보수주의 응전과 박형용

진보주의 측과 보수주의 측 모두 박형용 박사의 평가는 근본주의자라는 것이다. 박형용 박사의 신학적 입장은 분명 근본주의라

고 볼 수 있다. 그는 근본주의를 기독교 자체라고 보았는데 그것
은 근본주의야말로 정통주의라고 이해했기 때문이다. 박형용 박
사의 사상을 지배한 메이첸의 이상 즉 '기독교와 자유주의'에 나
타난 것과 같이 같은 정통신앙의 변호와 전수에 대한 열망이 곧
박형용 박사의 일생을 지배했다. 때문에 주재용 교수는 박형용
박사의 사상은 반현대주의, 반신정통주의, 반신복음주의로 함축시
키고 있다. 박형용 박사는 끊임없이 성서의 권위를 변호하는 데
상당한 관심을 기울이고 있다.

　박형용이 프린스턴에서 유학하던 1923년부터 1926년은 미국에
서 근본주의 대 현대주의의 논쟁이 절정에 달하던 시기였다. 이
런 시대적 배경은 자연히 박형용의 신학을 형성하게 되었다. 박
형용은 변증학에 관심을 가졌다. 그리고 유학을 마치고 한국에
돌아온 박형용은 수년 후 미국에서 경험한 똑같은 신학적 대립과
논쟁을 한국에서도 목격하게 되었다. 결국 박 박사는 제2의 메이
첸으로 한국의 보수주의를 변호해야 한다는 사명의식을 느끼게
되었다. 이런 시대적 배경을 이해하지 않고서는 박형용 박사를
이해할 수 없는 것이다.

　박형용 박사는 어떤 새로운 신학을 설정하거나 만들려는 노력
을 하지 않았다. 그에게 한국의 신학이 따로 있고 미국의 신학이
따로 있다고 보지 않았다. 구프린스턴의 신학을 그대로 계승 발
전시키는 것이 신학자의 소명이며 그것에서 벗어나는 자야말로
신학을 변질시키는 인물로 이해했던 것이다. 워필드나 메이첸이
강력하게 변호했던 성서의 영감 특별히 완전유기적 축자영감은
박형용 박사 신학의 중심이 되었다. 그는 1930년대 현대주의 도

전 앞에서 보수주의의 대변자가 되었다. 격변의 시대 정통주의를 보수사고 소위 성서의 권위에 기초한 성서 기독교 신앙을 한국에 뿌리를 내려주었다는 면에서 긍정적인 면이라고 볼 수 있다.

그러나 성서의 객관성에 대한 강조가 말씀의 순종과 실천에 대한 강조와 균형을 상실할 때 그 말씀에 대한 강조가 인식론적인 차원에서 맴돈 나머지 실존적인 차원에서의 살아 있는 역사가 결여되는 경우를 자주 목격하듯이 박형용 박사의 사상은 본의 아니게 한국교회에 반문화주의, 반사회주의 사상을 심화시켜 주었다. 그 결과 한국 장로교 안에는 문화를 보는 부정적인 견해, 사회를 보는 부정적인 견해들이 뿌리를 내리게 되었다. 그와 함께 간하배 교수가 지적하듯이 한국의 신학적 보수주의가 신학적 폐쇄주의로 치닫는 부정적인 결과를 초래했던 것이다. 이런 원인 중의 하나는 역사의식의 결여에서 비롯되었고, 이런 역사의식의 결여는 복음주의에 대한 잘못된 이해로 이어졌다. 또한 변증학적인 접근방법을 한국 조직신학의 기준으로 만들었다. 그러니까 신학 자체를 신학의 독특성으로 평가하지 않고 현대주의 변화라는 방향에서 접근하게 된 것이다.

그러나 박형용 박사의 위치를 평가절하해서는 안 된다. 그는 1920년대 현대주의 대근본주의 논쟁시대 1930년대 자유주의 도전과 보수주의 응전의 시대 1940년과 1950년대 분열과 혼돈의 시대 속에서 그가 그런 신학을 형성할 수밖에 없었던 시대적인 상황들로 박형용 박사를 평가해야 할 것이다. 그는 역사 그 시대의 산물이었다. 박형용 박사의 긍정적인 것을 평가하고 부정적인 것은 성숙과 발전으로 나아가야 할 것이다.

8. 신사참배 논쟁

일제시대 한국교회가 만난 가장 큰 박해는 1936년부터 1945년 까지 있었던 신사참배 강요였다. 신사는 종교적 요소가 없는 국가에 대한 예의문제라고 하지만 신사가 종교라는 것에 이의를 둔 사람은 아무도 없을 것이다. 신사참배의 목적은 일본 신들에 대한 숭배와 민족정신의 말살에 있다는 사실을 간파한 신앙의 선배들은 신사참배는 곧 유일신 야웨 하나님에 대한 배도라고 확신했다.

국내의 여러 교단과 천주교는 타협의 길을 선택하였다. 그러나 남장로교 선교부의 총무 풀톤은 신사참배가 우상숭배이며 기독교 학교가 폐교되고 선교지를 철수하는 한이 있더라도 신사에 참배할 수 없음을 분명히 하였다. 감리교와 장로교 총회가 강압에 못이겨 신사참배를 결정하였다 그러나 총회의 신사참배 결정에도 불구하고 신사참배 반대운동이 신학생에서부터 박관준 장로, 주기철 목사의 산정현교회를 중심으로 일어났다. 또한 한국인들만 신사참배에 반대한 것이 아니라 남, 북 장로교 선교회가 신사참배 반대운동에 적극지원하고 나선 것이다.

60년이 지난 오늘날 신사참배 논쟁의 문제점이 밝히 드러나게 되었다. 첫째 신사참배는 종교라는 점이다. 둘째 신앙과 신사참배의 연관성에서 신사참배는 성서가 행위의 절대적인 표준이 되는지를 알게 해 준 사건이었다. 셋째 신사참배를 결정하거나 신사에 참배한 이들에 관련된 문제이다. 총회는 39회 총회에서 신사참배결의를 취소하고 회개하였다. 이것을 거울삼아 몰역사적이고 비신앙적인 행위가 다시는 이 땅에 있어서는 안 될 것이다.

9. 민족의 희망과 시련

1935년부터 1945년까지 한국에는 종말론이 전국적인 현상으로 발흥했다. 이 시대 종말론이 전국적인 현상으로 발흥하게 된 원인에는 몇 가지 이유가 있다. 그중에 하나는 선교사들의 종말론 때문이고 또 하나는 네비우스 선교정책 때문이다. 무엇보다도 일제의 한국 통치는 한국의 종말론을 자연스럽게 고취시키는 동기가 되었다.

한국교회의 사상을 이끌어온 사람들은 박형용과 박윤선을 제외하고는 거의 다 세대주의 종말론을 갖고 있었다. 세대주의 종말론은 종말론의 지류(支流)가 아니라 장로교 종말론의 주류(主流)를 형성하고 있었다. 이런 세대주의 종말론은 길선주나 김익두와 같은 초기 한국지도자들의 종말론의 원형을 형성하였다.

박형용 박사는 세대주의와 역사적 전 천년설을 구분하려는 시도를 한국교회에서 최초로 한 사람이다. 그는 한국교회의 전 천년설을 구분하면서 소위 역사적 전 천년설이라고 하는 말을 처음으로 사용하기 시작하였다. 세대주의와 역사적 전 천년설에 대한 구분의 시도는 박윤선 박사에 의해 진행되었다. 조직신학적인 틀이 아닌 성서신학적 틀을 가지고 천년설을 논했다는 점에서 박윤선 목사는 중요한 공헌을 하였다.

1935년부터 1945년 사이 전 천년설을 전국적인 현상으로 확대시킨 가장 중요한 요인은 신사참배였다. 신사참배는 정통신앙을 판단하는 중요한 시금석이었다. 또한 이 시기는 평양신학교가 폐교되고 1940년 조선신학교가 설립되었다. 1940년대 이후 급속히 자유주의화되었지만 해방과 함께 해외로 망명했던 보수주의 선교사들과 한국인들이 귀국하면서 한국 장로교는 이들과 조선신학교를 중심으로 한 세력들과의 신학적인 갈등이 빚어지기 시작한 것이다.

10. 분열과 대립의 시대

1945년부터 1960년대까지는 한마디로 대립과 분열의 시대였다. 혹자는 이 시대를 성서에 대한 논쟁의 시대라고 부르는데 그것은 논쟁의 중심에 성서관이 자리잡고 있었기 때문이다. 이 시대의 공통적인 특징은 신학적 자유주의 세력과 신학적 보수주의 세력이 일련의 갈등을 경험해야 했다는 사실이다.

1940년 조선신학교가 설립되고 조선신학교는 세계의 조류에 부응하는 신학교를 설립이념으로 내세웠다. 세계조류라는 것은 그당시 팽배해 있던 신정통주의 사상을 그대로 수용한다는 것이었다. 이런 현대조류와 현대사상의 수용이 곧 자유주의 신앙을 수용한다는 의미는 아니었다. 학문적인 면에서 진보적인 사상을 수용하면서 신앙적인 면에서는 얼마든지 보수성을 견지할 수 있다고 믿었다.

이런 조선신학교의 진보적인 입장은 정통주의자로부터 반대를 받을 수밖에 없었다. 신사참배 반대운동을 주도했던 한상동 목사와 미국 웨스트민스터의 메이첸 문하에서 구(舊)프린스턴의 보수주의 교육을 받은 박윤선 목사가 주축이 되어 설립한 고려신학교는 조선신학교의 진보주의 신학교육에 대한 강한 반동이었다. 이들이 내건 신앙과 신학의 준수는 조선 신학교가 주창하는 신앙은 보수, 신학은 자유라는 이원론에 대한 거부였다. 조선신학교가 평양신학교와의 역사적 단절을 추구했다면 고려신학교는 평양신학교와의 역사적 단절이 아니라 계승을 모토로 내걸었다.

고려신학교만의 외로운 투쟁을 한 것이 아니라 조선신학교에 다니는 재학생 중 51명이 총회에 이의를 제기하였다. 조사위원들의 조사와 박형용의 귀국으로 김재준 교수에 대한 명확한 판단을 하게 되었다. 그러나 모든 상황이 박형용에게만 유리하게 진행된 것은 아니다. 세계적인 두 석학인 존 맥케이와 에밀 부르너의 한국방문은 자유주의를 확대시키는 결정적인 계기를 마련해 주었다. 박형용 박사가 귀국하고 고려신학교에서 1년도 있지 못하고 떠나 1948년 장로회신학교를 세웠다. 1949년 총회에서는 3가지 색깔을 띠게 되었다. 고려신학교를 중심한 고려파, 조선신학교를 중심한 기장파, 장로회 신학교를 중심한 박형용 중심의 세력이었다. 1952년 고려파가 분립하였고 1953년에는 기장이 분열해 나갔다. 1959년에는 W.C.C를 찬성하는 쪽은 통합, 반대하는 쪽은 합동으로 분열하였다.

분열과 연합을 반복하면서도 교단적인 연합을 추구했던 미국장로교회와는 달리 우리의 장로교는 연합의 희망을 포기한 것 같다. 그 원인은 보수주의와 자유주의를 막론하고 신학을 이데올로

기화하기 때문으로 풀이된다. 간하배 교수의 지적과 같이 한국교
회의 신학은 반동주의로 흐르고 말았다. 이제 건전한 신학의 발
전을 위해서는 반동주의를 탈피하고 총체적으로 균형 잡힌 신학
적 발전을 모색해야 할 때가 왔다.

1947년 조선 신학교 재학생 51명의 학생들은 그들이 받고 있
는 자유주의 신학교육에 반대하여 총회에 진정서를 제출했다. 이
것은 전국적인 이슈가 되었고 서양 자유주의가 한국교회에 적지
않게 영향을 미치고 있다는 사실을 확인시켜 주는 결정적인 전환
점이 되었다. 이들의 핵심은 성서관에 대한 문제였다. 김재준 교
수는 성서가 무오하다고 고백하지만 성서가 역사적 과학적, 그리
고 연대기적 문제에서도 무오하다는 것은 거부한다. 그는 성서는
구속의 진리라는 점에서만 무오한 것이지 결코 자연, 역사, 과학
에서까지 무오한 것은 아니라고 주장함으로써 성서의 권위를 신
앙과 행위에 제한시켰다. 박형용 박사는 귀국 후 김재준 교수의
문제를 두 가지 측면으로 나누어 지적하였다. 첫째, 현대비평학을
따라 김재준 교수가 모세오경의 모세저작권 부인하여 성서의 권
위를 파괴시켰다는 것이고 둘째, 김재준 교수는 성서의 무오를
믿는다고 주장하지만 성서무오사상과 그가 수용한 고등비평은 서
로 양립할 수 없다는 것이었다.

51명의 학생들이 진정한 진성서로 시작된 조선신학교의 신학을
둘러싼 수년간의 총회 내의 대립과 논쟁과 갈등은 1953년 6월
조선신학교와 그 학교를 지지하는 장로교회들이 총회를 탈퇴하고
한국신학대학(조선신학교 후신) 강당에 모여 소위 법통 38차 총
회를 개최하면서 결말이 지어졌다.

11. 에큐메니칼(W.C.C) 논쟁

한국 장로교회는 1954년 미국 일리노이주 에반스톤에서 열린 W.C.C. 총회에 명신홍과 김현정 두 사람을 대표로 파송하여 W.C.C.의 신학적 입장과 성격을 정확히 파악한 후 보고해 줄 것을 요청했다. 이 둘은 상반된 보고를 하였는데 이것은 두 사람의 견해차라기보다는 한국 장로교 안에 있는 두 조류를 그대로 반영하는 것이었다. W.C.C.를 찬성하는 이들은 한국교회가 이제는 세계조류와 맥을 같이하고 보조를 같이하기 위해서라도 세계교회들의 협의체인 W.C.C.에 적극 참여하여 배워야 된다는 입장이었다. W.C.C.에 반대하는 이들은 이 단체가 교회의 일치가 아니라 교회의 연합을 꾀하고 있는 단체이며 이를 위해서 신학적인 선을 철폐하여 새로운 신학조류를 받아들였고 심지어 공산주의를 지지하는 용공적인 성향이 있다는 것이었다.

1956년 9월 제41회 총회에서는 에큐메니칼 운동에 대한 찬반 논란을 벌인 끝에 이 운동을 좀 더 체계적으로 연구하여 보고할 에큐메니칼 연구위원 8명을 발족하였다. 이들은 42회 총회에서 첫 보고를 가졌다. 첫째 에큐메니칼 운동을 지지하는 이들은 단일교회를 목표로 하는 이들과 교회의 친선과 연합만을 목표로 하는 이들 둘로 대별되며, 둘째 친선과 협조만을 위한 에큐메니칼 운동은 앞으로도 계속 참여하기로 하지만 단일 교회를 지향하는 운동에 대해서는 반대한다는 것, 셋째 각 교회에 에큐메니칼 운동에 대한 바른 교육을 위해 필요한 팜플렛 제작, 인돈, 마삼락, 명신홍, 김형모 이 네 사람을 추가로 에큐메니칼 연구위원에 위촉해 줄 것을 요청하였다.

그 결과 W.C.C.를 찬성하는 쪽과 찬성하지 않는 쪽 사이에 문제가 발생하였다. 총회의 화해노력에도 불구하고 연동교회와 승동교회에서 각각 모여 통합과 합동으로 다시 장로교가 분열되는 아픈 결과를 만들어 내고야 말았다.

Ⅲ. 1960년대 이후

이 시기는 한마디로 정체성 파악의 시기라고 할 수 있다. 50년대 세 차례의 분열을 맞은 한국장로교회는 1960년대 이후 자신들이 걸어온 신학의 길을 반추하며 "우리가 어떻게 나가야 할 것인가?"에 대해 진지하게 고민하기 시작했다. 정체성 파악 문제로 고민하던 한국교회는 지금까지의 교파주의에서 과감하게 탈피해 교파를 초월하여 근본주의 성향의 정통주의, 토착화 신학, 그리고 복음주의 공동체로 뚜렷이 대별되기 시작하였다.

근본주의 성향의 정통주의는 고신, 합동, 백파, 성서침례교회, 감신의 일부 보수주의, 예성, 매킨타이어의 영향으로 시작되었다. 기독교의 한국화를 추구하려는 움직임은 감신대의 문화-자유주의, 한신대의 진보주의, 연세대 신학대학의 공동체 안에서 일어났다. 토착화 신학운동의 요인은 첫째 한국에 뿌리내린 전통주의가 한국의 상황을 고려하지 않고 선교사 및 수입신학을 주창하면서 경직된 정통주의를 고수하려는 데 대한 반동이었다. 둘째, 당시 해방신학 등 남미의 토착화 신학에 영향을 받았기 때문이다. 셋째는 한국의 시대적 배경 즉 정치적인 상황 때문이었다. 이 토착화 신학은 성(誠)의 신학, 문화신학, 민중신학으로 나타났다.

이런 토착화 운동은 한국의 자유주의 토착화 운동은 한국기독교 발전에 긍정적인 면과 부정적인 두 가지 면을 동시에 가져다 주었지만 한국의 전통적인 기독교인들에게 긍정적인 인상보다는 부정적인 인상을 더 강하게 가져다준 것이 사실이다. 토착화의 긍정적인 면은 신학함의 필요성과 과제, 학문성에 있다. 또한 기독교와 문화를 진지하게 고찰할 수 있는 기회를 제공하였다. 또한 민족주체성 확립에도 긍정적인 영향을 미쳤다.

그러나 부정적인 면에서는 복음의 지나친 상황화를 만들어 내고, 기독교와는 전혀 이질적인 민족종교와 전통을 접목시키려고 시도함으로 말미암아 복음의 본질을 변질, 왜곡시키고 말았다. 한국자유주의 신학이 반동주의로 흐른다는 점과 컨텍스트를 극대화한 나머지 텍스트를 약화시키고 말았다. 종교혼합주의 현상도 나타났다.

1960년대 정체서의 문제가 대두되면서 생성된 또 다른 신학 운동은 복음주의 운동이다. 신학적 보수주의를 계승하면서 그리스도인의 사회적, 문화적인 책임을 완수하려는 공동체가 형성되기 시작한 것이다. 1970년대 이후 복음주의 공동체가 형성되었다. 이들은 교단을 초월해서 복음주의라는 이름하에 한데 연합하였다.

Ⅳ. 결 론

한국교회는 100여 년이라는 짧은 역사 속에서 역사에 남을 만한 성장과 부흥을 가져왔다. 이러한 성장의 배경에는 다양한 원인들이 있으나 건전한 신학적 배경을 가진 선교사들의 수고가 컸고, 이들의 건전한 교육을 받은 초창기 목회자들의 노력이 컸다고 할 수 있다. 그러나 선교사들로 인한 네비어스 정책이나 교단이나 교파 중심의 선교정책은 가뜩이나 유교의 분파주의에 영향을 받은 한국교회를 분열시키게 되었고 마침내 세계에서 볼 수 없을 정도로 많은 이단과 교단을 가지게 되었다.

그러므로 이제 한국의 기독교는 한국적 신학의 확립과 함께 분파주의를 극복하며 연합과 일치를 위한 노력을 해야 할 것이다. 그런 점에서 본다면 한국기독교회의 역사는 우리가 미래에 하나님의 나라를 위하여 해야 할 많은 과제를 남겼다고 할 수 있다.

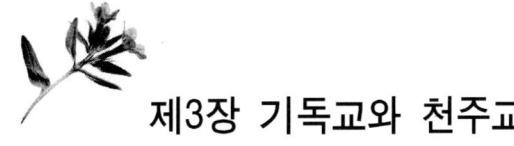

제3장 기독교와 천주교

기독교계 일각에서는 개신교회와 천주교회 간의 일치 운동이 언급되고 있기는 하지만 장로교와 감리교가 신학적 입장의 상이함으로 인해 서로 일치할 수 없듯이 개신교와 천주교의 일치는 사실상 불가능하다고 단언하는 주장도 있다. 두 종교가 한 하나님을 섬기는 것은 분명하지만 여러 가지 면에서 일치될 수 없는 차이점을 가지고 있는 것이다. 이제 본 연구에서는 그러한 차이점을 계시관, 구원관, 우상 숭배적 요소들로 나누어 고찰해 보겠다.

1. 성서관과 계시관

1) 성서의 권위에 대한 인식

천주교 교리에 의하면 성서가 하나님 말씀인 것은 교회가 그렇게 선언하였기 때문이라고 한다. 즉 교회의 권위가 성서 자체의 권위를 능가하는 것이다. 따라서 천주교에서는 교회가 성서의 권위를 인정하지 않는다면 하나님 말씀으로서의 권위를 상실할 수도 있게 된다. 하지만 개신교는 교회가 성서 그 자체의(딤후 3:16, 17) 권위를 스스로 가지고 있다고 믿고 있다. 이것이 개신교와 천주교가 상이한 신학 체계를 가지게 된 시발점이 되었다 (히 4:12, 벧전 4:11).

2) 외경과 유전

천주교에서는 66권의 신구약성서 이회에 외경(外經)들을 정경(正經)에 포함시키고 있다. 그것들은 토비트, 유딧, 에스델, 지혜서, 집회서, 바룩, 다니엘(세 아이의 노래, 수산나, 벨과 뱀), 마카베오 상, 마카베오하 등이다. 이 외경들은 본래 헬라어 구약성서인 칠십인 역(LXX)에는 포함되어 있으나 성서의 정경성을 인정하는 얌니아 회의(주후 1세기 말) 등에서는 정경으로 인정된 적이 없으며, 심지어 칠십인 역을 라틴어로 번역한 제롬(Jerome 347-420)조차도 불가타역(Vulgata)에서 외경을 빼고 있다. 이 외경은 경건한 기독교인이 기록했고 신앙생활에 유익을 주는 것은 틀림없지만 그 자체 내에 정경으로 인정될 수 없는 많은 과오를 가지고 있으며 영적 수준도 현저히 떨어진다.

천주교는 다만 죽은 자를 위한 기도나 연옥설(煉獄說), 공덕설(功德說), 천사들의 중보 사역 등의 교리를 보존하기 위해 외경을 정경에 채택하였다. 그리고 천주교는 기록되지 않은 성서라고 주장하는 사도들의 유전(遺傳)과 교회적 유전을 성서의 권위와 같게 보거나 혹은 더 높게 보고 있다. 하지만 예수님께서도 지적 하셨듯이 유전을 지키려고 기록된 말씀을 버리는 행위는(막 7:9－ 13) 대단한 잘못이다. 하나님께서 성서 이외에는 어떠한 책도 계시 하지 않으셨으므로 성서만이 유일하게 계시된 하나님의 말씀이다.

2. 구원관의 차이

1) 공덕축적설(功德蓄積說) 혹은 공덕구원론(功德救援論)

천주교의 신앙관은 믿음을 '하나님이 계시한 진리에 대해 지적 으로 동의하는 것'이라고 규정하여 진리에 대한 '지식'을 강조한 다. 그리고 그들은 칭의(稱義)가 단순히 믿음만으로 이루어지는 것은 아니며 초자연적인 힘으로 사람을 의롭게 만드는 하나님의 일이라고 한다. 이러한 신앙관과 칭의관에 근거하여 그들은 올 바르게 행하는 선행이 특별한 보상뿐만 아니라 영생도 가능하게 한다고 주장한다. 천주교의 이러한 구원관은 성서가 분명하게 강조하는 바 행위가 아니라(엡 2:8, 9, 딛 3:5) 오직 믿음으로만 구원(요 1:12)에 이를 수 있다는 이신득의의 교리에 정면으로 대 치된다.

특히 천주교의 구원관은 연옥설과 연관하여 만인구원설(萬人救 援說)로 전락할 위험성도 있다. 즉 확실한 구원의 확신이 없거나 공덕이 부족하고 소죄(小罪)를 지은 사람들이 연옥에 가게 되는 데 그를 천국으로 보내기 위해 세상에 남아 있는 사람들이 미사와 기도와 헌금 등의 공덕을 쌓으면 그가 천국에 이르는 시간을 단축할 수 있다는 것이다. 이것은 성서에서 말하는 믿음을 통해서만 구원받을 수 있다는 진리를 부인하는 비성서적 구원관이다.

또한 천주교에서는 여세(세례)를 받는 것이 하나님의 자녀로서의 인침을 받는 것이며 구원에 필수적인 것이라고 주장하고, 대죄(大罪)를 범하면 구원받은 자도 다시금 구원을 잃은 상태로 전락할 수 있다고 주장하여 고해성사(告解聖事)를 합법화한다. 그러나 세례가 구원에 필수적인 조건이라는 것이나 대죄(大罪)를 범했을 때 구원이 상실된다는 주장은 성서적 근거를 가지지 못한다(요 5:24, 14:16, 행 4:12).

2) 미사와 그리스도의 구속 사역

그리스도의 십자가 사역은 죄인들의 구속을 위해 단번에 드려진 완전한 제자였다고 가르친다(히 10:10-14). 그러나 천주교에서는 미사(mass)를 드림으로써 예수그리스도의 십자가 사역을 통한 제사를 재연(再演)한다. 즉 천주교의 미사 행위는 구약의 제사장이 하나님께 재물을 드리듯 천주교의 사제가 미사 때마다 하나님께 예수그리스도를 재물로서 다시금 바치는 제사로 인식하는 것이다.

이 희생제사설은 천주교인들이 주장하는 화체설(化體說)과 결부되어 설명된다. 라테란회의(Lateran Council, 1215년)와 1차 트렌트 공의회(Trend Council, 1551년)에서 교리화된 화체설은 성만찬의 떡과 포도주가 사제의 축사와 더불어 예수그리스도의 몸과

피로 변한다는 교리이다(눅 22:19, 20, 요6:47－51 등을 근거로 제
시함). 이러한 희생제사설과 화체설은 그리스도의 십자가 희생사
역이 가진 '단번에 영원한(once for all)' 효력을 가진 구속사적 중
요성을 간과한 오해이다.

3. 우상 숭배적 요소

1) 마리아 숭배

천주교에서 볼 수 있는 우상 숭배적 요소 중에 가장 심각한
것은 바로 이 마리아 숭배이다. 천주교에서는 마리아가 예수를
낳기 전에도 처녀이었고 낳는 동안은 물론 낳은 후에도 동정을
유지했다고 주장한다(하지만 마 13:55, 56, 눅 2:7에 의해 반박
됨). 또한 431년의 에베소 공의회가 당시 예수의 신성을 부인하
는 이단들을 대적하기 위해 마리아를 성자 하나님의 어머니(神
母)라고 교리화하였고 이후 마리아의 신성에 대한 증거로 제시하
고 있다. 이 마리아 숭배의 극치는 마리아 무죄잉태설(1868년 바
티칸 공의회)과 평생무죄설, 심지어 마리아 부활승천설(1950년 교
황 피어스 12세의 선포)로 이어진다.

그러나 성서는 분명하게 예수 그리스도 외에 어떠한 다른 구원
자, 혹은 중보자도 용인하지 않으며 모든 인간이 죄악 아래 있다
고 선언하고 있다(롬 3:9, 10, 23, 고전 4:4). 이 마리아 숭배는
기독교 공인(313년) 후 집단적으로 기독교로 회심한 이교도들이

가지고 온 이교적 여신(女神) 숭배 사상이 기독교화한 것으로 보이는 대단히 비성서적 교리이다(마 13:55, 56, 눅 2:7 참조).

2) 성인(聖人) 숭배, 성상(聖像) 숭배

또한 천주교는 믿음과 덕에 있어 본받을 만한 업적을 남긴 성인들이 하나님과 계속 교통하고 있기 때문에 살아 있는 신자들의 기도를 도와줄 수 있다고 주장한다. 이러한 견해는 사도신경의 '거룩한 공회와 성도가 서로 교통하며'라는 부분에서 근거를 찾으며 근본적으로 공덕구원설에 뿌리를 두고 있다.

이 성인 칭호는 교황이 내리며 두 가지로 구분된다. 첫째는 지역 단체나 교회에 의해 제한된 숭배를 받는 복자(福者)이고, 둘째는 전 세계의 천주교인들이 공경하는 성인(聖人)이다. 우리나라에서도 1984년 5월 교황 요한 바오로 2세가 내한하기 전 83년 9월에 기존의 복자들을 성인으로 승품(昇品)시켜서 현재 103위(位)의 성인, 성녀들이 존재한다.

그리고 천주교는 마리아상을 비롯하여 유럽에만도 2,000개가 훨씬 넘는 성상(주로 성인들의 상)을 만들어 놓고 있다. 그들은 말하기를 그것은 우상 숭배와는 다른 것이라고 주장하지만 그것은 분명히 고대 이방 종교의 관습과 전통인 '신 존재의 가시화 욕구'와 연결되는 것이며 어떠한 형상이라도 만들지 말라고 말하는 하나님의 계명에도 위배되는 것이다(출 20:4, 5). 또 우상 앞에서 절을 하고도 우상을 숭배하지 않았다고 변명하는 것은 가증한 일이다(살전 5:22).

3) 교황권의 극대화

천주교는 마태복음 16:15-19에 근거하여 초대 교황인 사도 베드로를 계승하는 로마 교회의 주교가 바로 교황이라고 주장한다. 하지만 일반적인 교회사가(史家)들은 590년부터 604년까지 재임한 그레고리 1세(Gregorius Ⅰ) 때에야 비로소 교황권이 교회들에 의해서 인정되었다고 본다. 어쨌든 천주교는 베드로의 수제자권을 계승한 교황이 분명한 인간임에도 불구하고 교황무오설을 주장한다는 것은 심각한 문제이다. 또 천주교는 교황이 면죄권이 있다고 주장하나(마 16:19을 근거로 함) 성서는 믿음으로만 의롭다 함을 받으며(롬 5:1) 하나님만이 모든 죄를 용서하실 수 있는 분으로 묘사한다(요일 1:9).

마르틴 루터(Martin Luther)가 부패한 천주교의 체제와 교리에 항거하여 종교개혁을 일으킨 후, 천주교는 도리어 성서의 교훈과는 다른 길을 가고 있다. 1546년에 유전과 외경을 정경에 포함시켰으며, 1854년에는 마리아 무죄잉태설을, 1870년에는 교황무오설을 주장하였다. 더욱이 1917년에 마리아의 중재설, 1950년에 마리아의 부활승천설, 1962년에는 마리아의 종신처녀설을 확정하였다. 이는 모든 인간의 전적 타락(렘 17:9, 시 14:2, 3)을 부정하는 주장이다. 모든 인간은 하나님의 피조물이자 죄인일 뿐이다. 우리는 곡해된 천주교의 현실을 보면서 교회는 오직 주님과 사도들의 교훈에 충실해야 함을 깨닫게 된다.

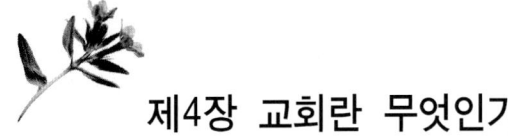

제4장 교회란 무엇인가

우리나라에는 5만여 개의 교회가 있다. 우리나라의 교회는 약 백 년 전부터 발생하기 시작해서 개화기부터 사회발전에 많은 공헌을 해왔다. 학교를 세우고 병원을 세우며 사회복지 기관을 세우는 것도 모두 교회가 해왔다. 그 결과 사람들의 학식(學識)은 높아져 갔으며, 교회를 통해서 많은 지식인과 민족 지도자가 배출되었다. 그러나 현재 교회는 이러한 긍정적인 요소들을 가로막는 부정적인 요소들 때문에 교회를 보고 실망하는 사람들이 많아지고 있다. 그럼에도 불구하고 교회는 여전히 사회를 위한 봉사와 나눔의 삶을 그 목표로 하고 살아가고 있다.

우리는 교회를 보고, 혹은 다니고 있지만 교회가 무엇을 하는 곳인지 잘 모르고 있다. 교회가 무엇을 하는 곳이며, 어떤 일을 하는 곳이며, 우리 사회에 어떤 유익을 주는 기관인지를 알지 못하는 경우가 많이 있다. 이 장에서는 우리의 친근한 이웃과도 같은 교회를 소개하고자 한다. 어느 한 종교의 입문서도 아니고 교리서도 아닌 우리의 이웃인 교회에 대해서 살펴보고자 한다.

Ⅰ. 교회의 성서적 명칭

1. 어 원

교회를 일컫는 말로 쓰이는 영어의 Church나 독어의 Kirche라는 단어는 헬라어의 "큐리아코스(kuriakos)"에서 나온 말이다. 그 뜻은 "주께 속하다."라는 의미이다. 그러나 교회라는 말을 더 정확히 이해하기 위해서는 그 말이 생겨난 원어(原語)를 살펴보면 더 잘 알 수 있을 것이다. 구약성서에서는 교회를 "카할(qahal)"이라고 부르는데 거기에서 교회라는 말이 유래했다. 그리고 신약성서에는 교회를 "에클레시아(ekklesia)"라고 불렀는데 이 말은 "불러냄을 받았다."라는 의미이다. 이 에클레시아라는 말은 원래는 그리스의 시민모임을 가리키는 말이었으나 그 말이 성서에 사용됨으로써 "세상에서부터 불러냄을 받아 하나님을 섬기는 신앙공동체"의 의미가 되었다.

2. 교회의 비유적 칭호

1) 그리스도의 몸(고전 12:27, 엡 1:23, 골 1:18)

예수는 영적으로 교회의 머리가 되시고 구원받은 그리스도인들

은 예수의 몸이 된다. 몸에는 여러 가지 지체가 있어서 그 기능
을 다하듯이 교회를 이루고 있는 구성원들도 지체들처럼 그 기능
을 다해야 한다. 몸이라는 것은 헬라어로 "소마(soma)"인데 이것
은 육체적인 몸(physical body)을 의미하는 것보다 훨씬 복합적인
의미로 쓰였는데 "전인격(whole person)"이라고 보는 것이 더 적
합하다. 따라서 교회를 떠나서는 구원이 있을 수 없으며 신앙이
올바르게 성장하지 못한다.

교회가 그리스도의 몸이라고 할 때 다음 세 가지의 대표적인
특성을 이해하는 것이 중요하다.

(1) 다양성(diversity)
'몸은 한 지체로 되어 있는 것이 아니라 많은 지체로 되어 있
습니다.'(고린도전서 12장 14절)

우리의 몸은 하나이지만 우리 몸에는 눈, 코, 입, 손, 팔, 다리,
발과 같은 다양한 지체들이 각각 독특한 기능을 가지고 다양하게
활동한다. 이 다양한 기능 중에 어느 한 가지라도 멈추게 되면
몸은 당장 이상이 생기게 된다. 그러므로 모든 지체가 위치와 모
습과 기능은 서로 달라도 그들의 존재가치는 몸에게 있어 절대적
으로 중요한 것이다.

교회도 마찬가지이다. 교회의 교인들은 모두 그리스도의 몸인
교회의 지체들이다. 예수께서는 이들에게 성령을 통해 각각 다양
한 은사(恩賜: Spiritual Gift)를 부어 주셨다. 어떤 이에게는 눈의
기능을, 다른 이에게는 입의 기능을 또 어떤 이에게는 손과 발의

기능을 수행할 수 있도록 교회 안의 모든 지체들에게 다양한 재능을 부어 주셨다. 그리스도의 몸인 교회가 생존하고 정상적으로 활동하기 위해서는 지체인 교인들이 각자 자신이 받은 은사가 무엇인지를 인식하고 자신의 기능을 제대로 발휘해야 한다. 다양한 은사의 궁극적인 목적은 교회의 대내외적 활동, 즉 사람들을 변화시키고 사회를 개혁해 나가는 사명과 책임을 감당하기 위한 것이다.

다양성에서 중요한 것은 타인의 독특성과 개성을 인정하고 존중해야 한다는 것이다. 개성과 기능의 다양성이 존중되는 사회는 그 다양성의 넓이와 깊이만큼 발전할 수 있다. 그러나 전체주의적이고 획일적인 사회는 다양하게 발전할 수 없다. 그런 의미에서 교회가 지니는 다양성은 국가와 사회의 발전을 위해 시사하는 바가 크다.

(2) 조화성(harmony)

'하나님께서는……몸의 조화를 이루게 하셨습니다. 그래서 몸 안에 분열이 없이 모든 지체가 서로 도와 나갈 수 있게 하신 것입니다.'(고린도전서 12장 24-25절)

몸이 지녀야 하는 다른 중요한 특성은 조화 또는 상호성이다. 몸의 지체들이 독특하고 훌륭해도 그 지체들이 서로 조화를 이루지 못하면 그 몸은 제 기능을 발휘하지 못하고 병들게 된다. 그리스도의 몸인 교회도 마찬가지이다. 교회의 구성원들 사이에 의견의 불일치로 인한 불화와 다툼, 대화의 단절과 같은 일들이 자주 발생하여 지체 사이의 원활한 흐름이 막히게 되면 교회는 제 기능을 하지 못하게 된다. 이러한 문제를 예방하기 위해 모든 지체의 상호 필요성이 존중되고, 지체 사이에 활발한 교제가 이루어져야 하며, 서로를 격려하고 돌보는 정신이 교회 안에 있어야 한다. 교회의 이러한 조화성은 우리 사회에도 필요하다. 사회의 다양한 제도, 신분, 직업, 계층에 대한 상호 필요성에 대한 인식과 존중, 그리고 이들 간에 활발한 교류가 이루어지는 사회는 다양하게 발전할 수 있다. 그러나 직업이나 신분 사이에 편견이나 불화로 인해 상호 교류가 막혀 버리면 그 사회는 사회 구조가 불균형하게 발달함으로 조화가 깨지고 불안정한 사회가 될 수밖에 없다.

(3) 연합성(unity)
'지체는 많아도 몸은 하나입니다.'(고린전서 12장 20절)

인간의 몸은 따로 따로 떨어진 조각들의 모임이 아니다. 그것은 다양한 기능적인 지체들로 이루어진 하나의 몸이다. 이 연합이 없이는 인간의 몸은 기능하지 못함은 물론 존재할 수조차 없다. 우리 몸 중에서 눈이 손에게 '너는 내게 필요 없다.'고 하거나 머리가 발에게 '너는 덜 중요하다.'고 말할 수 없다. 그것들을 잘라 버리면 그 지체들은 죽어 버리고 그 몸은 불구가 되어 버리기 때문이다. 그러므로 고립과 분열은 몸을 죽이는 독소이며 연합은 몸을 살리는 본질적인 힘이다. 연합을 통해서 몸의 다양한 지체들은 그들의 기능과 역량을 극대화시킬 수 있다. 교인 간의 친밀한 협동을 통해 그리스도의 사랑의 나눔이 이루어지고 그런 과정을 통해서 교인들의 연합이 이루어질 수 있다. 이러한 교회의 특성은 인간 사회에도 그대로 적용된다. 그 사회에 아무리 유능하고 특출한 인물이 많을지라도 그러한 특출한 능력들이 사회적 기능에 긍정적으로 기여하기 위해서는 사회 안의 다양한 요소와 계층들을 연합시키는 사회적 기능이 발달되어야 한다. 국민들의 자유로운 의사 표현을 위해 언론의 자유가 보장되어야 하고 국민들의 자유로운 사회 참여를 위해 다양한 대중문화가 개발되어 자유로운 만남의 기회가 마련되어야 하며 종교, 정치, 사회, 문화의 다양한 분야들 간의 협력관계가 적극적으로 모색되어야 한다. 그렇게 될 때에 사회의 모든 요소들이 원활한 교류를 통해 조화와 연합을 이루어 기능이 극대화되며 안정된 사회를 이루어 나갈 수 있다.

이렇게 교회는 하나의 작은 이상사회(理想社會)로서의 모습을 지니고 있다. 그러므로 이상적인 교회가 존재하는 곳에 이상적인 사회가 이루어질 수 있다고 볼 수 있다. 인류역사를 돌이켜 볼 때 이 천여 년 동안 기독교 정신의 영향을 받아온 서양사회에 민주주의가 발달하고 안정된 사회가 실현될 수 있었던 사실은 결코 우연의 산물이라고 할 수 없다.

2) 그리스도의 신부

구약성서에서는 하나님과 그의 백성 간의 관계를 신랑과 신부의 관계로 묘사하고 있다. 신부가 신랑을 최고로 여기며 신랑만

을 위해서 살아가듯이 구속받은 성도는 예수 그리스도를 나의 신
랑으로 알고 따르며 섬기는 사람이다. 요즈음이야 신부나 신랑이
나 동등한 권리를 주장하고 있으나 성서에서는 신부가 그 권리를
가지고도 신랑을 향한 의무와 사랑의 봉사를 잊지 말아야 할 것
을 가르치고 있다. 이와 같이 예수 그리스도는 우리의 신랑이시
다(고후 11:2). 그러므로 신부되는 우리는 신랑을 향한 믿음의 정
절과 신앙의 정절을 지키는 자세가 필요하다.

3) 성령이 거하시는 곳

성령(聖靈)은 하나님의 또 다른 이름이다. 교회에는 성령이 거
하셔서 성도들을 축복하시고 올바른 길로 인도하시는 역할을 한
다. 그러므로 교회 안에서 성령의 인도하심을 받아 살아가는 사
람은 성령의 아름다운 열매를 맺게 된다. 이 성령의 열매는 바울
사도가 갈라디아교회에 보낸 편지인 갈라디아서 5장 22절부터
나오는데 그것은 사랑, 희락, 화평, 오래참음, 자비, 양선, 충성,
온유, 절제이다. 마치 잘 심겨진 나무가 계절이 되면 저절로 열
매를 맺는 것처럼 올바르게 신앙생활을 하는 사람은 성령의 열매
를 맺으며 하나님의 축복을 받게 된다.

그러나 만일 교회 안에서 올바른 신앙생활을 하지 않을 때에는
분쟁과 다툼, 그리고 거짓의 소굴이 되며 그곳은 천국이 아니라
바로 지옥과도 같은 곳이 된다. 우리의 신앙의 열매를 잘 맺기
위해서는 성령의 전(展)인 교회생활을 잘해야 한다.

4) 하나님의 사람들

고린도후서 6장 16절에는 성도가 하나님의 백성이라고 한다. 교회는 본질적으로 건물 이전에 "하나님의 사람들"을 의미한다. 그들은 하나님께 속해 있으며 하나님은 그들(교회)에게 속해 있다. 그러므로 교회의 일차적인 존재 이유는 "사람들"이며 존재의 궁극적 목표는 그들에게 예수 그리스도의 생명을 심어주고 그 생명이 자라게 하여 "하나님의 사람들"로 살아가게 하는 것이다.

헨드릭 크레머(Hendrick Kraemer)라는 신학자는 교회의 본질적 주체가 되어야 할 "사람들"이 오늘날 교회 안에서 "냉동(冷凍)된 자산(資産)"이 되어 있다고 말했다. 교회가 사람들의 존재와 가치에 대한 인식을 새로이 정립하고 그들의 냉동된 자산을 일깨워 활동하는 자산으로 변화시킬 때 교회는 비로소 그 사회에 진리의 빛을 비추며 빛과 소금의 직분을 감당할 수 있을 것이다.

Ⅱ. 교회의 기능

1. 교회의 내부적 기능

1) 예배(worship)

교회의 내부적인 기능 중 가장 우선적인 것은 바로 예배이다. 예배는 구원받은 성도가 하나님의 은혜를 감사해서 그 몸을 그리스도께 산제사(living offering)로 드리는 행위이다. 그러므로 예배를 드릴 때는 신령과 진정으로 드려야 하며, 감사와 찬송, 그리고 하나님께만 영광을 돌리는 자세로 드려야 한다.

이 예배는 의식(ritual)으로서 드리는 예배 외에도 삶으로 드리는 예배도 있다. 이것은 비단 예배시간뿐 아니라 우리의 생활 전체에서 드려져야 하는 온전한 예배의식이다.

2) 세례와 성찬의 실시이다(聖禮)

로마 가톨릭에서는 7성례(세례, 성찬, 견신례, 고해례, 안수례, 결혼례, 주유례)를 지키고 있다. 반면 기독교회는 세례와 성찬만을 행하고 있다. 세례는 물세례와 성령세례가 있다. 물세례는 속죄의 예표이고 옛 사람이 죽었다는 의미이다. 이 물세례는 유형교회의 지체의 증표이며 예수님이 직접 명령하신 것이다. 그러나 물세례가 형식적인 행위라고 한다면 성령세례는 우리의 구원과 관련된 중요한 것이다. 이 성령세례를 통해서 중생이 이루어지고 옛 사람이 완전히 죽는다. 이렇게 성령세례를 받은 증거는 예수의 속죄 사역이 믿어지고, 나의 죄를 깨달으며, 진실한 마음으로 돌이켜서 변화되는 것이다.

또한 성찬은 예수께서 친히 집례하셨고 후대에 대대로 실시하라는 명령을 내리신 의식이다. 이 의식에는 떡과 포도주가 이용되는데 떡은 예수의 몸을, 포도주는 예수의 피를 상징하는 것이다. 로마 가톨릭에서는 떡과 포도주가 우리의 입으로 들어가면 실제로 예수의 몸과 피가 된다는 화체설을 주장하지만 기독교에서는 상징적인 의식으로 지키고 있다.

3) 복음전도(Preaching)

복음전도는 교회의 가장 중요한 사명 중 하나이다. 이 복음전도는 두 가지 방향으로 나타나는데 그 하나는 선교(宣敎)로서 국내 선교와 국외 선교가 있다. 이 선교는 예수께서 마지막으로 하신 명령으로서 지상(至上)명령이라고 한다.

한 가지 이야기를 해보자. 어느 바닷가에 작은 마을이 있었다. 마을 인근의 바다에는 험한 암초들이 솟아 있어서 지나다니던 배들이 종종 난파되는 경우가 있었다. 언덕 위에 등대가 하나 있기는 했지만 악천후에는 별로 도움이 되지 못했다. 어느 날 마을의 뜻있는 사람들이 모여 마을의 제일 높은 언덕 위에 초라하지만 해난구조소를 세우고 구조작업을 펼쳤다. 이 마을의 해난구조대에 대한 소문은 곧 널리 퍼지기 시작했고 많은 기금과 자원 봉사자들이 모여 들었다. 그 해난구조소는 늘어나는 자원 봉사자들을 더 이상 수용할 수가 없어 적립된 기금으로 새로운 해난구조소를 신축하고 대원들을 위한 오락시설들을 마련하였다. 회원들이 더욱 늘어나면서 회원들의 친목을 도모하는 사교행사가 빈번히 개최되었다. 그렇게 되자 그들의 본연의 업무인 인명구조에 대한 관심은 점점 시들어가기 시작했고, 해난구조대는 서서히 사교클럽으로 모습이 바뀌어 갔다. 그렇게 되자 몇몇 뜻있는 회원들이 사교클럽으로 변질된 그 해난구조대를 탈퇴하고 그곳으로부터 조금 떨어진 바닷가에 다시 새로운 해난구조단을 세웠다.

교회가 선교의 본분을 망각하면 사교클럽에 불과하다는 이야기이고 결국 분열을 초래할 수밖에 없다는 것을 교훈하고 있다.

나머지 하나는 교육과 훈련을 통한 선교이다. 복음을 받아드린 교인들을 올바르게 성장하도록 가르치는 일은 더욱더 중요한 일이다. 훈련받지 못한 사람은 예수의 제자가 아니다. 오합지졸일 뿐이다. 이 교육과 훈련의 내용은 믿음과 소망과 사랑이다. 믿음은 우리의 영혼과 사회적 삶의 부패를 막아주는 생명력 그 자체이고, 소망은 절대적인 믿음을 근거로 해서 우리의 삶의 꿈과 비전을 심어주는 것이며, 사랑은 우리가 있는 지역 공동체와 인류 공동체를 하나님의 나라로 만들 수 있는 교육방법이기 때문이다.

2. 교회의 사회적 기능

1) 샬롬(평화)을 실현하는 일

골로새서 3장 15절에는 "그리스도의 평안이 여러분의 마음을 다스리게 하십시오. 여러분은 한 몸으로 부르심을 받았습니다."라는 구절이 있다. 또 누가복음 2장 14절에서는 "가장 높은 하늘에서는 하나님께 영광, 땅에서는 하나님의 은총을 받은 사람들에게 평화"라고 말하고 있다. 이 말은 예수 그리스도가 이 땅에 오신 목적을 잘 보여주고 있는 말씀이다.

예수 그리스도가 이 땅에 오신 목적은 첫째, 하나님의 영광을 위함이고 둘째, 그를 고대하던 땅 위의 사람들에게 평화를 주시기 위한 것임을 알 수 있다. 평화란 말은 히브리어 샬롬이라고 한다. 이 단어는 복합적인 의미를 가지고 있다. 그것은 구원(사 53:5), 내적 평안(시 4:8, 요 16:33), 건강(창 37:14), 안전(삼하 17:3), 번영(사 48:18), 평화(마 5:9)와 같은 여러 가지 의미를 지닌 복합적 단어이다.

하나님이 예수 그리스도를 통해서 사람들에게 약속하신 평화는 바로 이 모든 것을 포함하는 샬롬이다. 예수 그리스도는 땅 위에 계시는 동안 이 샬롬을 전하셨고 세상을 떠나 하늘로 올라가시면서 남아 있는 제자들로 하여금 교회를 세워 이 샬롬의 사역을 계속하게 하셨다. 예수께서는 세상을 떠나시면서 제자들에게 "나는 너희에게 평안(샬롬)을 주고 간다. 이것은 내가 너희에게 주는 평안(샬롬)이다. 내가 주는 평안(샬롬)은 세상이 주는 것과 다르다."(요 14:27)고 말씀하셨다. 또한 바울도 "그리스도의 평강(샬롬)이 여러분의 마음을 다스리게 하십시오. 평화(샬롬)를 위해 여러분은 한 몸으로 부르심을 받았습니다."라고 샬롬의 중요성을 말하고 있다.

오늘날 현대교회는 개인주의적이고 이기적인 종교집단으로 변질되지 말고 사회적 기능인 샬롬의 실천을 위해서 더욱 노력해야 한다. 그것은 복음전파를 통한 개인의 영적 구원과 내적 평안은 물론 사회적 안정과 번영, 복지와 건강, 이웃과의 화평을 위해 그 사회적 기능을 적극적으로 수행해야 할 것이라는 말이다.

2) 빛과 소금의 기능

마태복음 5장 13-16절의 내용에 보면 예수께서 그리스도인들은 빛과 소금과 같은 존재라고 말씀하시는 것을 볼 수 있다. 소금은 음식의 맛을 내며 부패를 방지하는 역할을 한다. 빛은 어두움을 밝히고 모든 사물을 올바로 볼 수 있게 한다. 이 빛은 인간의 양심을 지켜주는 것이다. 교회는 사회의 불의와 타락에 대하여 빛과 소금이 되어야 한다. 사회의 불의와 타락에 대해 책임의식을 가지고 적극적으로 대처하는 것은 교회의 본질적 기능이다. 교회가 이 기능을 소홀히 할 때 사회는 급속하게 부패할 수밖에 없다.

이 기능을 수행하기 위해서 교회는 먼저 교인들이 각자의 삶의 현장에서 정의로운 삶을 살아갈 수 있도록 계속적으로 영적 훈련을 통해 고상한 가치관(價値觀)을 정립시켜야 한다. 그리스도인

각자가 자신의 삶의 현장에서 정의롭고 성실하게 살아가는 것은 곧 불의와 죄악에 대한 비판이 되는 것이다. 그러나 빛과 소금의 역할은 죄를 짓지 않는 것만으로 만족하는 것이 아니라 죄악과 불의를 방지하기 위하여 적극적으로 살아가야 한다.

구약의 선지자들은 그 사회의 불의와 타락을 하나님의 말씀을 기준으로 해서 통렬하게 비판하였다. 그리고 하나님이 원하시는 길을 제시해주었다. 신약의 세례 요한도 헤롯의 그릇된 삶에 대해서 비판하였으며 그 결과 목숨을 잃기도 했다. 소금과 빛은 비판에 그쳐서는 안 된다. 대신 그 사회가 나아갈 올바른 기준을 제시해야 하는데 그것은 바로 하나님의 말씀인 성서이다. 부정과 불의에 대한 비판의 기준도 성서이고 올바른 삶의 규준도 성서가 되어야 한다. 교회는 성서를 중심으로 한 소금과 빛의 삶을 살아가도록 권고하는 일을 해야 한다.

3) 사회복지의 실현

우리가 알아야 할 것은 교회란 유형(有形)교회와 무형(無形)교회가 있다는 것이다. 무형교회는 물과 성령으로 거듭난 성도들의 모임을 의미하지만 유형교회는 지역사회 속에 속해 있으면서 지역사회를 변화시킬 책임이 있는 교회를 말한다. 그러므로 교회는 지역사회와는 동떨어진 구역이 아니라는 사실을 알아야 한다. 그렇게 되면 교회는 지역사회의 관심 밖으로 밀려나게 되고 교회의 최고목표인 선교는 어렵게 된다. 그러므로 첫째, 교회는 그 지역사회 주민 모두가 익명(匿名)의 그리스도인이라는 사실을 기억해야 한다. 그들 중에 예수 그리스도를 통해서 구원받을 많은 숨어 있는 그리스도인들이 있다는 말이다. 둘째, 그러므로 교회는 지역 사회에서의 교회의 역할에 대한 확고한 비전을 가지고 있어야 하며 그 사회의 문제에 대해서 정확한 인식을 해야 한다. 셋째, 교회가 지역사회 공동체에 참여하는 방법상의 문제를 성서적이고 복음적인 방법으로 택해야 한다는 것이다. 그러나 교회가 그 지역사회를 '위해서' 무엇을 한다든가 '하여야 한다.'라는 막연한 의무감에 사로잡혀서는 안 된다. 교회 전 구성원들의 의견을 모아서 할 수만 있으면 평신도 자원을 적극 활용해서 지역사회민들에게 거부감을 가지지 않게 접근해서 '더불어' 살아간다는 의식을 가지고 참여해야 한다.

Ⅲ. 교회와 선교

하나님의 선교는 그리스도의 지상명령으로 더욱 구체화되었다. 그리스도는 마 28:18-20에서 가서 모든 족속으로 제자를 삼고 성부와 성자와 성령의 이름으로 세례를 주고 그가 분부한 모든 것을 가르치라고 명령하셨다. 마가복음 16:15에서 그리스도는 모든 민족에게(all nations) 가서 복음을 전하라고 말씀하셨다. 누가복음 24:46-48에 보면, 그리스도는 복음이 모든 족속에게 전해

지며 제자들은 이 복음의 증인이 되어야 한다고 말씀하셨다. 누
가복음 20:21에서도 그리스도는 아버지께서 자신을 보내심 것같
이 제자들을 보낸다고 말씀하셨다. 그리스도의 지상명령은 이와
같이 제자들을 세상으로 보냄을 의미한다. 세상으로 보냄을 받은
제자들은 사도로서 잃은 자들을 찾아 그들을 그리스도의 제자가
되도록 제자삼고 그들로 하여금 다시 가서 다른 사람들을 제자
삼도록 하는 일을 하였다. 따라서 사도들은 말씀 전하는 일과 기
도하는 일에 전념하였으며 집사들은 구제하고 봉사하는 일을 도
왔다. 이렇게 사도나 평신도나 하나님의 일에 동참하였다. 맡은
역할은 다를지라도 그들이 하나님의 선교에 참여하며 궁극적으로
하나님의 영광을 돌리는 데는 구별이 없다.

　　지역교회가 하나님의 선교에 동참해야 하는 것은 그리스도의
지상명령에 근거하기 때문에 교회의 신자들이 그리스도를 증거하
는 것은 선택이 아니라 특권이며 신성한 의무이다. 지역교회의
존재의의는 어디에 있는가? 그것은 교회가 하나님의 선교의 도구
가 된다는 사실에 있다. 하나님은 교회를 통해 그의 선교를 이루
시기 원하신다. 물론 하나님 홀로 그의 선교를 수행하실 수도 있
으시나 그렇게 하시기를 원치 않으시고 교회와 함께 그의 선교를
수행하시기를 원하신다. 따라서 교회가 그리스도의 지상명령에
순종하여 복종을 전하고 비기독교인들을 그리스도의 제자로 삼는
다면 이보다 복된 일이 없는 것이다. 하나님이 제일 기뻐하시는
일은 제사보다도 그의 말씀에 순종하는 것이다(삼상 15:22).

　　그들을 그리스도의 제자로 삼기 위해서 교회는 케리그마를 통
해, 교제를 통해, 봉사를 통해 그들을 섬겨야 한다. 그렇게 될

때, 그들은 그리스도의 메시지와 윤리에로, 그리스도의 회중에로, 그리고 사랑과 선교 속에서 세계에로 회심한다. 이런 의미에서 전도는 그리스도의 제자들이 교회에서의 케리그마와 교제와 봉사를 통해 그리스도가 하신 일을 계속하는 것이라고 볼 수 있다. 그리스도는 그가 세상에서 하시던 일을 그의 제자들에게 명령과 약속으로 위임하셨다. 따라서 지역교회의 사명은 교제도 좋고 봉사도 좋으나 우선적으로 복음을 전파하는 것이다. 즉 그리스도의 증인이 되는 것이다.

그러나 문제는 오늘날 얼마나 많은 수의 교회들이 주님의 지상명령을 수행하는 데 최선을 다하고 있는가이다. 현재의 교회는 이 근본적인 질문에 답해야 한다. 어떤 교회는 하나님의 선교는 전도나 교회개척과 교회확장이 아니라 인간을 해방하는 모든 활동이라고 주장하지만, 그 해방이 실제적으로 전도하지 않고 가능한 일인지 질문해 보아야 한다. 인간의 진정한 해방은 무엇보다도 죄악으로부터의 자유여야 한다. 죄에 종노릇하는 것에서부터 참자유를 얻지 못하면, 정치적, 경제적 해방도 의미가 없다. 그러나 일부의 해방신학자들은 영적 자유보다는 정치경제적 해방을 강조함으로써 현세적인 해방만을 추구한다. 그렇지만 하나님의 선교는 총체적 자유 또는 해방을 추구한다. 따라서 지역교회가 하나님의 선교에 동참한다는 것은 인간의 죄악으로부터는 물론이요 현세적인 정치경제적 억압으로부터도 자유를 얻도록 돕는 활동을 하는 것을 의미한다. 지역교회는 성령의 자유케 하심과 성서의 진리로 인하여 죄와 어둠의 세력으로부터 인간을 구원해야 할 사명을 가진다. 그래서 요 8:32에 보면, "진리를 알지니 진리가 너희를 자유케 하리라."고 그리스도는 말씀하셨다. 그리고 보혜사 성령이 오셔서 그 진리에 대하여 증거하실 것이라고 말씀하셨다(요 15:26). 또한 보혜사 성령은 죄에 대하여, 의에 대하여, 심판에 대하여 세상을 책망하신다고 말씀하셨다(요 16:8). 따라서 성령을 의지하는 교회야말로 참자유를 주는 진리를 전하고 사람들은 그 진리로 말미암아 구원을 얻을 수 있다.

지금 주님은 우리에게 가서 모든 족속으로 제자를 삼으라고 명하신다. 따라서 우리는 그리스도의 제자로서 이 명령에 순종하여 주님이 원하시는 곳이면, 어디든지 가서, 복음을 전해야 한다. 가까운 곳에서부터 먼 곳까지, 언어와 문화와 종교의 경계를 넘어가서 그리스도를 전해야 한다. 아직도 이 지구상에는 14,400여 종족들이 그리스도의 이름을 들어보지도 못하고 있다. 그들은 그리스도의 사랑과 복음을 애타게 기다리고 있다. 누가 우리를 위하여 갈꼬 주님께서 그의 일꾼을 부르실 때, 우리는 당연히 "주여 내가 여기 있나이다 나를 보내주소서."라고 응답해야 한다. 이것이 바로 주님의 지상명령에 순종하고 하나님의 선교에 참여하고 하나님의 영광을 나타내는 길이기 때문이다.

요하네스 버카일(Johannes verkuyl)은 세계선교를 위한 성서적 기초를 다루면서 신약에서 마태복음 28장의 그리스도의 지상명령을 비교적 상세히 분석했다. 그는 이 지상명령을 세 가지 측면에서 접근했다. 그는 이 지상명령이 마태복음의 전체를 요약하는 결론이라고 보았다. 마 5:1 이하의 산상복음을 전한 분이 마태복음 28:16 이하의 바로 이 지상명령을 전한 그리스도라는 것이다. 그리고 이 두 메시지를 청취한 자들은 그의 열두 제자들이다.

첫째, 이 지상명령은 예수 그리스도의 권위와 함께 주어졌다. 그의 권위는 다니엘 7:13－14에 나오는 인자 같은 이의 권세에 근거한다. 그는 영원하신 하나님으로부터 권세와 영광을 부여받으셨다. 모든 나라와 백성들은 그를 섬겨야 하며 그의 영원한 권세 앞에 무릎을 꿇어야 한다. 따라서 어떤 나라도, 민족도, 문화도 그의 통치 밖에 있을 수 없다. 부활하신 그리스도는 세상을 다스리는 권세를 가지셨다. 그래서 사도 바울은 빌립보서 2:9 이하에서 만유의 주가 되신 그리스도는 우주의 모든 자들에게 영광을 받아야 할 것을 고백했다. 골로새서 2:18－20에서 사도 바울은 그리스도가 만물의 으뜸이시며 그의 십자가의 피로 하나님과 세상의 화목을 가능케 하신다고 주장했다. 하나님으로부터 이러한 권세를 받으신 그리스도께서 그의 제자들에게 세상을 향해 가서 모든 족속으로 제자를 삼아 가르치라고 명령하신다. 버카일은 그의 선교명령이 그를 만물 위에 높인 것이 아니라 그의 선교명령이 그의 권위로부터 나온 것이라고 보았다. 다양하게 표현된 그리스도의 지상 명령은 모두 한 가지 진리를 선포하는바, 세상을 구원하고 자유케 하는 권세가 그리스도로부터 나왔다는 것이다. 그는 세상을 위해 십자가를 지셨으나 마침내 승리자가 되셨다. 그는 파괴를 일삼는 독재자가 아니요 우리의 치료와 해방을 위해 그의 권세를 사용하시는 구원자이시다. 그의 화해의 사역은 바로 그의 이와 같은 권위로부터 나온 것이다.

둘째, 그의 지상명령은 지속적인 선교명령이다. 그의 부활 후부터 그의 재림까지 그의 제자들이 수행해야만 하는 전도명령이다.

이 선교명령은 구체적으로 어떤 요소를 포함하고 있는가? 버카일은 먼저 "가라."는 동사를 분석한다. "가라."는 말은 "이별하라.", "떠나라.", "경계를 건너라."라는 뜻을 가지고 있다. 어떤 경계를 의미하는가? 그것은 사회적 경계, 인종적 경계, 문화적 경계, 그리고 지리적 경계를 의미한다. 본질적으로 선교는 경계를 넘어서 복음을 전하고 지역교회를 세우며 하나님의 나라를 확장하는 것이다. 그리스도의 제자들은 이 세계가 점점 더 하나님의 나라로 변하도록 그리스도의 십자가의 부활의 복음을 전함으로써 복음을 듣는 자들이 그들이 죄를 회개하고 회심을 경험하고 교회의 책임 있는 성도가 되도록 해야 한다. 예수 그리스도 자신과 그의 제자들은 끊임없이 경계를 넘어 다니며 하나님의 나라를 선포하였다. 그들은 갈릴리에서 예루살렘까지, 바다에서 대도시까지, 유대인으로부터 이방인까지 경계를 넘어 복음을 전했다. 둘째 동사는 모든 족속으로 제자를 삼으라(make disciples of all nations)는 것이다. 마태복음의 저자는 "삼으라."는 명사를 동사로 바꾸어 사용하였는데, 신약 전체에 이 동사는 모두 4회(마 13:52, 27:57, 28:20, 행 14:21)에 걸쳐 나온다. 버카일에 의하면 제자가 된다는 것은 예수 그리스도의 죽음과 부활과 그의 메시아 왕국 속으로서의 행진에 동참하는 것이다. 따라서 맥가브란은 지역교회의 성장은 모든 민족으로 제자를 삼는 것이라고 주장했다. 사회의 모든 계층의 사람들이 복음을 받아들여 그리스도의 제자가 되도록 하는 것이 하나님의 뜻이요 선교의 목적이다. 예수 그리스도는 오늘날 우리에게 가서 모든 족속으로 제자를 삼으라고 명하신다.

셋째, 그리스도의 지상명령은 그의 약속에 근거한다. 그는 "볼찌어다 내가 세상 끝날까지 너희와 항상 함께 있으리라."(마 28:20) 약속하셨다. 하늘과 땅의 모든 권세를 가지신 이가 우리와 언제든지 함께하실 것이라는 약속은 선교하는 지역교회에 큰 위로와 힘이 아닐 수 없다. 신약시대의 초대교회는 이러한 그리스도의 약속을 의지하고 그의 선교명령에 순종한 결과 환란과 핍박 속에서도 계속하여 예수 그리스도의 십자가와 부활을 증거할 수 있었으며 오늘날의 기독교의 성장을 불러왔다. 버카일은 그리스도의 지상명령에 나타난 "모든"이라는 단어에 주목한다. "모든" 권세, "모든" 족속, "모든" 것에 마태복음의 저자는 "항상"이라는 단어를 첨가했다. 그리스도는 그가 성령을 통해 세운 교회가 그의 이 약속 위에서 끝까지 교회의 사명을 다할 것을 원하셨다. 버카일은 아무리 세상풍조가 바뀌어도 바뀔 수 없는 사실을 확인했다. 즉 예수 그리스도는 그가 그 교회를 마지막 지점까지 인도하시는 동안 그의 교회가 그의 선교적 부름을 완수할 것을 촉구하신다는 사실이다. 이 관점에서 모든 지역교회는 세계복음화의 사명에서 제외될 수 없는 것이다. 이러한 의미에서 지역교회는 하나님의 선교의 도구가 된다. 선교의 방법은 다양하여도 그가 우리에게 부여하신 선교 사명은 본질적으로 그가 우리에게 다시 오시는 날까지 언제나 동일하다.

Ⅳ. 결 론

교회는 지상에 존재하는 기관들 가운데 가장 존귀한 단체이다. 왜냐하면 교회를 세우신 분이 바로 하나님이시기 때문이다. 교회는 그리스도가 머리가 되시고 모든 구성원들은 그 머리를 중심으로 구성된 각 지체들이다. 그러므로 교회는 유기적(有機的)인 존재이며 생명력 있게 움직이고 그 기능을 다해야 한다. 교회가 그 기능을 다하지 못하면 친목단체나 다름이 없다. 교회가 해야 할 가장 중요한 일은 예배와 성찬, 그리고 선교와 복음전파이다. 이런 일이 정상적으로 잘 시행되는 교회는 건강한 교회이고, 그렇지 못한 교회는 병든 교회이다. 한국교회는 일방적이고도 왜곡된 신학사상이나, 감성적인 체험을 중시하는 신비주의에 치우치는 경향이 있다. 이와 같은 현상은 교회의 건강을 해치는 중요한 질병이다. 그러므로 우리는 건강한 교회를 세우기 위해서 복음적 신학과 신앙을 가지고 교회의 사명을 다하기 위해서 노력하는 사람들이 되어야 한다.

제 3 부
성 서

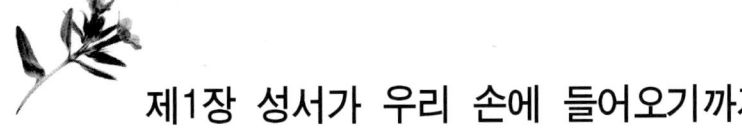

제1장 성서가 우리 손에 들어오기까지

성서는 본래부터 유대교의 경전이었고, 구약과 신약을 합친 성서전서는 개신교의 경전이고, 여기에 '제2경전'을 합친 것이 가톨릭의 경전이다. 기독교의 경전을 우리나라에서는 '성서' 혹은 '성경'이라고 부른다. 중국에서는 성경(聖經)이라고 하고, 일본에서는 성서(聖書)라고 하는데, 우리나라 기독교는 이 두 이름을 함께 쓰고 있다. 우리가 성서나 성경이라고 하는 것을 영어로는 The Bible, 독어로는 Die Bibel, 불어로는 La Bible이라고 한다. 이 이름들은 모두 '책'을 뜻하는 그리스어 Biblia(Biblos의 복수형)에서 유래한 것이다.

성서는 여러 권의 책을 한데 모아놓은 작은 문집과도 같다. 그래서 기독교의 경전 전부를 포함하여 부를 때에 "성경전서(聖經全書)"라고 한다. '구약전서' 안에는 낱권 책 39권이 들어 있으며, '신약전서' 안에는 낱권 책 27권이 들어 있고, '제2경전' 혹은 '외경'이라고 부르는 묶음 속에는 우리나라 가톨릭에서 사용하는 낱권 책 일곱 권과 구약에 속한 두 책 '에스더기'와 '다니엘서'의 내용을 첨가한 별권 두 권이 들어 있다.

우리가 성경 혹은 성서라고 하는 것을, 달리, 영어로는 The

Holy Scripture, 독어로는 Die Heilige Schrift, 불어로는 La Sainte
Ecriture, 라틴어로는 Sacra(Divina) Scriptura라고 한다. 유대교에서
도 그들의 경전을 '성서(Sepharim Kithbe Haqqodesh)'라고 부르기
는 하지만 거기에는 기독교에서 '구약'이라고 부르는 부분만 들
어 있다. 유대인들은 그 책을 '율법서와 예언서와 성문서(Torah
Nebhim Ketubhim)'라고도 부르고, 머리글자를 따서 '타낙(TANAK)'
이라고 부르기도 한다.

구약은 주로 히브리어로 쓰여 있으며, 일부가 아람어로 쓰여
있다. 신약은 그리스어가 원어이고, 외경(또는 제2경전)은 그 원
어가 그리스어로 전해져 오고 있다. 우리나라에서는 구약과 신약
과 외경(또는 제2경전)이 1882년 이래 지금까지 번역, 개정, 새
번역의 과정을 거쳐, 모두 우리말로 번역되었다.

Ⅰ. 구약의 사본과 인쇄본

1947년 이후 사해 사본이 발견되기 전까지의 구약 본문 단편이
기록된 가장 오래된 자료는 십계명이 기록된 주전 2-1세기의 나
쉬 파피루스(Nash Papyrus)였다. 이것은 1902년에 이집트에서 발견
된 것으로서 출애굽기 20장과 신명기 5장 그리고 신명기 6장의 '쉐
마'(6:4-5) 등이 섞인 본문이다. 이 본문은 성서 사본이 아니라

예배서에 인용된 본문이므로 본문 비평을 위한 자료로 쓰는 데는 한계가 있다.

최근에 이것보다 더 오래된 자료가 발견되었다. 1979년에 예루살렘의 케텝 힌놈(Ketef Hinnom)에서 아주 작은 은(銀) 두루마리 (minute silver roll) 조각 두 개가 발굴되었는데, 여기에는 민수기 6장 24-26절이 고대 히브리어로 쓰여 있었다. 이것은 연대 측정 결과 주전 7-6세기의 것으로 확인되었다. 이것 역시 성서 사본이 아니고 성서 구절을 인용한 단편이므로 본문 비평을 위한 자료로서는 한계가 있다.

II. 성서의 사본 및 역본들

1. 아람어 탈굼(Aramaic Targum)

주전 5, 6세기경부터 페르시아 제국에서는 아람어가 공식 언어로 사용되었고, 팔레스타인 유대사회와 디아스포라(여러 나라로 흩어진 유대인들) 사이에서도 아람어를 쓰게 되자, 유대인 회당에서는 예배 때에 "통역자(메투르게만)"가 등장하여 예배 때 낭독되는 율법서와 예언서 관련 본문 등을 히브리어에서 아람어로 통역하였다. 처음에는 구두로 통역되고 전승되던 것이 후대에 이르러 통역 내용이 일정한 형식으로 굳어졌고 드디어 기록으로 정착되었다.

탈굼(오경 번역)에는 몇 가지 종류가 있다. 가장 대표적인 것이 '온켈로스(Onkelos)'의 탈굼으로 알려진 "바빌로니아 탈굼(Babylonian Targum)"이다. 이것은 본래 팔레스타인에서 만들어진 것이었으나 바빌론으로 건너가서 거기에서 개정되고 큰 권위를 인정받게 되었다. 주후 9세기 직후에 이것이 다시 팔레스타인으로 들어와 거기에 있던 다른 여러 종류의 탈굼들을 제치고 독립적 위치를 차지한다. 전체적으로 볼 때에, 온켈로스의 탈굼은 문자적인 번역이면서도 랍비들의 주석을 번역에 반영시키고 있다.

팔레스타인 탈굼들 가운데서 제일 유명한 것은 소위 '요나단(Jonathan)의 탈굼'이다. 여기 '요나단'은 14세기경부터 생긴 이름으로서 예루살렘 탈굼(Targum Jerusalem)을 뜻하는 히브리어 약자 'TJ'를 요나단의 탈굼(Targum Jonathan)으로 잘못 읽은 데서 비롯된 것이다. 이것은 옛 팔레스타인 탈굼(the Old Palestinian Targum)과 온켈로스의 초기번역을 뒤섞은 것이다. 랍비들의 주석, 설교, 교훈 등이 번역에 많이 첨가되어 있다. 사마리아 오경을 번역한 탈굼도 있다. 유대인의 탈굼이 문자적인 번역인 데 비해 이것은 좀 자유스러운 번역이다. 그것의 본문이 공식적으로 확정된 적은 없다.

예언서 탈굼도 본래는 팔레스타인에서 나왔으나 바빌로니아로 건너가서 최종적으로 개정되었다. 이것 역시 여러 세기에 걸쳐서 완성된 것이긴 하지만 일반적으로는 주전 1세기 말에서부터 주후 1세기 초까지 활동한 유명한 랍비였던 힐렐의 제자 요나단 벤

우지엘(Jonathan Ben Uzziel)의 번역으로 본다. 이것이 엄격한 문자적 번역은 아니지만 온켈로스에 의존한 증거가 많이 나타난다. 성문서의 아람어역은 모두가 주후 5세기 이후에 나온 것들이다.

2. 칠십인 역(LXX)

히브리어 구약성서가 그리스어로 번역된 배경에 관해서는 "아리스테아스의 편지(the Letter of Aristeas)"에 언급되어 있다. 이 편지는 프톨레미 2세 필라델푸스(주전 285 - 246년)가 이집트를 다스릴 때 기록된 그 당시의 편지임을 드러내려고 당시 관리로 있던 아리스테아스라고 하는 그리스 사람이 쓴 것으로 되어 있다. 이 편지는 프톨레미 2세의 요청으로 예루살렘에서 유대교 학자들이 와서, 히브리어 율법서를 그리스어로 번역하게 된 사정을 언급한다. 같은 이야기가 형태를 조금씩 달리하여, 필로와 요세푸스와 탈무드와 교부들의 글에도 나타나 있다. 오늘날 학자들은 이 편지의 저자가 알렉산드리아에 살고 있던 유대인으로서 율법서 번역이 끝난 다음에 이와 같은 아리스테아스의 편지를 썼을 것이라고 생각한다.

알렉산드리아에서 처음으로 번역된 칠십인 역이란 주전 3세기 중엽에 번역된 구약의 오경 곧 율법서 부분을 일컫는다. 히브리어 구약성서가 모두 그리스어로 번역되기까지는 그 후 한 세기 이상이 걸렸다고 본다. 주전 1세기까지는 번역이 완료되었으리라고 본다. 이렇게 하여 칠십인 역 성서는 한편으로는 유대교를 이방 세계에 알리는 통로가 되었으며, 다른 한편으로는 기독교의 전파에 필수적인 요소가 되었다.

기독교가 칠십인 역을 자기들의 성서로 받아들이면서부터 유대 교에서는 칠십인 역을 버리고 자기들의 히브리어 본문 성서를 다 듬는 일에 더 열성을 보였다. 제2성전 파괴 이후, 새로운 히브리 어 본문이 편집되면서, 히브리어 본문과 칠십인 역 사이의 차이 점들이 점점 더 많이 나타나게 되자, 그리스어로 구약을 읽던 이 들 쪽에서는 최신 히브리어 본문을 대본으로 하는 새로운 번역의 필요성을 느끼게 되었다.

3. 아퀼라(Aquila) 역

아퀼라는 소아시아의 폰투스 사람으로서 유대교인이 된 사람으 로서, 랍비 아키바의 지도를 받으면서 주후 130년경에 히브리어 성서를 그리스어로 번역하였다. 그는 극도로 문자적인 직역을 하 였는데 전체 역본은 남아 있지 않다. 다만 인용된 부분들과, 오 리겐의 헥사플라(Origen's Hexapla: 여섯 언어 대조)에 그 단편이 남아 있고, 카이로의 고본 서고(Cairo Geniza)에서 나온 재활용 양피지(palimpsests: 한 번 쓴 양피지를 지우고 그 위에 다시 쓴) 에 단편만이 남아 있을 뿐이다.

4. 테오도션(Theodotion)의 개정본

그리스어 번역본의 2차 교정은 칠십인 역을 개정한 것인지 아니면 칠십인 역 외에 다른 그리스어 역을 개정한 것인지는 논란이 있기는 하지만, 주후 2세기 후반에 테오도션이라는 사람이 하였다. 히브리어 음역의 빈도수가 많은 것이 특징으로 지적되고 있다.

5. 심마쿠스(Symmachus)의 번역

이것은 주후 2세기 말에 심마쿠스(Symmachus)가 번역한 것이다. 번역자에 대해서는 잘 알려져 있지 않다. 그의 번역은 우수하지만 영향력은 미비했다. 제롬이 그의 불가타역에서 심마쿠스의 번역을 활용하기는 했으나, 오늘날 그의 번역은 헥사플라(Hexapla: 여섯 언어 대조)를 통하여 단편만이 알려져 있다.

6. 오리겐(Origen)의 헥사플라(Hexapla)

여러 가지 상이한 번역판을 갖게 된 주후 3세기에 이르러서는 성서 본문에 대한 서로 다른 이해가 빚는 혼란을 함께 감당해야만 했다. 주후 230-240년경에 가이사랴에서 활동을 하던 알렉산드리아의 신학자 오리겐(Origen)이 "여섯 본문 대조 성서(Hexapla)"

를 편집하였다.

(1) 히브리어 본문, (2) 히브리어 본문의 그리스어 음역, (3) 아퀼라 역, (4) 심마쿠스 역, (5) 칠십인 역, (6) 테오도션의 개정역을 평행으로 편집하여 비교해 볼 수 있게 하였다. 오리겐의 주요 관심은 다섯째 난의 칠십인 역이었다. 그는 칠십인 역 본문을 히브리어 본문과 비교하여, 히브리어 본문에는 없는데 칠십인 역에만 있는 첨가된 본문에는 앞과 뒤에 의구표(疑句標)를 하였고, 히브리어 본문에는 있는데 칠십인 역에 그 본문이 번역되어 있지 않는 곳에서는, 다른 그리스어 번역에서 그 부분을 가져와서 칠십인 역에 삽입시키고 앞뒤에 의구표를 붙여 놓았다. 의구표란 고사본의 의심스러운 본문이나 재생시킨 본문을 표시하던 단검표(+)나 마이너스표(−)나 나누기표(÷)나 별표(*) 등을 일컫는다. 헥사플라의 원본은 600년경까지는 존속되었던 것 같으나, 오늘날에는 단편만 남아 있다.

7. 콥트어 역본

기독교가 이집트 안의 그리스어권 밖으로까지 퍼져 가면서 그곳 언어로 성서가 번역되었다. 그중 하나가 콥트어 성서이다. 3세기 말 4세기 초에 번역된 것으로 보인다. 번역 대본은 그리스어 성서이다. 부분적으로는 고대 라틴어 역본과의 유사성도 보인다.

8. 불가타(Vulgata) 역

신학적 토론과 예배의식에서 사용되는 통일된 본문이 필요하게 되자, 다마수스가 이 일을 제롬(Jerome 일명 유세비우스 히에로니무스 Eusebius Hieronymus)에게 맡긴다. 제롬은 라틴어와 히브리어 실력을 고루 갖춘 기독교인 성서학자였다. 제롬은 세 종류의 라틴어 시편 개정판을 낸 바 있다.

첫 번째 개정은 칠십인 역에 근거하여 개정되었으므로 일명 "로마 시편(the Roman Psalter)"이라고도 한다. 두 번째 개정은 팔레스타인에서 펴낸 것인데, "여섯 언어 성서 칠십인 역(the Hexaplaric Septuaginst)"에 입각하여 라틴어 역을 히브리어 원문쪽으로 가깝게 개정하려한 것이다. 갈리아 지방에서 특히 인기가 있었으므로 일명 "갈리아 시편(Gallican Psalter)"이라고도 한다. 후에 이 시편이 불가타역에 그대로 들어간다. 세 번째 개정은, 어떤 의미에서는 개정이라기보다는 새로운 번역이다. 히브리어에서 직접 번역된 것이지만, 널리 유포되지는 못했다. 이것을 준비하는 동안 제롬은 고대 라틴 역을 다만 그리스어 역에 근거하여 개정한다는 것이 소용없다는 것을 깨달았다. 제롬은 라틴어 성서를 히브리어 원문 성서에서 직접 번역하기 시작하였다. 390년에 시작하여 405년에 끝냈다.

그러나 이미 서방 교회 안에서는 그리스어 칠십인 역이 굳게 자리를 잡고 있었으므로, 제롬의 라틴어 역은 처음에는 교회 안에서 정착하기가 어려웠다. 더욱이 제롬의 라틴어 번역이 칠십인 역의 내용과도 달랐고 고대 라틴어역과도 다른 곳이 많았기 때문

에, 전통적으로 읽어 오던 본문과 다르다고 하여서, 오히려 라틴
어역의 권위가 도전을 받았다. 아우구스티누스 같은 지도자는 제
롬의 라틴어 역 성서가 그리스 교회와 라틴 교회를 갈라지게 할
것을 두려워하였다. 그러나 결국 제롬의 새 라틴어역의 우수성이
인정을 받게 되기까지는 많은 세월이 걸렸다. 8세기에 가서야 비
로소 그의 번역은 "라틴어 불가타(라틴어 보통말 번역)"가 되어
서 종교개혁 때까지 서방 교회의 성서로 자리를 잡았다.

　그러나 그 후로도 상당 기간 동안 고대 라틴어역과 제롬의 불
가타역을 손으로 베껴서 보급하는 과정에서 번역문에 많은 변화
가 가해져서 일종의 종합 본문이 되어버리고 말았다. 손으로 베
끼는 과정에서 본문의 와전까지 겹치게 되었다. 현재 남아 있는
약 8천여 개의 사본들 사이에 이독(異讀) 현상이 많이 나타난다.
중세기에 불가타역 회복을 위한 몇 번의 시도가 있었으나 번번이
실패하다가, 1546년에 트렌트회의에서 불가타역을 공인하게 됨에
따라, 개정본의 필요성이 더 절실해졌고, 거기에다가, 15세기 중
엽부터 발달된 인쇄술은 번역 본문을 정착시키는 데 큰 공헌을
하였다. 교황 식스투스 5세의 식스타인판(Sixtein edition, 1590)이
광범위한 지지를 받지 못하였으므로 교황 클레멘트 8세가 1592
년에 새 판을 간행하였다. 이것이 로마 교회의 공인 불가타가 되
었다.

9. 시리아(Cyria) 역

시리아 교회가 가지고 있던 시리아역 성서는 일명 "페쉬타(Peshitta: 단순한 번역)"라고도 알려져 있다. 왜 이런 이름이 붙었는지 누가 언제 번역했는지 잘 알려져 있지 않지만, 이 번역은 본래 주후 1세기경에 번역되었던 것 같고, 그것은 메소포타미아의 아리아베네(Ariabene) 지역에 있던 유대인 사회에서 번역하여 사용했던 것 같다. 페쉬타는 문체도 다양하고 채택한 번역 방법도 다양하다.

오경 부분은 마소라 본문과 아주 가깝지만 다른 부분은 칠십인역과 가깝다. 마소라 본문과 가까운 본문은 유대교인들이 번역한 것이고, 칠십인 역과 가까운 본문은 기독교 쪽의 개정의 결과일 것이라고 보는 견해도 있다. 5세기에 시리아 교회가 네스토리우스파(동 시리아)와 야곱파(서 시리아)로 나뉘면서 페쉬타의 본문 역사도 두 갈래로 갈라진다. 네스트리우스 교회는 고립되어 있었으므로 그 교회가 간직하고 있던 사본이 덜 손상되었을 것으로 본다. 6세기 초에 마북(Mabbug)의 감독 필록세노스(Philoxenos)가 칠십인 역의 루시아 개정본을 근거로 페쉬타를 개정하였다. 617년에는 헥사플라에 들어 있는 시리아어 역을 텔라(Tella)의 감독 바울이 헥사플라 칠십인 역에 근거하여 개정하였다. 지금 단편만 남아 있는 팔레스타인 시리아역은 에뎃사의 야곱(Jacob of Edessa)이 새롭게 개정한 것이다. 현존하는 페쉬타 사본 중 가장 오래된 것은 442년에 나온 것이다. 완전한 네 벌의 코덱스는 5세기부터 12세기 때의 것이다.

10. 기 타

그 외에도 아르메니아 역이 있다. 5세기 초에 이르기까지 아르메니아 민족 교회는 그동안 문학과 예배 의식에서 그리스어와 시리아어를 함께 사용해 왔으나, 성 메스롭(St. Mesrob ca)이 아르메니아어 알파벳을 만들어 아르메니아 민족 문학의 기반을 닦자 이때 성서도 아르메니아어로 번역되었다. 첫 번역은 (주후 414년경) 시리아어역 페쉬타(Peshitta)를 대본으로 하여 번역되었고, 곧 이어서 개정되었다. 오늘날까지 전해져 오는 최종적인 공인 번역은 칠십인 역을 대본으로 하여 번역된 것이지만 여기에도 페쉬타의 영향이 나타나 있다.

아르메니아의 전통에 따르면, 조오지아어 역도 메스롭의 번역이었다고 한다. 그러나 조오지아 구약의 가장 오래된 부분인 시편도 5세기 이전으로까지 소급되어 올라가지는 못한다. 어떤 사본들은 그리스어 역본들에 근거해 있고, 또 더러는 아르메니아 역에 근거해 있다. 4-5세기경에 에티오피아에 기독교가 자리잡으면서 성서 번역이 시작되었는데, 최초의 번역은 칠십인 역을 대본으로 하여 번역된 것이었다. 그러나 지금 남아 있는 가장 오래된 사본은 13세기의 것이다. 14세기 이후의 사본들에는 아랍어역과 콥트어역의 영향이 나타나 있다. 많은 부분이 히브리어 본문과 일치하고, 칠십인 역 본문과는 큰 차이를 나타낸다.

그리고 고트 역이 있는데 고트족은 오늘날 슬로바키아와 불가리아로 알려진 지방에서 살았다. 이 번역은 4세기 중엽, 기독교 선교사였던 울필라(Ulfilas)가 번역한 것이다. 그는 고트어 알파벳을 발명하여 성서를 번역하였다. 구약 번역은 에스라기와 느헤미

야기의 극히 일부 단편만 남아 있고 나머지는 다 없어졌다. 그리
스어 역을 대본으로 하여 번역된 것이다. 고트어로 기록된 문헌
이라고는 성서 단편 사본뿐이다.

한편 라틴어 역본들도 있다. 주후 2세기 중엽에 라틴어 역 구약
성서가 북아프리카와 갈리아(Gaul)지방에 유포되고, 3세기 초에는
로마에서도 유포된 흔적이 있다. 아프리카의 로마 점령지에 살던
라틴어를 쓰던 유대인들이 번역한 것을 기독교가 받아들였을 가능
성이 있다. 원본도 히브리어가 아니고 그리스어역이다. 고대 라틴
어 역본은 "라틴어 옷을 입은 칠십인 역(the Septuagint in Latin
clothing)"이라고 할 수 있을 정도로 칠십인 역과 관계가 있다. 고
대 라틴어역본에는 오리겐이 개정하기 이전의 칠십인 역의 상태가
반영되어 있으므로 본문비평에 있어서 고대 라틴어역이 가지는 비
중은 크다. 3세기까지 여러 종류의 라틴어 역들이 유포되고 있었
다. 그 여러 종류의 번역이 하나의 번역본에서 나온 개정판들인지,
처음부터 독자적으로 번역된 것들인지는 확인하기가 어렵다. 4세
기 말(382경) 다마수스(Pope Damasus)가 여러 가지 서로 다른 고
대 라틴어 역본들에서 정리하게 된다.

그 외에도 다양한 아랍어 역본들도 있다. 최초의 것으로서 가
장 중요한 역본은 사아디아 벤 요셉(Sadia ben Joseph 892-942)
이 번역한 것으로서 히브리어에서 번역되었고, 히브리어 글자로
기록된 아랍어 역본이다. 이 번역은 이집트의 기독교인들에게 영
향을 주었고, 아부 알-하산(Abu al-Hasan)이 이것을 대본으로
하여 오경을 번역하였고, 11-12세기에 아랍어 역 사마리아 오경
으로 받아 들여졌다.

또 다른 아랍어 역 사마리아 오경은 아부 사이드(Abu Said)가 13세기에 번역한 것이다. 히브리어에서 번역된 다른 여러 번역들 중에 10세기에 야핏 이븐 알리(Yaphith ibn Ali)가 번역한 것이 가장 주목할 만한 것이다. 946년에 스페인 코르도바의 기독교인 이었던 발라드 케즈의 아들 이삭(Isaac son of Velasquez)이 복음서를 라틴어에서 번역하였다. 아랍어 역 신구약전서 사본으로는 16세기에 번역된 것이 레닌그라드에 보관되어 있다. 19세기의 것인 파리와 런던에 있는 "여러 언어 성서(Polyglots)"에 아랍어역이 보존되어 있다.

일반적으로 아랍어 역 사본들은 히브리어에서 번역된 것들과, 그리스어에서 번역된 것과, 사마리아어에서 번역된 것, 시리아어와 콥트어와 라틴어 중에서 번역된 것 등이 함께 전해져오기 때문에 번역판들마다 큰 차이를 보인다. 그런 만큼, 아랍어 역은 본문비평 자료로서는 큰 가치를 인정받지 못한다. 19세기와 20세기에 개신교와 가톨릭이 번역한 현대아랍어 역들이 있다.

Ⅲ. 한글성서의 전래 과정

성서는 많은 다른 언어들로 번역되었는데 우리나라도 예외가 아니었다. 개신교의 구약 정경에 국한시켜 생각할 경우, 우리나라에서는 1887년에 최초의 신약 번역이라 할 수 있는 로스(John Ross) 역 신약전서, 곧 "예수성교젼서"가 나온 지 11년 후인 1898년 12월 6일에 처음으로 피터스(Pieters)에 의해 구약성서 중에 시편이 "시편촬요"라는 이름으로 번역되었다. 이 시편촬요는 기독교로 개종한 러시아계 유대인 피터스가 개인적으로 번역한 것으로서, 시편에 있는 150개의 노래들 중에 62개의 노래를 발췌 번역하여 수록하고 있었다. 그러나 이들의 번역은 개개인이 사사로이 번역한 사역 성서여서 공인된 기관의 검증을 받지 못한 번역이라는 한계를 가지고 있었다.

이에 선교사들은 전문가들의 공동 노력에 의하여 모든 사람들이 공감할 수 있는 공인번역 성서를 출판해야 한다는 데 의견을 같이하고서, 1893년에 처음으로 공인번역위원회(The Board of Official Translators)를 조직하였다. 선교사들을 중심으로 하여 조직된 공인번역위원회는 1900년에 "신약전서"를 출간하였으며, 1906년에는 비록 낱권이기는 해도 구약 중에서 "창세기"를 처음으로 출간하였다. 이어 공인번역위원회는 1910년 후반에 구약 번역원고를 확정한 후, 이듬해인 1911년 3월 9일에 이 구약 번역원고를 기존의 "신약전서"와 합하여 한글로 된 최초의 공인 "신구약전서"를 출판하기에 이르렀다. 사람들은 흔히 이때 출판된 신구약전서를 "옛 번역" 또는 "구역"이라 부른다. 일본에서 인쇄한 후 서울에서 출판한 이 "구역"은 구약 두 권과 신약 한 권, 도합 세 권으로 되어 있었는데, 구약 두 권 중의 첫 번째 책은 창세기에서 역대까지를 수록하였으며, 두 번째 책은 에스라에서 말라기까지를 수록하였다.

공인번역위원회는 이 역사적인 구역 신구약전서의 출판을 계기
로 하여, 이듬해인 1912년에 개역위원회(The Board of Revisers)
로 발전적인 해체를 보았다. 개역위원회가 새롭게 구성된 이유는,
구역이 기존의 영어 성서나 한문 성서에 너무 의존하고 있어서
완전한 번역이라고 하기 어렵기 때문이었다. 성서 원어에 의존한
개정판을 새롭게 출판하려는 것이 개역위원회의 새로운 구성 목
적이었던 것이다. 일본의 강압적인 제국주의 통치로 인하여 구역
의 개정 작업이 중간에 순조롭게 진행되지 못하는 어려움이 있기
는 했지만, 개역위원회는 마침내 1936년에 "구약 개역"을 출판하
였고, 2년 후인 1938년에는 "신약 개역"을 완성하여 구약 개역과
합한 "개역 신구약전서"를 출판하기에 이르렀다. 일종의 구역 개
정판에 해당하는 번역성서였다. 비록 이 개역이 처음부터 끝까지
히브리어 원문으로부터 직접 번역한 작품은 아니었다 하더라도,
당시의 제약된 상황으로서는 히브리어 원문에 충실한 최초의 한
글판 신구약전서라 할 수 있었다.

해방 이후 1946년에 대한성서공회가 조직된 다음에는 한글 맞
춤법에 따라 종래의 개역본문을 고쳐나가기 시작하였고, 부산으
로 피난 중이던 1952년에 마침내 당시의 한글 맞춤법에 맞추어
수정한 "성서전서 개역 한글판"을 피난지인 부산에서 출판하였
다. 그러나 이 수정판이 최종 확정된 것은 1956년에 이르러서였
다. 현재 우리가 읽고 있는 개역성서는 이 1956년판을 극히 제한
된 범위에서 수정한 1961년도의 최종 결정판이라 할 수 있다. 이
는 오늘날 다수의 한국 교회가 사용하고 있는 한글판 개역성서가
1938년판 "개역 신구약전서"를 기본 틀로 가지고 있음을 뜻한다.

1952년과 1961년에 두 차례에 걸쳐서 당시의 한글 맞춤법에 기초하여 일부 내용을 수정하는 한편으로, 잘못된 번역을 고치기는 했지만 말이다.

그러나 대한성서공회는 한글판 개역성서에 만족하지 못하고서 또 다시 새로운 번역 작업을 시도했다. 그 이유로는 새 세대를 위하여 성서를 최대한 그들이 사용하는 쉬운 언어로 번역해야 한다는 것과, 구약 언어인 히브리어와 아람어 및 이스라엘 주변 세계의 다양한 언어들에 대한 연구의 증대로 인하여 구약 본문들에 대한 이해에 상당한 발전이 이루어졌다는 것, 그리고 지나치게 선교사 중심적인 번역으로부터 벗어나 한국 신학자들 중심의 독자적인 번역이 이루어져야 한다는 것 등을 들 수 있다. 그리하여 1960년부터 순수하게 한국인 학자들을 중심으로 하는 번역위원회를 구성하여 이른바 새번역의 출판에 박차를 가하였다. 그 첫 열매가 바로 1967년에 출판된 "새번역 신약성서"이다. 이 새번역 신약은 당시 우리나라 인구의 70% 이상을 차지하는 30세 이하의 청년들을 위한 전도용으로 번역한 것이었다.

그렇지만 새번역 신약의 출간이 곧바로 새번역 구약 작업의 시작으로 이어지지는 못했다. 로마 천주교에서 제2차 바티칸 공의회(1962-1965년)의 결정에 따라 개신교와 함께 성서 전체를 새롭게 번역하자는 제안을 했기 때문이다. 이에 따라 대한성서공회는 즉시 새번역 구약 작업을 중단하고서, 1968년에 개신교 각 교파와 로마 천주교의 대표들을 중심으로 하는 공동번역 신약번역위원회와 구약번역위원회를 조직하였고, 이들의 꾸준한 노력에 힘입어 1977년 부활절을 기해 "공동번역 성서"를 출판할 수 있었다. 그러나 공동번역은 개신교가 정경으로 인정하지 않는 외경을 포함하고 있는데다가, '하나님'이라는 호칭 대신에 로마 천주교가 즐겨 사용하는 '하느님'이라는 호칭을 사용하고 있다 하여, 개신교에서 공식 예배용 성서로 사용하기를 거부하는 바람에, 로마 천주교의 성서로 귀착되고 말았다. 이 공동번역은 로마 천주교에서 1999년에 개정판을 출판한 이후로 오늘에 이르고 있다.

한편 공동번역이 이처럼 로마 천주교의 정경으로 자리잡게 되자, 대한성서공회는 새번역 구약성서의 출간을 위한 본격적인 작업에 착수하지 않을 수 없었다. 공동번역이 개신교에서 사용되지 않는 터에, 이미 출판된 새번역 신약에 더하여 새번역 구약 작업을 완료함으로써, 통일된 새번역 성서를 만들어야 할 필요성이 대두되었던 것이다. 다른 때보다 훨씬 더 오랜 기간이 소요되기는 했지만, 많은 고생 끝에 마침내 1993년 1월에 구약 번역이 완성됨으로써, 구약과 신약을 합한 "성서전서 표준새번역"이 출판되기에 이르렀다. 이 표준새번역은 누구나 이해할 수 있는 쉬운 말로 번역되어, 한국교회 성서 번역사의 새로운 장을 여는 기념비적인 번역성서로 이름을 남기게 되었지만, 아쉽게도 일부 교단의 반대에 부닥치는 바람에 교회용 성서로 폭넓게 사용되지는 못했다.

이에 대한성서공회는 곧바로 표준새번역의 개정 작업에 착수하여 2001년에 표준새번역 개정판을 출간하는 한편으로, 1961년판 "성서전서 개역 한글판" — 더 정확하게는 1938년에 출간된 "개역 신구약전서" — 자체에 대한 개정 작업을 벌여, 1998년에 "성서전서 개역 개정판"을 출판하기도 했다. 그러나 개역 개정판은 개역의 기본 틀을 유지한 까닭에, 여전히 젊은이들이 이해하기 어려운 낱말이나 표현들을 많이 가지고 있어서, 한국교회에서 널리 사용되고 있다고 보기 어려운 형편에 놓여 있다.

이 외에도 대한성서공회 같은 공인된 기관이 아닌 일반 기독교 출판사에서 출판한 번역 성서가 두 권 있는바, 이들 역시 일반 대중에게 그리 널리 읽히는 편은 아닌 것으로 여겨진다. 그 하나는 생명의 말씀사가 발행한 "현대인의 성경"이고, 다른 하나는 성서교재간행사가 발행한 "현대어 성경"이다. 전자는 1977년에 신약성서가 먼저 출간된 다음에, 1985년에 구약 번역이 완료되어 "현대인의 성경"으로 합쳐져서 출판된 것을 가리키며, 후자는 1978년의 신약성서 출간에 이어, 13년이 지난 1991년에 구약 번역의 완료와 함께 "현대어 성경"으로 통합, 출판된 것을 가리킨다.

Ⅳ. 결 론

이상에서 알 수 있는 것과 같이 성서의 원본은 유실되었지만 다양한 사본이 오랜 시간 동안 전수되어 왔음을 알 수 있다. 물론 전수 과정에서 많은 과실들이 있어서 그 진위를 알 수 없는 경우도 있기는 하지만 그 구속사적인 내용에는 전혀 해(害)를 주지 않고 무사히 전승되어 왔다. 성서는 많은 위기와 어려움을 겪으면서도 이와 같은 완전한 형태로 보존이 되었는데 이 사실 자체가 하나님의 온전한 은혜라고 보는 사람들이 많이 있다. 그러므로 이 안에 들어 있는 다양한 하나님의 음성을 듣기 위해서 성서를 많이 읽고 묵상해야 한다.

그리고 성서 역시 문학적인 양식으로 기록되었음으로 하나님의 생생한 음성을 듣기 위해서는 다양한 방법으로 연구하고 비평하는 노력을 멈추지 말아야 한다. 신학은 바로 이러한 해석학적인 작업이다. 성서의 경전성에 대한 경외감을 가짐과 동시에 그 안에 있는 다양한 문제들에 대한 해답을 찾기 위해서 끊임없이 연구하는 우리들이 되어야 한다.

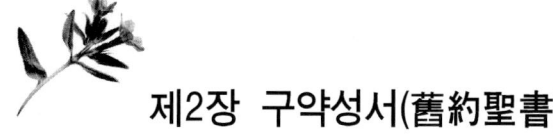

제2장 구약성서(舊約聖書)

성서가 하나님의 말씀이라는 사실을 의심하는 사람은 없다. 그렇다면 성서가 왜 하나님의 말씀인가? 여기서 하나님의 말씀은 무엇을 뜻하는가? 하나님은 어떻게 무엇을 매체로 하여 인간에게 말씀하시는가? 하나님은 인간의 언어를 사용해서 말씀하셨는가? 아니면 인간의 언어 외에 다른 수단으로 말씀하시는가? 이러한 신과 인간 사이의 의사소통에 관한 문제는 오랜 세월 동안 연구되어 왔다. 예로부터 고대인들은 인간의 영역에서 이해될 수 없는 갑작스런 자연현상(천둥이나 번개 등)에 대해서 주술가나 종교인의 신탁(oracle)을 통해 신의 의지를 알려고 했다. 이런 종교현상은 어느 시대 어느 문화에서도 발견되는 보편적인 현상이다.

성서 역시 하나님의 의지를 인간에게 전달하기 위한 매체로 등장했다. 성서는 하나님의 뜻을 나타내는 한 방법으로 등장한 것이 아니라 전적으로 하나님의 뜻을 나타내는 책이다. 그리고 이 성서는 구약(Old Testament)과 신약(New Testament)으로 구분한다. 우리는 먼저 구약에 관하여 알아보고자 한다.

Ⅰ. 구약성서(舊約聖書)를 보는 눈

구약성서는 39권으로 구성되어 있다. 구약성서가 한 권의 책으로 구성되어 있으나 그 하나하나의 내용을 보면 각 권마다 특성을 가지고 있다. 각 권마다 가지고 있는 신학적인 주제의 다양성, 문학양식의 다양성, 표현기법의 다양성 등 독특한 책들의 모음이 구약성서이다. 구약성서는 천년에 걸쳐서 기록된 것으로서 여러 종류의 직업을 가진 사람들에 의해서 기록되고 편집되는 과정을 거쳤다. 그러므로 구약성서의 각 권은 독립적으로 연구되어야 하며, 성서의 특성과 신학적인 의도, 그리고 역사적인 배경이 철저하게 분석되어야 한다.

우리는 왜 "구약성서"라고 부르는가? 그것은 신약성서와 대응하는 말로 그렇게 불리는데 신약은 새로운 계약을, 구약은 옛 계약을 상징한다는 견해에서 그렇게 불리고 있다. 그러나 요즈음은 구약과 신약을 별개의 책으로 이해하고 구약성서를 "히브리성서(The Hebrew Bible)"라고 부르려고 하는 의견도 있다. 그 대표적인 시도는 구약학자인 고트발트(N. K. Gottwald)로서 그가 쓴 구약개론을 "히브리성서"라고 명명하기도 했다. 그러나 아직도 많은 학자들은 구약성서라는 말을 더 사용하고 있다.

그러나 제일 중요한 것은 구약성서에 대한 접근 자세이다. 구약성서를 연구함에 있어서 제일 중요한 것은 구약성서 자체가 주는 교훈에 관심을 기울이는 것이다. 어떤 비판적인 입장을 견지하지 않고 성서 본문의 역사적 배경에 따른 구체적 정황을 파악한 후에 그 의미를 예수의 가르침과 연결시켜서 생각해본다면 보다 풍성한 의미를 얻을 수 있을 것이다.

구약성서가 수집되어 온 과정에는 기독교 전통과 유대교 전통이라는 큰 줄기가 있다. 유대교 전통은 예수 시대에 유대인 사이에서 널리 퍼져 있었다. 이 유대 전통에서 기독교 전통이 출발된다. 유대교는 랍비들의 모임인 얌니야회의(90년경)에서 구약성서의 범위를 현재의 39권으로 한정했다. 그 후 기독교 공동체는 북아프리카의 카르타고회의(397년)에서 신약 27권, 구약 39권을 표준이 되는 성서, 즉 정경(canon)으로 확정하기에 이른다.

Ⅱ. 구약성서의 구조와 내용

우리말 성서에는 구약을 크게 네 부분으로 나누고 있다.

오 경
창세기, 출애굽기, 레위기, 민수기, 신명기

역사서
여호수아, 사사기, 룻기, 사무엘상, 사무엘하, 열왕기상, 열왕기

하, 역대상, 역대하, 에스라, 느헤미야, 에스더, (외경: 유딧, 토빗, 마카베오상, 마카베오하)

시와 지혜서

욥기, 시편, 잠언, 전도서, 아가, (외경: 솔로몬의 지혜, 시락)

예언서

대예언서(4): 이사야, 예레미야(예레미야 애가), 에스겔, 다니엘, (외경: 바룩서)

소예언서(12): 호세아, 요엘, 아모스, 오바댜, 요나, 미가, 나훔, 하박국, 스바냐, 학개, 스가랴, 말라기

유대교의 히브리성서(Tanak)는 우리말 성서와 그 배열을 달리하고 있다. 유대교 성서는 율법서(토라), 예언서(네비임), 성문서(케투빔)의 세 부분으로 구성되어 있다.

1. 오경(五經)

오경(율법서) 안의 창세기는 인류의 태고사를 비롯하여 이스라엘의 족장(아브라함, 이삭, 야곱, 요셉)의 생활을 그리고 있다. 출애굽기는 이스라엘의 이집트 생활과 출애굽 사건, 그리고 가나안에 진입하기까지의 광야생활을 소개하고 있다. 레위기는 제사규정과 정결의식을 담고 있으며, 민수기는 이스라엘이 이집트를 탈출한 이후의 인구조사와 광야생활에서 발생된 여러 가지 사건을

소개한다. 신명기는 모세의 고별설교로서 가나안에서 살아갈 때 지켜야 할 하나님의 말씀을 회고한다.

오경은 예언서와 성문서가 경전에 추가될 때까지 이스라엘의 삶에 지속적인 영향을 끼쳤다. 바벨론 포로기에는 회당(Synagogue)에서 오경이 부분적으로 예언서와 함께 읽혀진 것으로 짐작된다. 그러나 구약성서의 처음 다섯 권은 전적으로 모세의 저작이라고 보기는 어렵다. 서로 다른 문체와 상충되는 내용들은 율법서가 오랜 세월 동안 구전(口傳)되다가, 포로기 이후에야 비로소 현재의 모습을 갖추게 된 복합적인 과정이 있었음을 보여준다.

2. 역사서

역사서는 여호수아-열왕기하에 이르는 신명기사가의 역사서와, 역대기, 에스라, 느헤미야를 포함하는 역대기사가의 작품과, 그 밖에 성문서의 범주에 들어가는 룻기, 에스더서를 포함하고 있다. 신명기사가의 역사서는 이스라엘이 삶 속에서 율법을 준수하느냐 못하느냐에 따라 야웨의 축복과 심판이 결정된다는 역사관을 견지한다. 여호수아에서 열왕기서에 이르는 역사서는 이스라엘이 가나안에 정착하게 된 배경과 왕국형성의 과정을 서술하고 있다. 다윗과 솔로몬 왕에 이르는 통일왕국과 이후 전개되는 분열왕국, 그리고 이스라엘과 유다가 아시리아와 바벨론에 의해 멸망하게 되기까지의 과정이 서술되어 있다.

역대기는 창조 때부터 포로 말기까지의 이스라엘의 역사를 새로운 안목에서 기록하고 있다. 바벨론 포로생활을 청산하고 고향으로 귀환하도록 조치한 고레스 칙령을 소개하고, 귀향한 유대인에게 성전재건의 임무를 강조한다. 역대기서는 창세기에서 열왕기하에 이르는 이스라엘의 역사를 재평가하고, 포로 후기의 유대 민족주의에 입각하여 새롭게 역사를 기술한 것이다.

또한 역대기와 에스라-느헤미야서는 포로 이후의 유대인의 정체성(正體性)을 확립하기 위해 기록된 것으로서 유대 중심적이며 민족주의적인 성격이 강하게 나타난다.

그리고 룻기, 에스더서는 축제일을 위한 경전에 포함되어 있다. 룻기는 사사(Judge)시대를 배경으로 한 것으로서 유대인 시어머니(나오미)와 이방인 며느리(룻)와의 사랑을 그리고 있다. 에스더서는 부림절의 기원에 대한 설명을 하고 있는데 이 책은 아무리 어려운 상황이라도 하나님께 신실한 삶을 살아가면 반드시 하나님의 축복이 임한다는 교훈을 담고 있는 책이다.

우리는 역사서를 볼 때 다음 두 가지의 기준을 가지고 보아야 한다. 그 하나는 고대인들의 삶 속에 일어난 사건을 어떻게 기술했느냐라는 물음을 가져야 한다는 것이고, 또 하나는 그 사건이 어떤 종교적 교훈을 가지고 있느냐라는 것이다. 성서 사건 하나 하나에 담겨 있는 이야기는 통계숫자처럼 정확한 것을 밝혀주는 기계적인 의미 대신 성서를 보는 독자로 하여금 자신의 감정을 가지고 흥미진진하게 성서 안의 사건 속으로 들어가게 하는 묘미를 가지고 있다. 그래서 예수님도 비유(Parables)를 더 많이 인용한 것을 볼 수 있다.

3. 예언서

   예언서는 이스라엘의 예언자들이 활동했던 시대적 정황과 그들이 전했던 하나님의 말씀을 담고 있다. 예언은 미래에 발생할 사건에 대한 예견이라는 측면보다 야웨의 이름으로 부패하고 타락한 사회를 개혁하는 데 많이 사용되었다. 예언자들은 그 시대의 타락과 부패를 바라보고 하나님의 신탁(oracles)을 통해서 사회를 개혁시키려고 한 종교지도자들이었다. 그들은 그들 특유의 세계관과 역사관을 가지고 있었으며 그들의 소신에 따라서 야웨의 신탁을 적용시켜 전달했다.

   예언자들의 활동은 포로기 이전, 포로기, 포로기 이후의 세 단계로 나눈다. 포로기 이전의 예언자였던 아모스와 호세아는 북왕국 이스라엘의 부패한 사회를 고발하고 그들의 멸망을 예고하였다. 동시대의 예언자였던 미가와 이사야 선지자는 남 왕국 유다의 타락과 멸망을 예언했다. 분열왕국 말기에 유다에서 활동했던 예레미야는 유다를 향한 하나님의 심판을 선포하면서 백성들의 회개를 촉구한 예언자였다. 에스겔은 바벨론 포로기에 활동했던 예언자로서 포로로 끌려온 유다 백성에게 회개와 성결한 삶을 살 것을 강조하였다. 이사야는 포로기 말기에 유다 백성들의 해방을 선포하고 그들이 고향으로 돌아가 창조주 하나님만을 섬길 것을 촉구하였다. 귀향한 유다 백성과 원주민들에게 파괴된 성전을 재건할 것을 촉구한 예언자는 학개와 스가랴였으며, 말라기 선지자는 구약성서의 마지막 예언자로서 하나님께 올바른 제사를 드릴 것을 선포했다.

그 밖에도 요엘, 오바댜, 요나, 나훔, 하박국 등의 예언자들이 등장하여 역사를 주관하시는 하나님의 뜻을 예언하여 이스라엘의 장래를 하나님의 인도 아래 있게 하려고 했다.

4. 시와 지혜서

시와 지혜서들은 히브리성서의 성문서(Writing)에 포함된다. 그리고 예레미야 애가는 시가서에 해당된다. 시편의 다양성은 예배의 다채로운 형태를 반영한다. 즐거운 예배를 드릴 때 이스라엘은 감사시와 찬양시로 하나님께 영광을 돌렸으며, 개인적인 비애나 민족적인 비극을 한탄하며 하나님의 자비를 구할 때는 탄식시를 암송했다. 때로는 전 국민이 하나님의 성전을 찬양하던 시온시를 불렀으며, 왕을 위해 제왕시를 암송하기도 했다. 성전에서 거행된 예배에서 중요한 위치를 차지했던 시편은 지금도 예배순서의 일부로 낭독되고 있다.

아가서(Song of Songs)는 솔로몬과 관련된 것으로서 결혼식 축하연에서 주로 불렸다. 예레미야 애가로 알려진 애가(哀歌)는 예루살렘의 멸망에 따른 절망감을 소개한다.

지혜서들은 각각의 특성을 가지고 있다. 잠언서는 하나님을 경외하는 것이 지혜의 근본임을 강조하면서 순리대로 살 것을 강조한다. 그리고 선한 사람이 받는 고난의 의미를 설명하고 있는 욥기, 솔로몬이 수집한 것으로 알려진 잠언과 전도서도 있다. 솔로몬의 지혜서는 그 당시의 것이 아니라 그 이전의 것이 분명하다.

왜냐하면 고대 근동 지역에서는 솔로몬의 지혜서와 유사한 내용
의 지혜서들이 많이 발견되고 있기 때문이다.

가톨릭교회는 개신교에서 외경이라고 부르는 "제2경전"을 가지
고 있다. 이 외경들은 주전 2-3세기에 북아프리카의 알렉산드리
아에 살고 있던 유대인 디아스포라들이 자녀들의 신앙교육을 위
해 히브리어로 기록된 성서를 헬라어로 번역한 칠십인 역 구약성
서(LXX)에 포함되어 있다.

Ⅲ. 구약성서의 주제

1. 출애굽과 가나안 정착

여호수아와 사사기 1-2장은 이스라엘이 가나안에 정착하게 된
배경을 보여준다. 그동안 여호수아의 가나안 정복(수 1-12장)이
무력(武力)에 의한 것이었으며, 그 이면에는 하나님의 초월적인
도움이 있었다는 것이 그대로 받아들여졌다. 그러나 성서비평학
(Biblical Criticism)이 등장하면서 이스라엘의 가나안 정복에 대한
이견(異見)들이 대두되기 시작했다. 이러한 이견들이 나오게 된
가장 근본적인 배경은 성서 내부의 불일치이다. 사사기 1:1-2:5
의 보도에 의하면 이스라엘의 가나안 정복은 때론 무력에 의해,

때론 평화적인 이주나 가나안의 원주민들과의 협력 체제하에서
이루어지는 것으로 보도되고 있다. 이와 같은 근거에 의해서 어
떤 학자는 이스라엘이 가나안에 정착하게 된 배경은 평화적인 이
주였다고 주장하기도 한다. 그리고 멘덴홀(G. E. Mendenhall) 같
은 학자는 가나안의 농민, 몰락한 제사장, 부역군, 장인(匠人) 등
이 이집트를 나온 이스라엘 백성과 연대하여 혁명을 일으킨 "농
민혁명 가설"을 주장하기도 한다. 더 나아가 고트발트는 멘덴홀
의 가설을 더욱더 확장시켜서 사회 저변층들의 연합적인 저항이
구조적으로 일어나서 가나안의 지배세력을 무너뜨렸다고 했다.

이처럼 여러 가지의 가설들이 있으나 어느 한 가설도 정확한
근거를 제시하지 못하고 있다. 우리는 성서의 내용에 대한 전반
적인 신뢰를 바탕으로 하나님의 초자연적인 도움으로 이스라엘이
가나안을 정복한 것으로 보아야 한다.

2. 사사시대와 이스라엘 왕국의 출현

가나안에 진입한 이스라엘은 처음에는 왕이 없는 사회를 이룩
했는데 이 시대를 사사(judge)시대라고 한다. 그 이유는 이스라엘
의 왕은 하나님이시기 때문에 별도로 왕을 세울 필요가 없었다.
그리고 주전 13-11세기의 팔레스타인은 이집트와 바벨론으로부터
대규모 공격이 없는 소강상태를 유지하고 있었으며, 팔레스타인
안에 있는 도시국가들 사이에 소규모의 전쟁만이 있었을 뿐이다.

그러다 보니 이스라엘은 혼합종교생활을 했으며, 저마다의 소신

대로 살아가고 있었다(사사기 17:6, 21:25). 지파 간의 동맹형태도 느슨하여 통제력을 상실했으며, 그 결과 지파 간에 전쟁을 불사하기도 했다(사사기 19-21장). 이런 상황으로 볼 때 사사기는 초기 이스라엘의 정황을 보여주는 중요한 자료라 여겨진다. 룻기를 보면 이때의 이스라엘은 주변 국가들과 부담 없이 왕래하고 있었음을 알 수 있다.

사무엘상은 이스라엘의 마지막 사사인 사무엘과 최초의 왕인 사울에 관한 이야기로 구성되어 있다. 사무엘은 사사로서 여러 지방을 다니면서 순회재판을 실시하지만 그의 아들들이 뇌물을 받는 등 백성들의 원성을 사게 된다. 그 결과 이스라엘의 장로들이 라마에 있는 사무엘에게로 와서 왕을 세워달라는 부탁을 한다. 사무엘은 왕 제도에 대한 부정적인 이야기로 그들의 의견을 거절하려고 하지만 결국 왕정을 허락하게 된다.

이처럼 이스라엘이 왕 제도를 적극적으로 요구하게 된 배경은 두 가지이다. 내부적으로는 치안 부재와 부조리가 판을 치게 되면서 위기감을 느낀 백성들이 사무엘에게 왕을 요구하게 되었고, 외부적으로는 강력한 철기문화를 형성하고 있던 블레셋의 침략에 대한 대비책으로서 왕을 요구했다. 이스라엘은 블레셋과의 싸움에서 법궤를 빼앗기고 민족의 자존심은 여지없이 무너져 버렸다. 그래서 이스라엘도 왕 중심의 강력한 중앙집권체제로 전환을 해서 블레셋을 비롯한 주변국가의 침략으로부터 자기를 지키기 위한 자구책이 왕정제도였다.

3. 통일왕국시대

사울 왕이 즉위한 때가 대략 주전 1030년으로 여겨진다. 사울은 왕이라기보다는 전쟁영웅이었다. 그러나 하나님이 그를 버림으로 사무엘과의 갈등을 이기지 못하고 결국 불운한 일생을 마감하고 만다. 사무엘하는 다윗의 치적에 대해서 기록하고 있다. 다윗은 사울이 아직 왕으로 있을 때 헤브론에서 왕으로 추대된다. 그리고 사울과 그의 아들 이스보셋이 죽은 후에 통일왕국의 제왕이 되었다. 그리고 정치뿐만 아니라 종교적으로도 장악을 해서 명실상부한 제왕의 자리에 올랐다. 법궤를 성소에 안치하고 아비아달과 사독을 제사장으로 임명했으며, 예루살렘을 정치, 종교의 중심지로 만들었다. 그리고 영토를 확장해서 많은 민족을 식민지로 삼았으며 식민지에서 거두어들인 세금으로 나라를 부강하게 했으며 국민들에게는 세금을 거두지 않았다.

그러나 다윗은 말년에 가서 죄를 저지르게 되고 그 죄의 대가로 자식의 죽음을 맛보고, 급기야 자식의 반란을 피하여 도망을 다니는 신세로 전락하고 말았다. 그는 하나님으로부터 영원한 나라를 약속받은 사람이었음에도 불구하고 하나님의 성전을 지으려다가 짓지 못하고 세상을 떠나고 만다. 그리고 그의 남은 과업은 아들인 솔로몬에게로 넘어갔다.

열왕기서는 솔로몬(주전 966-927)의 상황과 남북 왕조의 역사적 배경을 소개하고 있다. 솔로몬은 하나님께 지혜를 구하여 정치를 잘한 왕으로 알려져 있다. 그는 시편의 많은 부분을 썼으며, 예배음악을 발전시키는 등 큰 공헌을 했으나 현명하지 못한 정책으로 많은 어려움을 겪었고, 마침내 왕조가 분열되는 결과를 가져왔다.

솔로몬은 외부의 침략이 없을 때에는 평화를 누렸다. 그러나 다윗의 확장정책은 솔로몬의 시대에 와서 중지되었으며 성전을 건축하면서 백성들을 도탄에 빠뜨리고 말았다. 그의 정책은 일관성이 없었으며 야웨신앙에 대한 확고한 열정과 구체적인 계획도 없었다. 성전을 건축하고 왕궁을 짓기 위해서 무리한 재정을 지출해야 되었기 때문에 국고는 고갈되었으며, 백성들은 다윗시대에는 내지 않았던 세금을 내어야 했으며, 부역에 시달리는 등 이중적인 고통을 겪어야 했다. 그리고 말년에 여로보함을 중심으로 한 10지파가 떨어져 나가고 백성들의 반란이 계속되었음에도 불구하고 솔로몬은 그들을 진압할 아무런 힘이 없었다. 그리고 결정적으로 하나님의 진노를 산 것은 불안정한 국가를 유지하고 왕국을 보전하기 위해서 솔로몬이 취한 결혼정책 때문이었다. 솔로몬은 주변국가의 왕족이나 왕의 딸을 그의 후궁이나 본처로 삼아서 정치적인 침략을 받지 않으려고 했다. 그리고 이 와중에 이방에서 여인들이 가져온 우상이 이스라엘에 퍼지게 되었고, 더 나아가 솔로몬은 이 우상들을 위해서 신전을 지어주었으며, 백성들에게 우상숭배를 할 여지를 마련해 주는 등 하나님의 진노를 살 만한 일을 했다. 그 결과는 더욱 악화일로를 달렸으며 이로써 솔로몬의 시대는 지나가고 통일왕국은 베냐민 지파와 유다 지파가 연합하는 유다 왕국과, 북쪽의 10지파로 구성된 이스라엘 왕국으로 분할되어 200년 동안 대치한다.

4. 분열왕국시대

이스라엘의 초대 왕인 여로보함(1세: 주전 927-906)은 세겜과 브누엘을 건축하고 북왕국을 굳건하게 하는 일련의 조치를 취했다. 여로보함은 정치적으로는 독립을 달성했으나 종교적으로는 야웨종교의 혼합을 초래했다. 북왕국 이스라엘은 처음부터 자본이 부족한 상태에서 출발했으며 북방의 주변국으로부터 끊임없는 침략에 노출되어 있었다. 정치상황 역시 불안하여 주변국과 결혼동맹을 맺어 자국의 안녕을 추구할 수밖에 없었다. 그 결과 바알종교를 비롯한 이방종교가 이스라엘 곳곳에 스며들었다.

이 과정에서 카리스마적인 지도자들이 왕권을 획득하는 일련의 역성혁명 과정이 반복되었다. 북왕국 이스라엘은 시리아와 아시리아가 점차 세력을 잃어가면서 일시적으로 번영의 때를 맞는다. 그러나 아모스와 호세아는 여로보암 2세 치세 말기에 나라가 극도로 혼란한 상태였음을 증언하고 있다. 아시리아의 위협이 고조되고 있었음에도 불구하고 부(富)는 사회의 특권층에게만 한정되었고, 정의는 땅에 떨어졌으며, 민중들은 과중한 세금부담으로 궁핍한 상태에 놓여 있었다. 북왕국 말기에 예언활동을 했던 아모스와 호세아는 북왕국 이스라엘의 멸망을 예언하기도 했다. 이스라엘의 사회적 혼란은 결국 아시리아의 침략을 막아내지 못한 원인이 되었고 사마리아는 주전 722년에 아시리아의 속국으로 편입되었고 백성들은 강제로 끌려가거나 강제이주를 당했다.

한편 남왕국 유다는 지리적으로 안정된 위치에 놓여 있었고 다윗 왕통이 비교적 잘 이어졌다. 솔로몬의 아들 르호보암이 유다의 왕권을 계승하지만 북왕국 이스라엘을 제압하지는 못했다. 유다에서는 북왕국 이스라엘과는 달리 아합의 딸(혹은 누이) 아달랴의 일시적인 통치기간(7년)을 제외한다면 역성혁명은 거의 없었다. 또 유다에서는 '공동섭정제도'가 있어 왕과 아들이 일정 기간 공동으로 나라를 다스리기도 했다.

이런 이유로 유다는 군사적으로는 이스라엘에 뒤졌지만 정치적으로는 안정을 누릴 수 있었다. 그러나 북왕국 이스라엘의 멸망은 유다의 안전에도 심각한 위협이 되었다. 아시리아로부터 유다의 정치적 독립을 추구했던 히스기야 왕(주전 727-699)의 죽음은 유다의 정치적인 힘을 상실하게 했다. 그 후 출현한 유다의 성군(聖君) 요시야(주전 641-610)는 아시리아가 약해진 틈을 타서 종교개혁을 단행한다. 요시야는 야웨의 성전을 수리하다가 율법서를 발견하게 되어 이를 준수할 것을 명한다. 그러나 요시야는 므깃도 전쟁에서 이집트의 느고에게 죽임을 당하고 만다.

요시야가 죽음으로써 그의 종교개혁과 정치적인 독립은 수포로 돌아가고 유다의 장래는 암울해진다. 북왕국이 멸망한 후에 유다 백성과 예언자들 사이에 첨예한 대립이 야기되는데, 그것은 다윗계약에 대한 이해에서 발생되었다. 남왕국 유다의 사람들은 북왕국의 멸망은 그들이 야웨를 섬기지 않은 당연한 결과이며, 남왕국 유다는 다윗계약에 의해서 영속할 것이라고 확신했던 것이다. 이런 백성들에게 예언자들은 꿈에서 깨어나길 원했고 하나님은 신실한 사람만을 구원하신다는 조건부 계약을 선포하기도 했다. 그 대표적인 예언자는 이사야(1-39장), 미가, 예레미야 등이었다. 예언자들의 지적대로 유다는 결국 패망하고(주전 586) 바벨론에서 포로생활을 하게 된다.

5. 포로 후기 시대

역대기서는 바벨론 포로 이후에 기록된 하나님의 말씀이다. 역
대기서와 더불어 에스라, 느헤미야서는 포로 이후의 유대 공동체
에 대해서 소개하고 있다. 예루살렘이 멸망할 때 유다의 지도층
들은 바벨론으로 끌려갔다. 백성들이 유다에서 서러움의 세월을
보내고 있는 동안, 유다의 지도자들은 바벨론에서 포로 아닌 포
로생활을 했다. 그러나 그들은 비교적 자유로운 포로생활을 했으
며, 자치적인 공동체를 이루었다.

이들은 바벨론이 망하자 페르시아를 등에 업고 다시 유다 땅으
로 귀환한다(주전 539). 바벨론을 멸망시킨 페르시아의 고레스는
주전 538년에 유대인을 포함한 이주민들이 고향으로 돌아가도
좋다는 칙령을 반포한다. "제2이사야서"로 알려진 이사야 40-55
장은 고레스 칙령으로 인한 유대인의 귀향을 묘사하고 있다. 유
다의 왕손이었던 세스바알은 예루살렘으로 귀환하여 성전건축에
착수하였다. 학개와 스가랴 등의 선지자들이 바로 이때 활약하면
서 백성들에게 성전재건을 촉구하였다. 페르시아의 다리오 1세의
허가를 얻어 유대인은 토착민의 방해를 극복하고 결국 성전재건
에 성공한다(주전 515).

페르시아의 정치적, 재정적 도움을 받으면서 예루살렘에 도착
한 느헤미야는 유다 성들의 재건에 착수한다. 그러나 느헤미야의

정책에 반발하는 원주민 지도자들이 조직적으로 대항을 하였는데 이에 대하여 느헤미야는 세금을 없애고 백성들의 부채를 탕감시켜 주는 등의 모범적인 정치활동으로 어려움을 이겨내었다.

종교가인 느헤미야는 백성들의 잡혼을 철저히 금지시켰으며, 에스라와 더불어 이스라엘은 제사장 중심의 공동체로 변모되어 갔다. 에스더서는 페르시아 시대에 활약한 유대인의 모습을 보여주고 있다. 그러나 자세히 보면 에스더서는 다니엘서와 함께 모두 헬라제국시대에 기록된 것임을 알 수 있다. 알렉산더 사후 헬라의 안티오커스 4세(주전 175-164)에 의해 자행된 유대인 탄압은 묵시적 종말론을 낳게 했다. 극심한 박해에 시달리는 유대인에게 소망을 주기 위해 기록된 이야기가 다니엘서와 에스더서이다. 이렇게 볼 때 구약성서는 주전 2세기 중엽까지의 상황을 반영하고 있다고 볼 수 있다. 이후 예수 시대가 도래될 때까지의 역사는 외경(Apocrypha)들이 소개하고 있다.

Ⅳ. 맺는말

하나님의 말씀인 구약성서는 히브리인들의 역사와 삶을 기록한 책이다. 그리고 야웨 하나님을 향한 그들의 헌신과 봉사의 정신을 기록하고 있는 책이다. 구약성서 곳곳에 배어 있는 히브리인들과 야웨 하나님과의 축복의 계약관계는 히브리인들에게만 해당되는 것이 아니라 이 성서를 우리 삶의 현실 속에서 실천하고 이루어 나가는 우리에게 주시는 축복의 약속이다. 그러므로 구약성서에 대한 무비판적인 연구도 지양되어야 하지만 지나친 비판의식을 가지고 성서의 권위를 손상시키는 일련의 행동은 삼가야 한다. 현대의 성서비평학자들의 오류가 바로 우리의 영역 밖의 것에 대한 지나친 해석이다. 그래서 성서의 이야기를 신뢰할 수 없는 신화로 인식하거나 성서의 내용을 통해서 교훈만을 강조하려는 연구 경향으로 나아감으로써 성서의 영감성을 손상시키는 행위를 했다는 사실을 부인할 수 없을 것이다. 이렇게 되면 그리스도인들이 전적으로 신뢰하고 살아가야 할 지고의 가치에 손상을 입히는 것이 될 것이다. 그러므로 우리는 하나님의 말씀에 대한 비평적인 연구를 병행하되 성서의 경전적 권위를 손상시키는 극단적인 해석을 피해야 할 것이다.

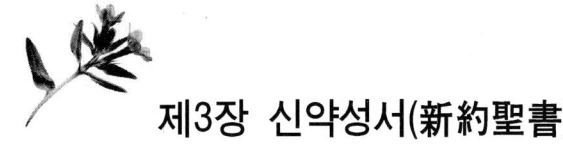

제3장 신약성서(新約聖書)

I. 신약성서(新約聖書)의 형성배경

　신약성서를 이해하기 위해서는 구약성서뿐만 아니라 구약성서가 완성된 후 신약성서가 기록되기까지 약 사백 년 동안의 역사와 신약성서가 다루고 있는 시대와 장소의 역사적 상황을 알아야 한다.

　주전 586년 이스라엘이 멸망한 후 바벨론으로 끌려간 유다의 귀족들은 집단촌을 형성하면서 살았다. 그들은 이국땅에 살고 있었으나 결코 좌절하지 않고 하나님의 율법을 수집하고 교육하며 준수하는 등 하나님의 도우심을 기다리고 살았다. 이것을 "메시아 대망 사상"이라고 부른다. '메시아'란 히브리어로 '하나님께 기름부음을 받은 이로서 민족을 구원해줄 임무를 띤 사람'이라는 뜻이다.

주전 539년 바벨론이 페르시아에 의해서 무너지고 난 후 귀향을 했으나 그들은 여전히 정치적인 온전한 자유를 누릴 수 없었다. 그러다가 주전 332년 알렉산더 대왕이 지중해 전역을 정복하고 헬라 제국을 세움으로써 유대인들은 헬라 문화의 영향을 받게 되었다. 이때까지 그들이 사용하고 있었던 아람어 외에도 헬라어가 공용어로 사용되기 시작했으며 헬라풍의 문화가 자리잡기 시작했다.

주전 175년 셀류커스 왕조의 안티오커스 4세가 지배자로 등장하면서 유대인들에 대한 종교적 탄압이 가해지기 시작했다. 이에 대한 반발로 주전 167년 맛다디아라고 불리는 제사장에 의해서 반란이 일어났으며, 반란의 가시적인 승리의 결과로 주전 142년 세금 면제의 혜택을 받았고, 주전 104년 하스몬 왕가(마카비)가 탄생했다. 이 마카비 왕가가 탄생했을 때 많은 사람들은 메시아 대망의 소원이 이루어진 것으로 생각했으나 일부 사람들은 다윗 왕의 후예가 아니라 마카비 가문 출신이라는 이유로 그 성취에 대한 의심을 하였다. 그러나 로마제국의 지배가 시작됨에 따라서 더 이상 마카비 왕가를 메시아 대망에 대한 소원성취로 보는 사람은 없었다. 그럴수록 메시아에 대한 그들의 소망은 더욱더 강렬해졌다.

주전 64년 이스라엘은 로마제국의 지배하에 들어갔다. 로마군은 장군 폼페이우스를 예루살렘으로 입성시켰으며, 유대인들에게는 대제사장 이상의 직분을 허용하지 않았고, 유대인이 아닌 헤롯 가문을 왕으로 세우는 등 본격적인 식민지 정책을 펴기 시작했다. 율리우스 시저가 살해당한 후(주후 44년) 안토니우스 옥타비아누스는 헤롯 대왕을 "유대인의 왕"으로 임명했다. 그는 유대인들이 메시아를 기다리고 있다는 사실에 대해서 늘 불안해했고, 유대인의 존경심을 살만한 인물은 가차 없이 살해하는 한편 유대인의 환심을 사기 위해 그들이 존경하던 마카비 가문의 한 공주와 정략결혼을 했으며, 거금을 들여서 예루살렘 성전을 수리, 증축하기도 했다.

주전 4년 헤롯 대왕이 죽자 그가 다스리던 팔레스타인은 셋으로 분열되었고 로마 원로원에 의해서 그 세 아들에게 상속되었다. 주후 26년에 폰티우스 필라투스가 총독으로 부임했다. 그는 철저한 로마식 통치를 함으로써 많은 사람들을 죽이고 군대를 동원해서 폭력을 행사하였다. 그러나 그를 파견한 황실의 근위대장인 세자누스가 정적(政敵)인 티베리우스 황제에 의해서 제거 당하자 권력의 불안현상이 나타나기 시작했다.

유대인들은 시저의 지중해 통일 이후 안정된 삶을 누렸으나 통일왕국에 대한 강렬한 요청과 메시아 대망에 대한 소망을 가지고 강대국들에게 강력한 반발을 하였다. 한때는(주후 65년) 열심당원들이 중심이 되어 로마에 대항해서 무기를 들고 승리를 잠시 자축하기도 했지만 주후 70년 로마의 티투스(Titus)가 이끄는 군대에 의해서 예루살렘이 정복되고 성전은 산산이 파괴되었다.

고대 역사의 와중에 이스라엘 민족의 역사는 사라져 갔지만 유일신 하나님께 대한 그들의 신앙은 기독교라는 이름으로 새로운 전기를 맞이한다. 기독교는 유대교의 신앙을 계승한 것으로 한 민족의 울타리를 뛰어넘어 범세계적인 종교가 되었다.

II. 신약성서의 주제 예수

1. 예수의 생애

예수는 주전 4년 4월 이전의 어느 날 예루살렘 부근에 있는 한 작은 마을 베들레헴에서 태어났다. 이때는 옥타비아누스가 로마의 초대 황제로 등극해서 일인 통치 시대를 누리고 있을 때였다. 그리고 팔레스타인은 헤롯에 의해서 통치되고 있었다. 30세 이전까지 예수의 생애에 대해서는 성서에서 많은 부분 언급이 없다. 다만 그의 탄생에 얽힌 초자연적인 이야기, 그의 어린 시절, 그리고 12살에 있었던 성전 방문 이야기뿐이다.

예수는 서른 살쯤 되었을 때 메시아로서의 공적인 생애를 시작했다. 이때 로마의 황제는 티베리우스였으며 유대 / 사마리아 지역은 총독 필라투스(Pontius Pilatus)가, 예수의 고향인 갈릴리 지방은 헤롯 대왕의 아들 헤롯 안티파스가 다스리고 있었다. 그는 세례 요한에게 세례를 받았고, 마귀의 시험을 이기고 난 후에 갈릴리로 돌아와서 가버나움에서 제자들을 모으고 사역을 시작했다. 예수는 곧 이적을 통하여 유명해졌으며 많은 사람들이 그를 따랐다. 그의 이적은 자신을 위해서 일으킨 것이 아니라 그가 메시아임을 알리고자 한 것이었다. 그의 메시아성은 인정받기 시작했으며 그에 관한 소문은 순식간에 팔레스타인 전역에 퍼져나갔다.

예수의 목적은 병자를 고치는 것이 아니었다. 병을 고쳐줌으로써 인생의 무거운 짐을 벗겨주고 삶에 새로운 희망을 심어주고, 하나님이 살아계시고 이 세상 속에서 활동하시고 계신다는 것을 보여주기 위함이었다. 예수는 이적을 통하여 사람들이 먹는 것, 입는 것만을 위해서 살지 말고 하나님을 대면하고 하나님의 뜻대로 살아갈 것을 요청했다. 예수는 이것을 "하나님의 나라"로 표현했다. 하나님은 인생과 세상, 온 우주를 다스리신다. 뿐만 아니라 하나님은 세상의 왕이시다. 그 하나님은 우리를 사랑하고 부르신다. 구원하신다. 그리고 의와 평화의 나라로 인도하신다. 그리고 예수는 하나님의 계획과 하나님의 요구, 하나님의 사역에 대하여 사람들에게 알렸다.

사람들은 예수의 이적에 대해서 여러 가지로 반응을 보였다. 특히 유대인들은 예수와 깊은 논쟁을 하기도 했다. 어떤 이들은 예수의 제자가 되었다. 그리고 12명의 제자들과 함께 예수는 비유를 통해서 하나님의 나라를 선포했다. 그리고 그는 공생애의 마지막에 가서 유대인들의 가식을 책망하였고 때로는 원색적인 표현을 써가면서 유대인들을 비난하고 그릇된 가르침을 경고했다. 그리고 이러한 예수의 태도는 유대 지도부의 미움을 사게 되었고 유대인들은 예수를 죽이기로 결정한다. 그리고 예수를 한밤중에 체포해서 공회를 소집하고 그 자리에서 사형을 선고했다. 그 후 빌라도에 의해서 사형은 선고되었고 노예나 반역자들에게 하는 십자가형으로 죽음을 당했다.

그리고 삼일이 지난 후 예수는 빈 무덤을 남긴 채 부활했다. 그리고 40일 동안 세상에 살면서 자신의 가르침을 복음(福音)이란 이름으로 모든 사람에게 알리라고 부탁했다. 복음을 받아들인 사람은 모두 예수의 제자가 되었다. 이렇게 예수를 믿는 사람에 의해서 기독교는 시작되었다.

2. 예수의 교육방법

1) 선생 예수

니고데모가 조용한 밤에 예수님을 찾아와서 이렇게 이야기를 시작했다. "랍비여 우리가 당신은 하나님께로 오신 선생이신 줄 아나이다."(요 3:2). 그의 말은 매우 정확한 판단이다. 예수의 교훈 비록 전 세계 많은 사람이 이 교훈과 관계없이 지내고, 그의 추종자들까지도 그 교훈에 무관심하고, 또 실천에 옮기지 못하고 있지만 그 교훈은 실로 세상에 어떤 선생이라도 예수님만큼 감화를 끼친 스승은 없다. 그분은 홀로 모든 선생들 중에 가장 위대하신 분이다. 복음서를 읽는 사람은 누구든지 예수의 생애 중에 많은 시간과 정력이 교훈하는 일에 바쳐졌다는 것을 알 수 있다. 그러므로 그의 교육 방법을 연구하는 것은 의의가 있는 일이다.

그는 어떤 교안을 작성했는가? 그는 자기에게 교육받는 사람들을 어떻게 접촉했는가? 어떤 방법으로 그가 받고 있는 진리를 제출했는가? 그리고 결과는 어떠했는가! 이런 질문들은 예수의 교육 방법 연구에 있어서 필요할 뿐 아니라 현대 교육 방법 혁신에 있어서도 의미가 있는 일이라 하겠다. 또는 이런 내용과는 달리 그는 그리스도 자신의 마음을 우리에게 보여 주기도 한다. 그러나 예수의 교육 방법을 논함에 있어서 다음 두 가지 조건을 먼저 생각할 필요가 있다. 첫째, 여기서 말하는 '방법'이란 말은 분명한 설명이나 형식화한 어떤 체계를 말하는 것이 아니다. 예수님의 특징 있는 교육 방법은 자연스러운 분위기를 활용하시는 그것이다. 이것이 모든 규칙을 능가하는 방법이다. 둘째, 예수님은 한 분의 선생이었다. 나면서부터 선생이었으며, 가장 위대한 선생이었으나 그분은 선생 이상의 존재임을 항상 기억해야 한다.

만일 우리가 신약성서에 전해오는 교훈만이 그분의 전부라고 생각한다면, 그리고 그 이상의 기대할 것이 그에게 없다고 생각한다면 그가 세상에 오신 것은 특별한 의의가 없는 일이요 따라서 세상은 이미 파멸의 심연에 빠져 버렸을 것이다. 이 말은 결코 과장이 아니다. 왜냐하면 예수님 자신은 그 교훈보다 훨씬 뛰어난 존재이기 때문이다. 인류의 교훈은 예수님의 교훈이기에 앞서 예수님 자신이라는 사실을 인식해야 한다. 예수님은 복음이 무엇인가를 설명하려 오신이라기보다는 전할 복음이 있다는 것을 그 자신으로서 보여 주시기 위하여 오셨다고 말한 테일 박사의 뜻 깊은 주장이 결코 무리가 아니다.

이 두 가지 점을 인식하고 예수님의 교육 방법을 연구하자. 여기에서 두 가지 점을 밝혀야 한다. 즉 예수의 교육 방법의 특수한 점이 무엇이었던가? 또 그 교육의 일반적인 원칙은 무엇이었던가 하는 점이다.

2) 예수의 교육 방법의 특성

그는 무엇보다 구전교육(口傳敎育) 방법을 사용했다. 글로 써서 가르치지 않고 이야기로 가르쳤다. 그는 단 한 번 글씨로 쓰신 일(요 8:18) 이외에는 모든 경우에 친히 말씀으로 가르치셨다. 그가 가르치신 아름다운 금언, 명구, 신앙과 도덕 등 결정적으로 규정지은 모든 말씀 곧 [하나님의 신학]은 모두 갈릴리 농부와 어부들의 기억을 정리하여 문자로 기록된 말들이다.

그 구전식 교육에 위험부담은 없었는가? 시간이 흘러가면 그렇게 말로만 전해들은 교육이 망각될 위험성은 없었는가? 절대로 그렇지 않다. 씨를 뿌린 농부는 그 곡식이 결실할 때까지 항상 돌보아야 한다. 하나님은 땅과 또 다른 결실을 한다. 예수님은 한번 사람의 마음속에 뿌린 말씀은 뿌린 그대로 내버려 두지 아니하시고 그것을 항상 돌보아 주셨다. 그 말씀은 해가 거듭할수록 사람들의 마음에 깊이 박혀 영원히 자라는 생명이 되었다. 그의 말씀은 종이에 기록할 필요가 없었다. 생명을 가진 씨앗을 마음에 뿌리쳤다. 이 씨앗은 한번 마음속에 뿌리를 박으면 세기에서 세기를 연결하여 죽지 않는 세력으로 성장한다.

둘째로 예수의 교육 방법의 특성은 그의 교훈 대부분은 충분한 원인을 가진 사건과 현장에서 추출되어 나왔다는 점이다. 다시 말하면 어떤 특수한 사건에도 미리부터 생각하고 목적한 사실을 말하고, 그 특수한 진지를 설명했다. 회당에서 반신불수를 만난 일(마 12:10), 길에서 만난 귀족청년과의 대화(마 21:16), 제자들의 돌연한 논쟁(눅 9:46), 가이사에게 세금 바치는 것이 옳으냐

그르냐 하는 바리새인들의 질문(마 22:17) 등 이 모든 사건들을 통하여 예수님은 자기가 목적하는 교훈을 주셨다.

이런 교훈은 그 적응성이 순전히 지방적이며 일시적이기 때문에 그것이 오늘날에도 꼭 그렇게 하라는 말은 아니다. 그러나 그 사건의 교훈을 통하여 가르쳐주신 진리는 변함이 없다. 예수의 교훈 대부분은 분명히 어떤 특별한 사건에 관련하여 주신 것이지만 지금도 그 교훈은 진리이다. 교리나 철학은 가르치는 방법으로 체계를 세운 어떤 것을 말씀하셨다면 벌써 오래전에 없어졌을 것이다. 그러나 이렇게 선명하게 빛나는 말씀은 예수님을 만나고 또 그와 친히 사귄 남녀들의 가장 절박한 현실에 응하여 주신 말씀이기 때문에 그것은 영원토록 확실하게 남아 있다.

셋째로 그의 교육 방법의 특색은 언제나 그가 가르치신 교훈은 듣는 청중들로부터 환영을 받았다는 데 있다. 그는 무엇보다 먼저 자신이 말씀을 듣는 청중의 입장이 되어 피교육자의 처지에서 교훈을 시작하셨다. 모세의 율법이 과연 그들에게 활동적인 종교였는가에 의문을 가지기 때문에 예수님은 율법으로서 자기의 말씀을 전개했고, 거기서 또한 하나님의 더 좋은 율법의 높은 말씀을 전하셨다. 청중은 또한 이스라엘의 회복에 관심을 쏟고 있었다. 그러기에 예수님은 자신이 나라 없는 백성의 처지에서 영적 국가인 하늘나라에 대하여 말씀하셨다. 언제나 그는 그 말씀을 듣는 사람의 처지에서 이야기를 시작했고 또 거기서부터 발전해 나갔다.

그의 방법의 특색 하나는 그의 교훈에는 비유적인 요소가 많았다는 것이다. 그의 설명, 그의 경우, 역설이나 어떤 무엇보다도 비유를 가장 순직한 예술적 수완보다 은총의 산 계시로 그린 무엇과도 비교할 수 없는 기사로서 생명, 운명, 하나님 등 이 모든 문제에 대한 해결과 설명의 창문을 열어 자신이 실제로 말하고 있는 그 진리를 청중으로 하여금 확실히 보게 했다.

3) 그리스도의 교육방법의 원칙

이제 우리는 그의 특수한 교육방법으로부터 시선을 옮겨 그 일반적인 원칙을 연구해 보자. 첫째, 그의 교육은 무엇보다도 권위가 있었다. 마태가 그의 복음서에 기록한 대로 "무리가 그의 가르치심에 놀라니 이는 그 가르치시는 것이 권세 있는 자와 같고 저희 주후관들과 같지 아니함이라."(마 7:28). 예수님의 교훈에는 "아마"라든지 "그럴 것이다.", 혹은 "나는 이렇게 생각한다."는 등의 불확실한 상상적인 이야기는 없다. 언제나 "진실로 내가 네게 이르노니"와 같이 자신의 말씀이 하나님으로부터 온 것임을 명확히 했다. "주후관들과 같지 않았다."는 말은 주후관들은 항상 "모세는 이렇게 말했다."라든지 "랍비 ○○○는 이렇게 말했고, 율법과 예언자는 이런 말을 했다."고 인용했다.

이렇듯 주후관들은 자기들의 이름과 의견을 자신 있게 밝히지 못했다. 다시 말하면 그들의 종교는 낡은 책에 의존하는 종교였다. 반드시 다른 사람의 손을 거쳐서 말하게 되는 종교였다. 서민층까지도 그 종교가 다른 사람의 손을 거쳐 온 대변이라는 것을 알았고, 진실하지 못한 것으로 느꼈기 때문에 마음속으로는 주후관들을 매우 멸시하고 있었다.

여기에서 우리는 다시 예수님의 교육이 지방적이거나 일시적인 것이 아니라 우주적이고 영원성을 지닌 것임을 재강조하지 않을 수 없다. 오늘 우리가 살고 있는 이 시점이 정치나 사회문제 내지는 도덕과 종교의 문제에 이르기까지 옛 전통의 구습을 깨뜨리고 권위 의식에 대한 새로운 도전에 부딪친 시대지만 그러나 그리스도가 취하신 원칙을 외면하고서는 어떤 항해도나 나침판도 존재할 수 없게 되었다.

복음서를 자세히 읽어보면 한 가지 뚜렷한 사실을 발견할 수 있다. 즉 그가 가르쳐야만 할 사람에게 대하여 놀랄 만한 인내를 지니고 계셨다는 점이다. 강제성을 띠고 이끌기를 거절하시고, 그들에게 자기의 의지대로 강요하시지 않고, 한 사람, 한 사람의 인격을 매우 존중하셨다는 점이다. 예수님은 자신이 베풀 수 있는 기적의 힘을 아무렇게나 쓰시지 않았다. 왜냐하면 사람들의 마음에 현혹을 주고 판단을 그르치게 하지 않으시려는 의도에서였다. 길지 않은 기간 훈련을 시키시고는 제자들을 지방으로 파송하신 일이 있었는데 그 일은 실로 위태로운 일이었다. 왜 그렇게 위험 부담이 있는 모험을 시도하셨는가? 그 이유는 제자들에게 가르치신 교훈이 얼마나 실제적인 효과를 발휘할 수 있는가 보기 위해서였다.

그는 또한 개인의 인격을 무한히 존경했다는 점에서 사람들로 하여금 각자가 자기의 결정을 자기가 하도록 하는 것이 예수의 교육 원칙이라는 중요한 사실을 가르치고 있다. 이 점은 모든 교육가가 본받아야 한다. 교육자가 이 점에 실패하면 자기의 모든 일을 실패한다. 예수님은 그의 교훈으로서 세계가 일찍이 경험한 사실을 상기하게 하고 또 의문을 가지도록 크게 자극을 시키기도 했다. 예수님은 어떤 문제에 해답을 주셨기보다는 세계에 문제를 제시하고 세계로 하여금 거기에 관심을 가지도록 자극했다고도 말할 수 있다.

예수님 교훈의 목적은 모든 인생 문제에 대하여 미리 준비해 두었던 해답을 주시려는 것이 아니었음을 알 수 있다. 만일 인생 문제에 대하여 미리부터 그 답을 제공할 수 있었다고 하면 안식일 문제, 종교와 정치, 주인과 고용인, 그 밖의 여러 가지 문제의 해답이 대단히 많이 있었을 것이다. 그러나 예수님은 이 세상에 단순한 입법자가 되려고 오신 분이 아니다. 하나님은 인간의 모든 어려운 문제에 대하여 칼로 베는 듯한 규칙적이며 무미건조한 해답을 주시려고 육체를 입고 인간 사회에 오시지 않았다. 예수님이 해답을 주신 목적은 그가 사신 일과 또 죽으신 일로써 사람들로 하여금 명랑하고도 힘 있게 모든 곤란한 문제를 해결하게 하는 새로운 상념적인 해결 방법을 주시는 데 있다. 바울은 "의문은 죽이고 영을 살린다."(고후 3:6)고 말한다. 이것이 곧 예수께서 사람들에게 주시는 그리스도적 자유다.

또한, 그리스도께서 사용하신 방법은 자신이 교훈하신 대로 실천했다는 것이다. 제자들은 예수님으로부터 애매하거나 추상적이거나 불확실한 것을 찾을 수 없었다. 그것은 예수님이 말씀하신 전모가 그들의 눈에 구체적으로 실현되었고 사는 사실로 나타났기 때문이다.

이제 마지막 한 가지 더 말할 수 있는 예수의 교육방법은 자기에게 배우는 사람들과 친밀한 교제를 가지고 그들을 사랑한다

는 점이다. "사랑의 정신은 다른 사람에게 불을 붙인다."고 아우
구스티누스가 외쳤다. 이 점에서 예수님은 영원히 거룩한 선생으
로써의 성공을 거둔 것이다. 그의 사랑의 정신 때문에 그의 모든
제자들은 항상 그 심령에 뜨거운 불을 가지고 있었다. 서로가 사
랑했다는 사실은 그들 사이를 단순히 법적인 것과 같이 딱딱하게
한 것이 아니고 기쁨과, 영광으로, 그리고 로맨스로 실수하는 학
생들은 그 제자들이었다. 그래서 그 선생으로 하여금 실망케 하
고, 믿음과 소망과 사랑의 큰 교훈에 항상 장애를 주고 있었다.
그러나 비록 이런 실수를 할지라도 예수께서 그들을 사랑하시기
때문에, 또 그들이 예수를 사랑하는 마음, 서로가 얽혀져서 신앙
은 항상 사랑으로 자라가고 있었다.

Ⅲ. 신약성서의 탄생

　예수가 부활했다는 소식을 들은 제자들이 하나씩 모여서 그 숫
자가 점차 증가하기 시작했다. 그중에 베드로와 요한이 지도자로
행세하기 시작했으며 나머지 열 명의 제자들이 요직을 맡아서 초
대교회 공동체를 꾸려나갔다. 그리고 초대교회인 예루살렘교회는
점차 성장하기 시작했다. 이들의 성장에 위협을 느낀 유대의 지
도부들이 공개적인 박해를 가하기 시작했다. 스데반이 최초의 순

교자였고 이 박해를 신호로 예루살렘의 많은 교인들은 사방으로 흩어졌다.

그러나 기독교인들은 가는 곳마다 교회를 세웠고 그 결과 예수가 승천한 지 얼마 지나지 않아 교회는 유다와 사마리아 지역 곳곳에 세워졌고 주후 50년경 지금의 그리스 지역으로, 주후 60년경에는 로마제국의 핵심부인 로마시와 이탈리아 반도로 기독교는 급속도로 퍼져나갔다. 지중해 남쪽으로는 아프리카 북부에 교회가 세워졌으며, 박해자였던 바울의 회심에 의하여 기독교는 타민족들에게까지 전파되기 시작했다.

이 과정에서 기독교는 많은 박해를 받았다. 1세기 전반의 박해는 주로 유대 지도부에 의한 것이었다면 1세기 후반에 들어가면서부터는 로마황제를 모시기를 강요했던 로마제국에 의한 박해가 더 컸다. 이 박해를 받으면서 어떤 사람은 타협을 하고 배교를 했으나 많은 사람들이 기꺼이 순교를 했다.

기독교의 적은 외부에만 있는 것이 아니었다. 교회 안에서 다르게 생각하고 다르게 행동함으로써 기독교 자체를 흔들어 놓는 소위 이단들이 출현하기 시작했다. 처음 50년간은 기독교회의 지도자들이 예수를 직접 본 사람들이었다. 그러나 교회가 기하급수적으로 늘어나게 되자 이들은 서신을 통해서 교회에 필요한 충고를 하기도 하고 하나님의 메시지를 전달하기도 했다.

편지보다 조금 늦게 주후 60년경에 복음서들이 기록되기 시작했다. 처음에는 예수의 제자들이 그들이 예수에게서 듣고 본 것을 기록하기보다는 말로 전함으로써 복음을 전파하고 교회를 세웠다. 그러나 주후 60년경으로 들어서면서 이러한 상황은 바뀌기 시작했다. 목격자들은 대부분 세상을 떠났으며 교회는 점점 증가해 갔다. 그리고 상대적으로 이단의 숫자도 많아졌다. 이러한 상황에 대처하기 위해서 사도들은 각 교회들에게 서신을 보내어서 올바른 교훈을 전하고 이단을 경계하는 교육을 했다. 이 서신들은 여러 가지 직업과 배경을 가진 사람들에 의해서 기록되었으며 그 문제나 역사적 배경이 각각 다르게 나타나고 있다.

이러한 서신들이 한 권의 책으로 모인 것에 대한 정확한 근거를 찾기는 어렵다. 그러나 이러한 서신들을 하나씩 보유하는 교회들이 늘어나게 되었고 이 책들을 모아서 27권의 책을 만들었을 것으로 추측할 수 있다. 신약성서의 맨 마지막 책인 요한계시록이 기록된 것은 주후 95년경의 일이다. 하지만 27권의 책이 모아진 것은 훨씬 뒤의 일이다. 그리고 약 1500년 동안 큰 문제없이 성서는 복사되어 내려왔고, 인쇄술의 발달로 성서가 대중적으로 보급되기 시작했다.

Ⅳ. 각 책의 주요 내용

신약성서는 사람들의 죄를 대신 지고 십자가에 죽은 예수의 생애와 교훈을 알려주며, 이것을 믿는 사람들에게는 하나님의 용서와 구원을 약속하는 것을 주제로 삼고 있다.

1. 복음서

신약성서에 포함되어 있는 복음서는 마태복음, 마가복음, 누가복음, 요한복음이다. 이 복음서들은 예수의 활동을 소개하고 교훈을 보여주는 책이다. 이 책들은 예수를 믿는다는 것이 무엇이며, 그의 제자가 된다는 것이 무엇이며, 그를 믿는 자들에게 주어진 사명이 무엇인가 등에 대해 이야기하고 있다. 그러나 예수의 생애는 하나였지만 각 복음서의 내용은 약간씩 다르게 나타나는 부분들이 있다. 그 부분들을 살펴보고 각 복음서의 신학적인 주제를 살펴보면 다음과 같이 분류할 수 있다.

먼저 마태복음은 열두 사도들 가운데 하나인 마태가 유대인들에게 복음을 전하기 위해서 기록한 것으로 알려져 있다. 따라서 마태복음을 바로 이해하기 위해서는 구약성서를 잘 알고 있어야 할 뿐만 아니라 예수의 생애 당시 유대인의 관습과 문화를 염두에 두어야 한다. 예수의 제자들의 단체성에 초점이 있고, 예수의 설교가 많이 수록되어 있는 것이 마태복음의 특징이다.

그 다음은 마가복음으로서 예수의 수제자로 알려진 베드로의 통역 마가가 로마 사람들을 위하여 기록한 것으로 알려져 있다. 그는 주로 예수의 활동에 초점을 맞추어 아람어를 잘 모르는 사람을 위해서 기록했음에도 불구하고 아람어 단어들이 다른 복음서보다 더 많이 나온다는 점, 그리고 예수와 그의 제자들의 인간적인 면모를 더 적나라하게 묘사하고 있다는 점 때문에 가장 먼저 기록된 복음서로 인정된다.

세 번째는 누가복음으로서 이 책은 바울을 따라 다니던 의사

누가가 데오빌로라는 한 로마의 고급 관리에게 그가 이미 들은 복음이 확실하다는 것을 알리기 위하여 기록한 것이 분명하다. 누가복음에는 개인적인 사건들이 많이 수록되어 있다. 당시 사회의 소외계층에 속하는 사람들이 많이 등장한다는 것 때문에 '가난한 자들의 복음서'라는 명칭을 가지고 있다.

마지막으로 요한복음서는 위의 세 복음서와는 완전히 다른 내용으로 구성되어 있다. 저자는 베드로와 함께 초대교회에서 영향력을 행사했던 요한이 기록한 것으로 알려져 있다. 그는 예수의 신성을 강조하고 예수를 믿는 사람은 구원과 영생을 이미 얻었다는 것을 강조하기 위하여 이 복음서를 기록한다고 명문화해 놓았다.

2 사도행전

이 책은 누가복음을 기록한 누가에 의해서 기록된 것으로 여겨진다. 원래 이 책은 누가복음과 같이 한 권으로 묶여 있던 것인데 두 권으로 나눈 것으로 보인다. 따라서 사도행전은 누가복음에 이어 읽을 때 그 내용을 이해하기가 더 쉽다. 사도행전에는 예수의 승천기사를 시작으로 오순절의 성령 강림 사건, 예루살렘 교회의 탄생, 발전과 박해에 얽힌 사건들, 유대 / 사마리아 지역으로 기독교가 퍼져나가는 과정 등 기독교가 어떻게 예루살렘에서 시작하여 당시 세계의 중심부인 로마까지 전파되었는지 그 과정을 알려준다.

사도행전이란 이름이 붙어 있긴 하지만 전반부는 주로 베드로 사도의 활동이, 후반부에는 주로 바울 사도의 활동이 수록되어 있다. 사도행전은 사실 기독교를 전파하는 사람보다는 기독교가 전파되는 지역에 초점이 맞추어져 있다. 전반부는 예루살렘, 유대, 사마리아 지역이, 후반부는 이 지역의 북쪽인 소아시아와 헬라, 마케도니아 지역에서 일어난 일을 소개하고 있다.

3. 바울서신

바울 사도의 활동에 대해서 사도행전의 후반부에 자세히 소개되어 있는데 그의 서신들은 대부분 이 기간에 기록된 것으로 보인다. 그가 쓴 편지는 로마서, 고린도전후서, 갈라디아서, 에베소서, 빌립보서, 골로새서, 데살로니가전후서, 디모데전후서, 디도서와 빌레몬서인데 앞의 아홉 편지에는 수신지명을, 뒤의 네 편지에는 편지의 수신자명을 그 책 제목으로 한다. 신약성서에는 기록된 연대순이 아니라 편지의 크기와 내용의 무게에 따라 배열되어 있다.

로마서는 바울이 로마에 있는 교인들에게 보낸 편지들로서 기독교의 교리의 핵심을 설명하는 전반부와 기독교인의 삶을 지시하는 후반부로 구성되어 있다. 모든 사람은 죄인이라는 것, 예수의 하신 일이 복음이라는 것, 이 복음을 믿는 사람은 하나님 앞에 의인이 된다는 것, 믿는 사람은 하나님이 깨끗하게 살아갈 수 있도록 해주신다는 것 등이 그 주요 내용이다.

고린도전후서는 그리스의 고린도에 세워진 교회에 보낸 편지로서 고린도교회에 발생한 어려운 문제들을 해결하기 위하여 기록한 것이다. 교회의 분쟁, 음행, 결혼 문제, 우상의 제물, 예배 시의 질서, 성령의 은사, 부활 등이 고린도전서의 주제이고 후서는 그의 편지가 끼친 결과에 대한 감사와 해명 등이 수록되어 있다.

갈라디아서는 갈라디아라 불리던 지역의 교회에 보낸 편지인데 바울의 사도권, 율법과 복음 문제, 성령 안에서의 삶 등이 주요 주제이다.

에베소서는 터키 해안에 위치한 에베소에 있는 교회에 보낸 편지로서 교회가 무엇이며 교회가 어떤 모습으로 존재해야 하는가 등이 그 주제이다.

빌립보서는 지금의 그리스 중부에 있는 조그만 도시 빌립보에 세워진 교회에 보낸 편지로서 빌립보 교회가 바울의 선교 사역에 도움을 준 것에 감사하며, 기독교인의 사랑이 무엇인지를 다루고 있다.

골로새서는 골로새 교회에 보낸 편지인데 그 위치는 정확하게 알려져 있지 않다. 내용은 에베소서와 비슷한데 에베소서가 교회에 초점을 맞추는 반면, 골로새서는 교회를 이끌고 다스리시는 예수 그리스도에 초점을 맞추고 있다.

데살로니가서는 그리스 도시 중 두 번째 도시로 성장한 고대 데살로니가에 세워진 교회에 보내는 편지로서 죽은 자의 부활과 예수의 재림이 그 주제이다.

디모데전후서, 디도서를 목회서신이라고 부른다. 그 이유는 바울이 제자인 디모데와 디도에게 자신의 일을 대신 하도록 부탁하는 편지이기 때문이다. 그는 이 편지에서 디모데와 디도가 교회에서 어떤 일을 해야 하고 교회질서를 유지하기 위한 중요한 일들이 무엇인지를 다루었다.

빌레몬서는 그가 전도한 빌레몬에게 편지한 것으로서 바울은 그가 옥중에서 만나 전도한 도망친 노예인 오네시모를 빌레몬에게 돌려보내면서 그를 용서하고 형제처럼 대우할 것을 부탁하기 위하여 이 편지를 썼다.

4. 히브리서

히브리서의 저자는 명확하게 알려져 있지는 않지만 적지 않은 학자들이 사도 바울의 편지라고 말한다. 이 편지는 그리스도의 우월성을 논증하며 그를 하나님의 아들, 영원한 대제사장, 예수를 믿는 사람들에게 영원한 안식을 주시는 분으로 소개한다. 그리스도의 죽음을 사람들의 죄를 위하여 하나님께 바쳐진 속죄물로 소개했다.

5. 야고보서

야고보서의 저자는 예수의 동생이었던 야고보로 알려져 있다. 그는 예수를 주님으로 믿는 자가 되어 초대교회의 지도자로 활동했다. 이 편지는 예수를 믿는다는 것은 단지 지식이나 관념적인 것이 아니라 예수의 교훈대로 살아가는 것임을 강조하고 있다.

따라서 기독교인이 당하는 시련, 물질에 대한 태도, 사람들을 겉모습만 보고 대하지 말 것, 말조심, 부(富)에 대한 교훈 등을 포함하고 있다.

6. 베드로전서와 후서

이 두 편지는 베드로 사도가 쓴 것으로 알려져 있다. 그리스도인들이 당하는 고난의 문제를 다루며 고난 중에서도 희망을 잃지 말 것을 권한다. 교회를 어지럽히는 거짓 교훈 곧 이단에 대한 경고, 마지막을 의식하며 그리스도의 재림을 기다리며 살도록 충고하는 것이 중요내용이다.

7. 요한일서, 이서, 삼서

이 세 편지는 사도 요한의 작품으로 알려져 있으나 정확한 것은 아니다. 하나님과의 교제가 무엇인지, 어떻게 죄를 피해야 하는지, 어떻게 하나님을 향한 사랑과 이웃을 향한 사랑이 결합되는지 등을 다루고 있다. 교회를 위협하는 이단에 대한 경고와 대책도 그 중요내용이다.

8. 유다서

유다서는 예수의 동생이었던 유다가 쓴 편지로 알려져 있다. 이 편지에서 유다는 복음을 곡해하는 다른 교훈을 가르치는 거짓 교사들에 대하여 경고하고 그들에게 하나님의 심판이 있을 것을 알리며 복음을 굳게 붙들 것을 부탁했다.

9. 요한계시록

요한계시록은 신약성서의 다른 26권의 책과는 아주 다른 형식의 책이다. 이 계시록의 저자는 말년에 에베소 교회에서 목회하다가 밧모라고 불리는 섬으로 유배된 요한 사도로 알려져 있다. 이 섬에서 그는 하나님께서 그에게 보여주시는 환상을 기록하여 지금의 터키 지역에 있던 일곱 개 교회에 보냈다. 그가 본 환상은 과거에 어떤 일이 있었으며, 편지를 쓸 당시의 상황이 어떤 것이며, 앞으로 어떤 일들이 일어날 것인지를 상징의 형태로 알려주는 것이었다.

계시록의 주제는 죽임을 당한 예수 그리스도가 영원한 왕으로서 지금도 그리고 미래에도 이 세상을 다스리시며 믿는 사람들과 교회에 궁극적인 승리를 주신다는 것이다. 즉 과거와 현재와 미래의 일들이 하나님의 눈에는 어떻게 해석되는가를 보여줌으로써 로마 황제에게 혹독한 박해를 당하고 있는 기독교인들을 위로하고, 격려하며, 믿음을 버리지 않도록 권고하고 자극하기 위한 책이 요한계시록이다.

V. 맺는말

이상에서 살펴본 바와 같이 성서는 약 1800년 동안 50여 명 이상의 저자가 기록한 문서들의 종합적인 편집물이다. 이 성서는 다른 자료들과는 달리 하나님의 계시를 기록한 책으로 그 사건 하나하나가 역사적으로 증명될 뿐만 아니라 앞으로 나타날 일에 대한 증거이기도 하다. 그러므로 성서를 볼 때 하나의 문학작품 으로서가 아니라 하나님의 말씀으로 보는 것이 중요하다.

특히 신약성서는 그 자료의 다양성이 구약성서보다 약간 떨어 지기는 하지만 그중에 앞으로 일어날 일에 대한 예언의 말씀이 들어 있다. 이 일은 세상 종말에 대한 예언으로서 장차 이 우주 안에서 일어날 역사적인 사건을 기술한 내용이다. 우리는 성서를 볼 때 지나치게 문자에 얽매여서는 안 된다. 성서의 문자는 그 시대를 반영하고 있을 뿐이지 그 적용의 상황은 시대를 따라서 많이 달라지는 것이다. 뿐만 아니라 성서의 내용을 너무 상징적 인 것으로 보거나 비역사적인 사실로 받아들이는 자세도 지양해 야 한다. 성서는 그 역사적인 사실을 증명하려는 의도보다 그 사 건을 통해서 우리에게 말씀하시는 하나님의 음성을 듣는 데 집중 하고 있기 때문이다.

그러므로 성서를 보는 가장 바람직한 자세로는 성서의 영감성 을 부인하지 않으며, 하나님의 음성을 들으려는 자세가 필요하다. 그리고 성서에 대한 역사적인 해석을 시도함과 동시에 상징적인

해석도 함께 시도하며, 성서비판적인 입장도 함께 견지하면서 성
서를 보아야 한 면만 보는 오류를 범하지 않을 것이다.

제4부

기독교와 현대사회

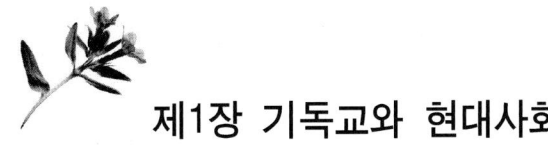

제1장 기독교와 현대사회

해체주의(postmodernism)시대에 이르러서는 기독교는 사람들로부터 많은 반발을 받고 있는 현실이다. 그 이유는 기독교 신앙이 가지고 있는 배타성과 함께, 지난 기독교 이천년 역사 가운데 보여준 비극적인 사건들 때문이다. 이 장에서 우리가 이러한 사건들을 다루는 이유는 지난 기독교의 역사를 통해서 앞으로 우리가 나아가야 할 선교의 방향을 가늠하고, 효과적인 기독교 선교의 방법을 모색하기 위한 타산지석(他山之石)을 삼기 위함이다.

Ⅰ. 십자군 전쟁(Crusade)

1. 개 요

주후 11세기부터 14세기에 걸친 회교도에 빼앗긴 성지 예루살렘을 탈환하기 위하여 유럽 그리스도 교회가 주도한 수차례의 원정 전쟁(1095년 시작되었던 십자군 전쟁은 1456년까지 약 361년 동안 계속)을 말한다. 십자군은 역사적으로 11세기부터 13세기까지 감행된 중세 서유럽의 로마 가톨릭 국가들이 성지 예루살렘을 탈환하는 것을 목적으로 중동의 이슬람 국가들에 대항한 행해진 대규모의 군사 원정을 가리킨다. 그러나 십자군 운동은 처음의 순수한 열정과는 달리 점차 정치적 경제적 이권에 따라 움직이면서 순수함이 무너지는 모습을 보였다. 그 절정은 콘스탄티노폴리스를 함락시켜 같은 기독교 국가인 비잔티움 제국을 몰아내고 라틴 제국을 세운 제4차 십자군이었다. 서유럽의 로마 가톨릭 측에서 보면 십자군 원정은 성전이었지만, 비잔티움 제국이나 이슬람 국가들의 입장에서 보면 침략전쟁이라는 점에 유의할 필요가 있다.

2. 배 경

1071년 동로마제국이 이슬람에게 침략을 당하자 동로마의 황제 로마노스 디오게네스가 만지켈트(Manzikert) 전쟁에서 패배하고 투옥당했다. 이후 1081년 알렉시우스 콤네우스가 황제가 되어서 1086년 안티오크 베데스다 등의 도시가 이슬람에 빼앗기자 서방에 원군을 요청하여 교황이 민중과 기독교회를 선동하여 전쟁 발발하였다.

3. 원 인

3세기 이후 기독교 신자들은 예수 그리스도가 생애를 보냈던 지역을 방문, 즉 성지 순례 여행을 해왔다. 순례 여행이 안전하고 용이하기 위해서는 이슬람과 기독교 세계 양쪽의 상황이 모두 안정되어 있어야 했지만 팔레스타인 지방의 통치자로 군림하고 있던 하킴은 11세기 초에 선임자들의 관용적인 종교 정책을 포기하고 기독교 신자 및 유대인을 박해하기 시작함으로써 성지 순례 여행은 어려워지게 되었다. 1050년 무렵 셀주크 투르크인들이 페르시아에 국가를 건설하고 이집트의 시아파 통치자들에 대항하여 수니파 이슬람의 옹호자가 되면서 순례 여행은 더욱더 어려워졌다.

따라서 유럽은 성지를 이슬람 세력의 영향으로부터 해방시키기를 원하였고 당시 영주의 장남 이외의 아들들은 상속을 받지 못했기 때문에 미지의 땅에 대한 욕구가 강했다. 또한 도시 상인들의 시장 개척에 대한 요구 등 종교적인 측면과 경제적인 측면에서 십자군 원정에 대한 필요성이 대두되었다. 십자군의 시초는 1081년 당시 비잔티움 제국 황제인 알렉시오스 1세이 지원 요청으로 시작되었다. 당시 비잔티움 제국은 이슬람권의 공격에 시달렸고, 제국의 가장 중요한 영토인 아나톨리아 지역을 거의 잃을 지경이었다. 이에 알렉시오스 1세는 모슬렘들이 성지순례를 하는 기독교인들을 탄압한다는 과장된 주장을 하면서 로마 교황청에게 군사 지원을 요청하였고, 당시 교황 우르바노 2세는 성지를 탈환하라는 연설을 통하여 사람들을 선동하였는데, 당시 사람들은 그의 선동에 설득되었다. 곧 전 서유럽에서 군대가 동원되었고, 이러한 움직임은 약 200여 년에 걸쳐서 일어났다.

4. 경 과

이 전쟁은 기독교와 이슬람교의 종교와 문명의 충돌로써 서양의 중세사에 가장 큰 의미를 가진 전쟁이며 이 전쟁의 배경에는 교황과 유럽영주들의 잇속과 이해타산이 엉켜 원래목적인 성지탈환은 뒷전이고 전리품 노획과 약탈이 우선된 전쟁이었다. 십자군은 예루살렘을 점령하자마자 이슬람교도들을 무참하게 학살했고, 포로의 학대 행위로 인해 이슬람을 뭉치게 했고 결과는 결국 성지회복은 실패했고, 십자군은 타락하여 중세 상인들의 돈을 받고 싸우는 용병으로 전락했다. 그러나 십자군 전쟁은 교황의 독단적인 의도가 강해 이루어진 전쟁이며 이를 통해 교황의 권위 신분 사회의 후퇴 중세사회 영주의 몰락을 초래하게 되었다.

5. 전개과정

1) 제1차 원정

1096-1099년. 셀주크 튀르크의 압박으로 괴로워하던 동로마제국의 황제 알렉시오스 1세 콤네노스의 요청을 받아들여, 1095년

에 교황 우르바노 2세가 로마 가톨릭교도들에게 이슬람교에 대한 군사 행동을 호소하여 전쟁에 참가하는 자에게는 면죄된다고 선언하였다. 이 호소에 응한 서유럽의 기사들은 모슬렘의 지배하에 있는 도시를 공격해 학살, 약탈 등을 저지르면서 예루살렘을 최종 목표로 삼았다. 당시 이슬람교 세계의 통치자들은 일치단결하지 못하고 제각각 분열되어 있던 상태였기 때문에 십자군의 공략에 제대로 대응하지 못하였다. 1099년, 십자군은 마침내 예루살렘 정복에 성공힌디. 성 안으로 난입한 십자군은 많은 시민들을 학살하고, 재물을 약탈하는 만행을 저질렀다. 그 결과, 시리아에서부터 팔레스타인에 걸쳐 이르는 중동 지역에 예루살렘 왕국들 몇 개의 십자군 국가들이 세워졌다.

2) 제2차 원정

1147-1148년. 당분간 중동에서는 십자군 국가 등 기독교도와 군소의 도시 등 이슬람교도가 공존하는 상태가 계속되고 있었지만, 이슬람교 측이 에데사 백국을 점령하여 만회하였다. 이에 따라 유럽에서는 위기감이 조성되어 교황 에우제니오 3세의 호소로 십자군이 결성되었다. 당시의 명성 높은 설교가였던 클레르보의 베르나르도는 교황의 부탁을 받고 유럽 각지에서 십자군 참가를 권유하여, 프랑스의 루이 7세와 신성로마제국의 콘라드 2세를 중심으로 많은 참가자들이 모였지만 전체적으로 통제가 되지 못하고, 큰 전과를 이룩하지 못한 채 소아시아 등지에서 이슬람군에게 패배했다. 어떻게든 간신히 팔레스타인까지 도착했지만 다마

스커스 공격에 실패하여, 철수하지 않을 수 없었다.

3) 제3차 원정

1189-1192년. 1187년에 이슬람교 세계의 영웅인 살라흐 앗 딘(살라딘)에 의해, 대략 90년 만에 예루살렘이 이슬람교 측에 의해 점령, 탈환되었다. 교황 그레고리 8세는 예루살렘 재탈환을 위한 십자군을 호소하여 잉글랜드의 리처드 1세, 프랑스의 필리프 2세, 신성로마제국의 프리드리히 1세가 참가하였다. 프리드리히 1세는 1190년에 무거운 갑옷을 입은 채 강을 건너다 낙마해 익사했다. 그리고 리처드 1세와 필리프 2세는 1191년에 악콘을 탈환하였다. 그 후 필리프 2세는 귀국하였으며, 리처드 1세가 살라흐 앗 딘과 휴전 협정을 체결하면서 성지 예루살렘 탈환 작전은 실패로 끝났다(악콘을 확보한 것으로 예루살렘 순례의 자유는 보장되었다).

4) 제4차 원정

1202-1204년. 교황 인노첸시오 3세의 요청에 따라 실시되었는데, 예루살렘은 아니고 이슬람교의 본거지인 이집트 공략을 목표로 하였다. 그러나 도항비가 부족한 상황이었기 때문에, 십자군의 수송을 하청받은 베네치아의 요구를 받아들여 수송료의 부족분을 지불하기 위해 헝가리 왕국을 공략, 같은 기독교 국가를 공격하였기 때문에 로마 교황청으로부터 파문당한다. 그 다음에는 동로마제국의 수도 콘스탄티노폴리스를 정복, 라틴 제국이 건국하였

다. 멸망한 동로마제국의 황족들을 제국령 각지에 망명 정권을 수립했다(동로마제국은 57년 후인 1261년에 부활한다).

5) 어린이 십자군

어린이 십자군은 10대 어린이들이 하나님의 계시를 받았다면서 십자군에 가담한 광신적인 종교현상을 말한다. 스데반이라는 10대 소년이 우두머리였으며, 출애굽 설화에 나오는 바다가 갈라지는 기적이 벌어질 것이라는 자신만만한 주장과는 달리, 유럽 상인들의 농간으로 노예로 팔리거나 해상사고로 수장되고 말았다. 이들 중 노예로 팔린 소년들은 이슬람 지도자 살라딘의 관용으로 해방되었다.

6) 제5차 원정

1218－1221년. 악콘 왕국(예루살렘 왕국의 후신)의 장 드 브리엔느 등이 이슬람교의 본거지인 이집트를 공략하는 데 실패하였다. 한편, 머나먼 동방에서 수수께끼 기독교 왕국의 프레스터 존이 대군을 인솔하여 십자군을 도우러 온다는 전설이 널리 퍼져 있었다. 그러나 그 정체가, 훗날 유럽 전 국토를 뒤흔드는 몽골제국의 군대라는 사실을 그들은 알아채지 못하였다.

7) 제6차 원정

1228-1229년. 교황 그레고리 9세는 십자군 파병을 조건으로 신성로마제국의 황제로 임명한 프리드리히 2세에게 종종 원정을 재촉하였지만, 프리드리히 2세가 이를 이행하려 하지 않자 그를 파문하였다. 1228년이 되어서야 프리드리히 2세는 파문된 채로 십자군을 일으켰다. 당시 이집트 아유비드 왕조의 술탄 알 카밀은 내란으로 골치를 썩고 있던 상황인지라 프리드리히 2세의 교묘한 외교정책에 휘말려, 피를 흘리지 않고 평화 조약을 체결하였다. 프리드리히 2세는 예루살렘의 통치권을 이양받았다. 그레고리 9세는 교회로부터 파문된 채로 있던 프리드리히 2세가 예루살렘의 통치자가 된 것을 구실 삼아, 프리드리히 2세에 대한 십자군을 일으켰지만 황제군에게 격퇴되어 1230년에 프리드리히 2세의 파문을 풀어주었다. 1239년에 맘루크 왕조가 예루살렘을 다시 점령하면서 휴전은 유명무실해졌다. 1239년부터 1240년에 이르기까지 프랑스의 제후 등이 원정에 나섰지만, 역시 싸우지 않은 채 귀환하였다.

8) 제7차 원정

1248-1249년. 알 카밀이 죽은 후, 1244년에 예루살렘이 이슬람교 측의 공격을 받아 함락, 2000명 남짓한 기독교도들이 학살되었다. 1248년에 프랑스의 루이 9세가 원정을 하게 되지만, 아유비드 왕조의 살라딘 2세에 패배하고 포로가 되어, 막대한 배상

금을 지불하고 석방되었다.

9) 제8차 원정

1270년. 프랑스의 루이 9세가 재차 출병, 아프리카의 니스를 목표로 삼았지만, 도중에 죽고 만다.

6. 결과 및 실패의 원인

십자군 운동은 점차 쇠퇴하게 되었는데, 거기에는 여러 가지 이유를 들 수가 있다. 그중 첫 번째는 이슬람권의 결집이다. 초창기 십자군의 연전연승은 당시 이슬람 세계가 정치적 분열을 하였기 때문에 가능한 것이었다. 그러나 그 후 걸출한 지도자였던 살라흐 앗 딘(통칭 '살라딘'으로 불림)이 등장하여 이슬람권은 세력을 결집하여 십자군에 반격을 하여 그들과의 대결에서 승리를 가져온 것이다. 당시 살라딘은 예루살렘 점령 시 피정복민들에게 관용을 보였고, 이는 이슬람이 대중들의 지지를 받게 했다. 심지어는 적인 소년 십자군이 유럽 상인들의 농간으로 노예로 팔리자 이들을 해방시켰다.

두 번째는 십자군의 잦은 와해와 그로 인해 야기된 내부 분쟁이다. 십자군은 상호 간, 또는 내부에서 국가 간 대립 및 영토와 경제적 이익 등을 둘러싼 분쟁이 끊이질 않았다. 심지어는 기독교 국가인 헝가리의 자라시를 베네치아 상인들의 농간으로 점령한

적도 있다.

또한 무지와 광신, 편협성을 버리지 못한 십자군의 잦은 횡포는 당시 성지의 백성들과 같은 기독교권이었던 비잔티움 제국의 신민들마저 등을 돌리게 하는 결과를 가져왔고, 결국 거창하게 시작되었던 처음과는 달리 그 자체의 정체와 더불어 끝에는 초라하게 종말을 고하고 말았다. 또한 동로마제국에서 십자군들이 벌인 동방 정교회 교인들에 대한 학살과 약탈 그리고 정교회 성당인 성 소피아 성당에서의 무례함은 비잔티움 제국의 국교인 동방 정교회와 십자군 기사들의 종교인 로마 가톨릭 간의 대립이 더 심하게 고착되어, 1054년에 있었던 교회역사 최초의 분열사건인 동방교회와 서방교회 간의 분열이 고착화되게 했다.

7. 십자군 전쟁이 끼친 영향

비록 십자군은 이슬람의 수중에서 성지를 탈환하는 데는 성공하지 못했지만, 이후의 유럽과 중동의 역사 및 문화에 지대한 영향을 미치게 된다. 특히 이탈리아의 도시국가들이 십자군 원정을 통해서 경제적·정치적으로 가장 혜택을 많이 보았다. 초기에는 아말피, 베네치아, 바리만이 동방과의 무역관계를 유지하고 있었다. 그러나 이후에 피사, 제노바 같은 다른 도시들도 지중해 무역 활동에 함께 동참하게 되면서 이탈리아의 해양 도시들은 십자군에게 무기 및 식료품 등을 대여해주는 조건으로 안티오키아, 베이루트, 트리폴리, 예루살렘, 키프로스, 알레포, 콘스탄티노폴리스, 이집트 그리고 북아프리카의 다른 여러 도시들에 위치한 주요 무역 거점들을 장악할 수 있었다. 특히 베네치아, 제노바, 피사는 무역 확장을 위한 전위로서 동방과의 무역을 독점하기에 이르렀으며 유럽의 시장들에 철, 모피 등 동방의 진귀한 물품들을 공급하였다. 이들이 획득한 부는 당시 이탈리아의 많은 지역경제에 크게 기여하여 상업과 공업이 크게 발달하였고 훗날 르네상스 시대가 도래하게 된다.

그러나 십지군 원정이 실패하게 되면서 십자군 전쟁을 주도해온 교황권이 크게 손상을 입게 되었다. 절대적인 권력을 가졌던 교황권이 약해졌다는 것은 곧 기독교적·중세적 통합성이 허물어지기 시작했다는 것을 의미한다. 이로써 서유럽은 더욱 가속적으로 분권화되었다. 로마제국이 무너진 이후 유럽의 동질성을 부여해왔던 종교적 통합의 중심마저 약화되자 각 나라들은 왕권이 강화되어 각개약진의 길로 나선 것이다. 바야흐로 중세는 해체의 조짐을 보이기 시작하였다.

Ⅱ. 마녀사냥

마녀사냥은 15세기 초부터 산발적으로 시작되어 16세기 말－17세기가 전성기였다. 당시 유럽 사회는 악마적 마법의 존재, 곧 마법의 집회와 밀교가 존재한다고 믿고 있었다. 초기에는 희생자의 수도 적었고, 종교재판소가 마녀사냥을 전담하였지만 세속법정이 마녀사냥을 주관하게 되면서 광기에 휩싸이게 되었다.

이교도를 박해하기 위한 수단이었던 종교재판은 악마의 주장을 따르고 다른 사람과 사회를 파괴한다는 마법사와 마녀를 처단하기 위한 지배수단으로 바뀌게 되었다. 17세기 말 마녀사냥의 중심지였던 북프랑스 지방에서는 3백여 명이 기소되어 절반 정도가 처형되었다. 마녀사냥은 극적이고 교훈적인 효과 덕분에 금방 번졌고, 사람들의 마음을 현혹시켰다.

1582년 바이에른 어느 백작의 한 작은 영지에서 한 명의 마녀가 체포되었다. 이 마녀의 체포에 연속으로 48명이 마녀로 낙인찍혀 화형당하였다. 1587년 도릴 지방의 약 200여 촌락에서 1587년부터 이후 7년간 368명의 마녀가 적발되어 화형당하였다. 1590년 남독일의 소도시 네르도링켄(Nerdoringken)에서 시장의 제안에 의하여 시의회는 거리를 나돌아 다니는 마녀를 철저히 일소하도록 결의하였다. 이후 3년간 32명의 마녀가 화형 또는 참수되었다.

1590년 소도시 에링켄(Eringken)에서 65명의 마녀가 처형되었고, 1597-1676년에 197명의 마녀가 화형당하였다. 소소크만텔 승정령(僧正領)에서는 1639년에 2,428명, 1654년에는 102명이 처형되었다. 오늘날 오스트리아 영토가 된 스타이엘마르크 지방에서 1564-1748년에 1,849명이 소추되어 1,160명이 사형에 처해졌다. 나노수 지방에서는 1629년부터 4년간 2,255명이 마녀로 소추되었고, 뷔르튄겐 지방에서는 1633년 이후 3년간 11명이 처형되었다. 튜링겐(Turingken) 숲에 인접한 게오르겐탈이라는 인구 4천 명에 불과한 작은 도시에서 1652-1700년에 64회의 마녀재판이 실시되었다. 반베르크 승정령에서는 1627년 이후 4년간 화형당한 마녀가 285명이었고, 그 이후 30년에 걸쳐 이 재판소에 계류된 마녀재판은 900건을 넘었다. 이 승정령의 인구는 겨우 10만 명을 넘지 않았다.

뷰르스부르크 승정령에서는 1623-1631년에 화형당한 마녀가 900명에 달하였다. 1627년부터 이후 연간 29회의 재판에서 학형당한 157명의 희생자를 보면 잡다한 연령과 계급, 직업의 사람들이 혼재해 있었다. 시의회의원, 고급관리의 부인, 시의회의원의 처자, 그 지방의 가장 아름다운 자매, 8, 9, 12세의 아이들이 포함되어 있었다.

후루다에 살고 있는 바루다세르 후스라는 마녀재판관은 19년간 700명의 마녀를 화형시켰는데, 자신의 일생 동안 천 명을 처형하기를 소원하였다고 한다. 로트링겐에 살고 있던 니콜라스 레미라는 사람도 재직 15년간 화형시킨 마녀가 900명에 달한다고 하였다.

마녀사냥의 물결은 15세기 이후 이교도의 침입과 종교개혁으로 분열되었던 종교적 상황에서 비롯된 것이다. 마법과 마녀는 그 시대가 겪었던 종교적 번민에서 탈출하는 비상구였던 동시에 자신의 권력을 유지하기 위한 수단이었다. 이러한 종교적 배경과 함께 마녀사냥이 폭발적으로 증가한 것은 중세사회의 혼란이었다.

마녀사냥은 개인적·집단적으로 농촌사회가 분열되고 개인들의 관계가 파국에 이르렀을 때 나타나곤 하였다. 종교전쟁, 30년 전쟁, 악화되는 경제상황, 기근, 페스트와 가축들의 전염병이 당대 농촌사회를 휩쓸었던 불행이다. 사람들은 연속된 불행에 대한 납득할 만한 설명을 찾아냈고, 마침내 불순한 사람들인 마법사와 마녀의 불길한 행동에서 찾아냈다.

공동체의 희생양으로 지목된 사람들에 대해 심판관은 개인 간의 분쟁을 악마적 마법의 결과로 해석하고 자백을 이끌어냈다. 자백하지 않는 자에게는 공포심을 자극하는 심문과 혹독한 고문이 가해졌다.

당시에는 이탈리아 법학과 캐논법을 통하여 유럽 여러 나라가 이른바 규문주의(糾問主義) 소송절차를 채택하고 있었다. 이 소송절차에는 고문이 합법화되어 있었다. 마녀는 바로 이 고문의 소산이었으며 이것을 정당화시키는 규문주의 소송절차의 당연한 결과였다. 고문은 거의 모든 마녀재판의 필수적인 하나의 요소로 등장한다.

기독교가 절대적인 권력을 가지고 있을 당시에는 신에 대한 반역이나 모독은 그 어떠한 범죄보다 중죄였다. 처음에는 마법의 유형에 따라 달리 취급하였지만 나중에는 마녀라는 것 자체만으로 화형·참수·교수 등의 엄벌을 받았다. 독일·영국·프랑스·스위스·핀란드·에스파냐 등지에서 일어난 마녀재판을 1만 건 이상 분석한 로버트 무쳄블래드의 통계자료에 따르면 마녀로 기소된 사람 가운데 거의 반이 처형된 것으로 보인다.

그러나 수세기에 걸쳐 광란을 연출하였던 마녀재판도 18세기에 들어서면서 점차 그 모습을 감추기 시작하였다. 르네상스의 진전과 더불어 이성적 세계관과 과학 정신의 대두는 불가피한 시대정신이 되었고 이것은 신학에 기반을 둔 과학의 해방을 의미하였다. 이로써 불합리의 극치인 마녀재판도 존립의 근거를 잃게 되었다.

18세기를 지나면서 마녀의 고문과 그에 따른 화형도 사라졌다. 독일의 경우 1749년 뷰루소부르크에서 1건, 1751년 아인팅겐에서 1건, 1775년 겜텐에서 1건의 마녀재판이 기록되었고, 7년 뒤인 1782년 스위스의 게랄스라는 지방에서 아인나 겔티라는 마녀가 고문 끝에 참수형에 처해진 것을 끝으로 마녀재판은 유럽대륙에서 자취를 감추었다.

이처럼 악마와 마법 그리고 마녀가 공동체를 파괴한다는 신념은 지배계급과 당시의 지식인인 신부와 법관들이 만들어낸 문화적 산물이었다. 마녀사냥의 주된 공격대상은 과부 즉 여성이었다. 신학적 관점에서 볼 때, 여성이란 원죄로 각인되어 있는 존재이기 때문이다. 여성은 악마의 심부름꾼이라는 생각이 사람들에게 있었고, 여성의 육체 자체가 두려움을 자아낸 것이다.

마녀사냥이 기독교 이외의 어떤 사상과 움직임도 용납할 수 없었던 중세사회에서 대다수 민중들의 체제에 대한 불만과 저항을 마녀라는 이름의 희생양을 통해 대리 해소하는 동시에 마녀를 따돌린 '우리사회'는 안전하다는 만족감과 감사함을 느끼게 하는 하나의 사회적 배제·통합기제로 사용되었던 것이다.

Ⅲ. 식민지 선교

1. 지리적 발견과 식민지 포교

지난 2000년 대희년 3월 12일, 교황 요한 바오로 2세는 교회 역사상 처음으로 하나님 백성인 교회 구성원들의 역사적 과오에 대해서 공개적으로 용서를 청하는 예식을 거행했다. 교황은 이 자리에서 교회의 커다란 과오 중의 하나로 중세 종교 재판에서 이교도들에 대한 박해, 십자군 전쟁과 함께 "폭력을 동원한 원주민들의 강제 개종"에 대해 "진리의 이름으로 행한 폭력"이라고 고백했다.

2. 불순한 동기의 선교

17세기 지리상의 발견과 함께 시작된 서구 열강의 영토 점령은 정치적, 경제적, 군사적 동기 외에도 자주 잘못을 드러낸 종교적인 열정에도 크게 기인했다. 가장 난폭한 "정복자"들까지도 정복된 민족들에게 기독교를 전파하는 것을 본래의 의무로 느꼈다. 물론 교회는 자신의 주님으로부터 선교의 사명을 명백히 받았다. 하지만 그것이 폭력을 동반하고 정치, 경제, 군사적인 불순한 동기와 함께 뒤섞임으로써 교회의 역사 안에서 부끄러운 오점의 기록을 남기게 된 것이다.

  지리적 발견이 시작되기 바로 전, 16세기 종교개혁은 서구 교
회가 빈곤해지고 축소되어 가는 과정에서 만난 최후의 일격이었
다. 대부분의 북부 지방을 잃어버린 후 가톨릭교회는 동남부 유
럽에 국한됐고 이탈리아와 스페인이 오랫동안 유럽에서 기독교
최후의 보루가 됐다. 바로 이때 위대한 지리상의 발견 시대에 있
어서 세계 선교의 새로운 과제가 교회에 주어졌다. 15세기 중엽
이래 스페인과 포르투갈은 남쪽으로 항해를 시작했다. 포르투갈
은 아프리카 서해안을 따라 항해하면서 1486년에 희망봉에 도달
했다. 바스코 다 가마는 1498년 아프리카를 돌아 항해를 계속해
인도에 도달했다. 1500년 카브랄은 브라질을 발견했고 도처에 식
민지가 생겨났다. 마젤란은 1519-1522년에 걸쳐 최초로 세계 일
주 항해를 성공했고 1516년 포르투갈의 상인들은 중국에, 1542-
1543년에는 일본에도 발을 디뎠다.

  스페인 역시 포르투갈 못지않게 성공을 거둬 특히 제노바 출신
의 콜럼버스는 1492년 이래 아메리카를 발견했다. 그는 우선 중
미 군도의 섬들을 발견한 후 자신이 인도에 도착한 것으로 믿어
그것을 서인도로 불렀다. 코르테스(Hernan Cortes)는 1519-1521
년에 멕시코에 도착했고 1520년에는 칠레, 1525년에는 아르헨티
나, 그리고 1532년에는 페루가 발견되고 정복됐다.

3. 민족과 문화 무시

이러한 모든 지리상의 발견에서 종교 문제는 중요한 동기였다. 식민 정책과 강제적 개종은 원주민들에게 기독교를 착취자와 압제자의 종교로 보이게 했다. 그들은 정복과 동시에 이교를 그 지역에서 근절시키고 기독교 신앙을 강제로 이식하는 것을 명예로 여겼다. 정복자들은 늘 선교사들을 대동했고 항상 긴밀한 협력 관계를 유지했다.

이러한 선교 정책은 선교지 자체에 축복을 주지 못했고 기독교가 현지의 민족과 문화와 유기적인 융합에 이르지 못하게 했다. 따라서 선교는 식민지 지배가 확고하고 현지 종교가 큰 내적 저항을 보이지 않는 중미와 남미 지방에서만 원활하게 이뤄졌다. 인도, 중국, 일본 등 오랜 문화와 전통을 지닌 나라에서는 기독교가 그 기반을 확고히 할 수 없었다.

이러한 선교 활동에 대해 신학자와 선교사들은 상반된 견해를 보였다.

세풀베다(Juan Gines de Sepulveda)는 식민지 지배를 일종의 의무로 받아들였다. 하지만 스페인의 도미니코회(Dominico) 선교사였던 라스 카사스(Bartolom de Las Casas)는 이러한 생각에 반대해 수십 년간 인디언의 인간다운 취급과 평화적인 선교 방법의 도입을 위해 싸웠다. 스페인 출신의 도미니코회 선교사 비토리아(Francisco de Vitoria)는 라스카사스보다 더 명확하게 식민지화의 문제점을 제기했다.

이처럼 기독교의 선교에 있어서 모든 이교도들은 죄의 상태에

있을 뿐만 아니라 구원의 길에서도 벗어나 있다는 것이 당시의
대체적인 사고방식이었다. 교회는 이에 대해 적극적으로 반대의
논리를 전개했다고 볼 수는 없다.

4. 노예매매 범죄 규정

하지만 그런 중에도 교황 비오 2세(1458－1464)는 1462년에 노
예 매매를 중대한 범죄로 규정했고 교황 바오로 3세(1534－1549)
는 1537년에 발표한 서한에서 신세계의 식민지 확장으로 위협당
하고 있는 원주민의 존엄성을 옹호했다. 하지만 이러한 교회의
움직임들은 실효를 거두기 어려운 것이 당시의 정치, 경제적 상
황이었다.

오늘날 아시아에서 기독교는 여전히 외래 종교로 간주되고 있
다. 인도나 파키스탄 등 일부 국가에서는 걸핏하면 자국민들에
대한 강제 개종 혐의가 외국인 선교사들에게 씌워지기 일쑤이다.
이런 자세는 식민지배와 강제 개종 시도가 동일시됐던, 뿌리 깊
은 역사적 경험과도 무관하지 않을 것이다. 교회는 1960년대 이
후 제기된 신식민주의에 대해 관심을 표명하면서 "교회는 기아,
질병, 문맹, 빈곤, 국제간의 부정, 과거 정치적 식민주의의 잔혹
과 같은 경제적 문화적 신식민주의 등에 의해 생명의 극한적 상
황으로 강요당하는" 많은 사람들에게 해방을 선포해야 할 의무를
지니고 있다고 선언했다.

가톨릭교회가 가진 자, 권력자의 종교일 때 복음의 선포를 가

장한 강제와 억압이 나타날 수 있다. 오늘 우리 교회는 과연 어디에 서 있는지 다시 한번 생각해볼 필요가 있다. 아직도 비기독교인들은 야만인들이며 하위의 사람들이고 구원의 길에서 완전히 벗어나 있는 사람들이라는 완고한 오해가 우리 마음속에 존재하지는 않는지 깊이 성찰해야 한다.

Ⅳ. 청교도들의 죄악사

1. 필립전쟁

17세기 초의 이주민들은 인디언의 호의적인 태도에도 불구하고 식량과, 사냥감을 얻기 위해 인디언 마을을 약탈하는 것을 서슴지 않았다. 1600년대 초, 영국인들이 그리 많지 않았던 때에는 백인들은 다분히 모호하고 소극적인 입장을 취할 수밖에 없었다. 그러나 이주민의 수가 늘어나자 더 많은 토지가 필요했고, 기독교적인 입장에서 정착한 그들에게 인디언은 개종시켜야 할 미개인, 혹은 몰아내야 할 야만인으로 생각되었다.

1610년 이주민 두 명이 살해되자 백인들은 앙갚음을 위해 인디언 마을 두 곳에 불을 지르고 여인들과 아이들까지 학살했다. 약탈, 방화, 파괴가 극에 달하자 제임스타운 인근 부족인 포우하탄 동맹 인디언들은 1622년 3월, 공격을 감행해 영국인 350명을 사살했다. 이에 대응해서 백인들은 수천 명에 달하는 총포로 무장한 민병대를 조직해 인디언을 무자비하게 학살했다. 수년의 전투 끝에 인디언은 동맹의 땅 일부를 포기한 채 화평조약을 맺었다.

청교도들은 처음부터 획득한 땅에 만족하지 않고 남은 동맹의 땅을 잠식해 나갔다. 그들의 목표는 이제 인디언의 완전한 추방인 것처럼 보였다. 양 세력은 매우 불안한 형태로 대립되어 있었으며 충돌은 더욱 빈번해졌다. 그러던 중 1636년 한 영국군 장교의 살해로 야기된 백인의 공격에서 인디언은 혹독한 대가를 치러야 했다. 부녀자를 포함해 한 마을 주민 수백 명이 처참하게 살해되었으며 심지어 사람을 불에 태워 죽이기까지 했다. 백인들은 꾸준히 땅의 포기를 요구해 왔으며 수적으로 우세를 점하게 되자 부족들을 하나하나 격파해 가며 자신들의 손아귀에 넣으려 했다. 그들은 무력을 이용해, 거래(혹은 조약)에 도움이 되는 부족 지도층을 교묘히 빼돌려 강제조약을 공표한 뒤 살해하거나 강압적으로 조약을 체결한 뒤, 저항하는 인디언들을 학살하는 방식을 만들어 나간다.

십수 년 동안의 잔혹한 전투와 백인들의 굴욕적인 대우에 견디다 못한 암포노와그족 추장 메타콤(백인들은 그를 비꼬아 "필립왕"이라고 불렀다)은 1675년, 모든 포우하탄 동맹국, 오랫동안 앙숙으로 지내던 모히칸족 및 모호크족까지 동부 인디언들을 규합하여 백인들에 대항한다. 1년여 동안 계속된 전쟁에서 인디언은 격렬히 저항했으나 결국 메타콤의 사망과 함께 전쟁은 끝난다.

2. 인디언은 사탄의 아들

청교도의 목사들은 인디언들이 사탄의 아들이라는 말로 인디언들을 학살하도록 부추겼던 사실은 매우 주목할 만한 사건이었다. 매사추세츠의 항구에 영국을 비롯하여 유럽의 무역이 활발해지면서 물밀듯이 밀려오는 상업주의와 물질주의는 점차 유토피아적 공동체를 꿈꾸어 왔던 청교도들의 경건한 신앙심과 소박한 생활 이념은 온데간데없이 사라져버리고 청교도의 유산인 도덕주의와 이상주의는 퇴색하고 종교적인 개혁보다는 물질적인 욕구에 탐닉하기 시작했음을 보여주는 증거라 할 수 있다.

1620년에 청교도들이 메이플라워호에 탑승하여 북미대륙에 착륙한 이래 수십만 명의 청교도들이 신대륙을 찾아 밀려들기 시작했다. 그러나 청교도들의 수효는 일반 이주민들의 수효와는 비교할 수 없이 적었다. 그들은 미국역사가들의 주장처럼 청교도와 청교도들은 좋은 뜻에서든 나쁜 뜻에서든 미국사회의 정신적인 지주가 되었던 것은 사실이다. 아메리카 인디언들을 사탄의 아들이므로 그들을 학살하고 그들의 땅을 빼앗은 것은 정당하다고 설교했던 청교도와 청교도들의 목사들에 의해 미국인들의 개척정신에 깊은 뿌리를 내렸던 것이다.

신대륙에 최초로 도착한 청교도들은 점차 이민사회에서 청교도 지도자의 자리를 굳히고 이주민들을 교화시켜 나갔으나 그들도 점차 물욕에 탐닉하고 더 많은 토지를 소유하려는 욕심으로 원주민들을 대량 학살하는 만행을 자행했던 사람들로서 이들이 오늘날 미국인들의 조상들이었다는 실상을 숨겨오고 온갖 미사여구로 그들의 조상을 찬양하고 있었다. 청교도들은 소유권자가 없는 인적미답의 초원이 끝없이 펼쳐진 신대륙을 개척하고 종교의 자유를 위해 그리고 문명을 갖지 못한 것으로 알려진 원주민들을 학살하고 그들의 영토를 빼앗는 등의 만행을 저질렀던 것은 이미 잘 알려진 사실이다.

인디언 학살과 흑인들에 대한 인종차별과 노예제도는 숭고한 청교도정신으로 미국을 건국했다는 미국 건국이념의 뒤안길에는 숨겨져 버렸고 피로 일룩진 정복의 역사와 비인간적인 만행으로 수많은 원주민 아메리카 인디언들이 희생된 초창기 미국의 역사에 이어 미국이 주변 국가들에 대해 저질렀던 침략사와 미국인들의 축소 왜곡한 과거 역사를 바르게 연구함으로써 현대 미국을 올바르게 이해하는 데 도움이 될 것이다.

여기에 청교도의 조상들과 그 밖의 식민지개척에 참여했던 영국인, 프랑스, 그리고 네덜란드인들은 창세기 이후 세계의 어떤 정복자들보다도 더 철저하게 인간의 생명과 존엄성을 무시하고 잔인하게 인디언 원주민들을 학살하는 만행을 저질렀던 적은 없었다. 신대륙 개척 당시 대량학살의 예가 있지만 여기에 그 몇 가지 예만 들어보겠다.

1643년 네덜란드인 농부 한 명이 살해되는 사건이 발생했다. 이에 뉴암스텔담의 총독은 와핑거(Wapinger)족 인디언들을 모두 죽이라는 명령을 내렸다. 그 인디언 부족은 네덜란드 사람들이 추위와 굶주림으로 사경을 헤매고 있을 때 그들을 구해준 사람들이었다. 그들은 하룻밤 사이에 모두 목이 잘려 죽었다. 그들의 머리는 장대 위에 매달거나 산채로 가죽을 벗기고 심지어는 칼로 인디언들의 성기를 자르고 인디언들의 살을 베어내 그들 인디언에게 강제로 먹게 하는 인간 이하의 만행을 저지르기도 했다.

1660년 이후부터 청교도들은 교회와 일상생활에서 점차 그들의 발언권이 증대되고 있었다. 그 후 1691년에 폴리머스 거주자들은 매사추세츠 해안 거주자들 즉 다시 말해서 청교도들의 통제권으로 합병되었다. 그러나 청교도들은 점차 그들의 능력을 발휘하여 매사추세츠를 그들의 통제권하에 두게 되었다. 이주민들은 처음에는 인디언들과 관계가 나쁘지는 않았던 것 같다. 폴리머스에 도착한 청교도들이 신세계에 도착하던 해에 인디언들의 도움을 받아 그해 겨울을 살아남을 수 있었다. 개척초기만 해도 인디언들은 새로 이주해 온 사람들이 자리를 잡고 살 수 있도록 씨앗을 제공하고 신대륙의 기후에 적응할 수 있게 농사짓는 방법을 가르쳐 주는 등 많은 배려를 아끼지 않았다.

그러나 이주민들이 증가하고 인디언들과 접촉이 잦아지면서 점차 그 수가 늘어감에 따라 인디언들과 마찰을 빚기 시작하고 백인들이 그들의 생활터전을 침식하기 시작하자 마침내 이주민들과 인디언들 간에 싸움이 시작되었다. 뉴잉글랜드에서는 일찍이 영국 이주민들이 자신들을 지난해 혹독한 겨울에 죽음으로부터 구해준 피쿼트(Pequots)족이 세력이 너무 강성해져 영국 이주민들은 그들이 언제 공격해 오지나 않을까 항상 두려워하고 있었다. 보스턴에 거주하고 있던 청교도들은 광활한 농토를 차지하려는 욕심으로 월등한 무력으로 인디언들을 무찌르고 뉴잉글랜드 지역에 거주하고 있던 피쿼트 부족과의 피비린내 나는 전쟁에서 피쿼트 부족을 모두 살육했다.

청교도 목사들의 지시를 받은 청교도들은 1637년 피쿼트 족에 대하여 날조된 살인혐의를 씌워 전면 전쟁을 벌였다. 그리고 일부 살아남은 인디언들은 노예상들에게 팔아버리고 거의 대부분의 뉴잉글랜드 인디언 지역을 차지하였다. 청교도들은 피쿼트 족이 모두 잠을 자고 있는 한밤중에 인디언 원주민들의 부락을 포위하고 불을 지르는 수법을 동원하였다. 그들은 단숨에 마을주민 600여 명을 모두 살해하고 마을을 불태워버렸다. 그때 많은 인디언 주민들이 청교도들에게 붙잡혀 남자 어른들은 모두 살해되고 아이들은 노예상들에게 팔려가고 부녀자들은 청교도들의 노예가 되는 운명을 맞았으며 이 학살로 피쿼트족은 인디언 역사에서 완전히 사라지고 말았다. 이것은 밝혀진 하나의 작은 예에 불과하였다.

1676년 피쿼트 전쟁은 초기 인디언 전쟁 가운데 가장 극렬했던 것으로 알려져 있다. 피쿼트족과의 전투에 관해 윌리엄 브래드퍼드 주지사(州知事)가 쓴 "플리머스 개척사"라는 책에 기술한 내용을 여기에 소개한다.

"전투에서 죽은 인디언들의 시체를 태우는 불꽃 속에서 흘러내리는 핏물이 강을 이뤄 흘러가는 광경은 처절하고 너무나 무서웠다. 그보다 더 끔찍한 것은 그 시체에서 나오는 악취였다. 피쿼트 인디언들을 이길 수 있게 해준 하나님의 놀라운 은혜에 대해 감사의 기도를 드린다."

3. 7년 전쟁

각국의 식민지경쟁이 가속화될 즈음, 동부산림지대의 인디언과 프랑스인 사이에는 적대적인 기류가 흐르고 있었다. 7년 전쟁은 플로리다를 포함한 아메리카 동부의 주도권을 놓고 영국, 프랑스, 스페인이 격돌한 전쟁인데 그 한 면을 프랑스 대 인디언 전쟁이 차지하고 있다. 동부 삼림지대의 아베나키, 마이애미, 일리노이 등의 부족들은 산재해 있는 집을 공격하거나 프랑스 장교들의 인도로 영국의 부대를 공격했다. 영국은 식민지 주민과 이로쿼이 인디언을 지원하기 위하여 5만 명의 병력을 파병했고, 프랑스인들은 서부지역의 인디언을 동원했다. 전쟁은 잔혹한 양상으로 기울었으며 인디언은 각각 영국과 프랑스의 편에 서서 싸워야 했다. 그러나 결국, 서부지역에서의 우세를 지키지 못하고 퀘벡에서 무너져 프랑스가 물러남으로써 새로운 시대가 시작된다.

4. 폰티악의 반란과 새로운 시대

아메리카 대륙에서 프랑스가 물러나자 이제 인디언은 독자적으로 영국 식민지인들과 대적해야 했다. 특히 7년 전쟁에서 프랑스 측에 섰던 부족들은 불안감에 휩싸였으며 인디언들을 통제하기 위해 영국정부가 내린 무기 공급 중단에 격앙되었다(소총은 겨울 양식의 확보를 위해서 꼭 필요했다). 이에 오타와족의 추장 폰티악은 여러 부족들을 규합해 5대호 남쪽의 영국 주둔군을 격파해 나갔다.

인디언들의 강력한 저항에 놀란 영국정부는 애팔래치아 산 정상에 경계를 정하고 그 서쪽을 백인들이 넘어가지 않도록 하는 포고령을 내렸다. 이것은 또한 식민정부의 확장을 견제하기 위한 방편이기도 했다. 비록 완전한 성공은 아니었지만 폰티악의 봉기는 원주민 추장이 부족을 동원하여 백인들의 국가에 대항해서 성공을 거둔 최초의 사례로 이후 미국정부와의 전쟁에서 다코타족이 나가야 할 바를 제시했다.

폰티악의 봉기는 완전한 성공도, 실패도 아니었지만 이후 인디언의 상대가 달라지는 과도기의 모습을 보인다. 앞서 얘기처럼 영국 정부는 인디인의 권리를 인정해 주었지만 그만큼 식민국 또한 의식하고 있었다는 뜻이기도 하다. 얼마 후 식민지인들은 영국정부의 포고를 무시하고 서부로 달려간다.

V. 결 론

우리는 왜 기독교의 죄악사를 이야기하고 있는가?

지나간 역사를 들추어서 기독교를 반대하는 사람들에게 또 다른 반대의 구실을 주고자 하는가? 그렇지 않다. 우리가 기독교의 죄악사를 들추어내는 것은 기독교를 비판하기 위함이나 반대자들에게 구실을 주고자 함이 아니라 겸허하게 우리의 지난 역사를 반성하면서 앞으로 열릴 미래에 어떤 방향으로 기독교가 존재해야 하는가에 대한 해답을 찾고자 하는 것이다. 역사가들에 의해서 미화된 사건이나 묻어진 사건들 가운데 상당수가 종교와 관련이 있다는 것은 우리들로 하여금 종교란 이름으로 얼마나 많은 잘못을 저질렀는가를 알게 한다. 그리고 이러한 사건은 우리의 과오였으므로 다시는 똑같은 과오를 저질러서는 안 된다는 다짐을 해야 한다. 기독교는 분쟁을 일으키는 종교가 아니라 평화를 주는 종교다. 그러므로 기독교는 앞으로도 이와 같은 잔인한 역사의 중심에 서지 않고 오히려 분쟁과 다툼의 현장에서 평화를 만드는 종교가 되어야 한다.

하나님 앞에서 겸손하게 우리를 돌아보고 맹목적이며 교조주의적인 신앙생활을 버려야 한다. 예수님의 말씀처럼 섬기는 자의 자리에 서서 상대방을 나보다 더 낮게 여기는 자세로 서야 한다. 그래서 세상의 소금과 빛으로서의 본질적인 사명에 충실한 종교가 되어야 한다.

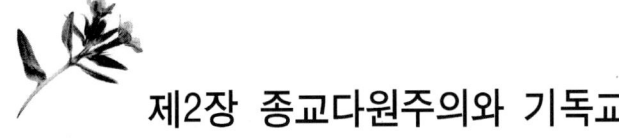

제2장 종교다원주의와 기독교

Ⅰ. 종교다원주의와 기독교

현대는 종교다원주의(religious pluralism)시대이다. 아득한 인류의 기원 이래 인간의 의식이 확대되고 그 의식이 삶의 의미에 대한 진지한 관심을 갖게 됨에 따라 각각 그 자신의 궁극적 해답을 제시하는 수많은 종교들이 존재해 왔다. 다양한 종교의 공존은 전혀 새로운 것이 아니다. 그러나 과거 수세기 동안 종교 간의 갈등과 분쟁이 세계사에 긴장을 조성해 왔다는 사실로 인해 우리는 종교 자체의 본질과 종교들 간의 상호작용, 나아가 현재 팽배해지고 있는 다원주의적 경향 속에서 종교의 역할에 대해 다시 한 번 생각해 봐야 할 것이다.

기독교는 전통적으로 기독교만이 참종교요 절대 종교라고 믿는 기독교 절대주의(Christian absolutism)의 입장을 견지해 왔다. 그러나 현대에 들어와서 종교는 하나가 아니라 여럿이며 절대 종교란 있을 수 없고 모든 종교는 상대적이라고 주장하는 종교다원주위가 일어나게 되었다. 따라서 기독교와 다른 종교의 관계는 기독교의 자기 이해를 위한 주제가 된 동시에, 다원주의는 기독교인에게 큰 도전과 위협이 되었다. 기독교처럼 자신을 절대적으로 유일한 종교 혹은 살아계신 하나님의 유일한 계시라고 주장하는 종교는 없기 때문이다. 또한, "오늘날 인류는 어느 특정종교 하나가 제시하는 신념체제에 의하여 구원받을 수 없도록 다원화된 세계에 살고 있으며, 하나님은 기독교인들의 기도만을 들으시는 하나님이 아니라."는 이론을 주장함으로써 기독교를 위협하고 있다.

이처럼 기존의 논리들이 혼란하게 된 다원주의 시대 속에서 종교다원주의가 기독교에 미치는 영향과 다(多)종교 시대 속에서 갖추어야 할 자세를 종교다원주의의 발생 배경과 주요사상, 학자들을 중심으로 한 기독교의 반응, 내제하는 문제점 등을 살펴봄으로써 고찰(考察)해 보기로 한다.

1. 종교다원주의의 발생 배경

아담과 하와 이후부터 지금까지, 종교다원화의 문제는 세계 도처에서 일어나 왔다. 구약 시대의 야웨 하나님과 다른 신들의 관계 문제, 교부시대의 기독교와 고전문화의 관계문제, 그리고 현대의 종교 혼합주의로 인식되고 있는 종교다원주의가 그것이다. 이런 과정 속에서도 기독교는 절대주의의 입장을 고수해왔다. 스미스(Wilfred Cantwell Smith)에 의하면 종교적 다원주의 문제는 교회가 다른 신앙과 정면으로 대결하고 있었던 선교지 최일선의 선교사들과 비교종교학자들에 의해 제기되었다고 한다. 그리고 최근 한국에서 퍼져가는 종교신학은 세계교회협의회(W.C.C.)의 다원주의와 때를 같이한 신학이다. 이 W.C.C.의 종교다원주의를 또한 종교다원주의의 발생점으로 본다.

1) 선교사들

기독교는 주후 313년 로마제국 콘스탄디누스 황제의 밀라노 칙령에 의해 종교의 자유를 공인받게 되며 데오도시오스 황제 치하(379-395)에서 로마제국의 국교가 됨에 따라 로마제국과 기독교는 밀접한 관계를 유지하게 되었다. 로마제국은 기독교 왕국이 되었고 제국의 안정은 교회의 안정과 직결되었다. 이에 따른 18, 19세기의 기독교 선교정책은 식민주의적, 제국주의적이었다. 서구의 종교가 동양의 나라를 점령하면, 선교사가 뒤따라 들어가 기독교로 그 지역의 종교를 점령하는 정책이었다. 기독교로 개종시키는 것이 전통적인 선교의 목적이었다. 식민주의와 제국주의는 결과적으로 기독교의 확산에 도움을 주지만, 정복식의 선교정책은 위기를 맞게 되었다. 1954년 인도 정부는 개종을 주목적으로 활동하는 선교사들을 철수하도록 명령했으며, 그 후 선교사들은 각지에서 동일한 상황에 처하게 되었다. 선교 상황이 이론과 실제 양면 모두에서 위기에 처하게 되자 다른 신앙과 정면으로 대결하고 있었던 선교지 최 일선의 일부 선교사들에 의해 다른 종교를 인정하고 그와 대화하려는 움직임이 일어나게 되었다.

2) 비교종교학자들

비교종교학이 발전함에 따라 비교학자와 종교사 연구가들을 통해 다른 종교가 기독교와 동일한 것을 많이 가지고 있다는 주장이 일어나게 되었다. 19세기 종교사학파의 대표자 트뢸치(Ernest Troeltsch)가 기독교 절대주의를 거부하고 종교의 상대주의를 주장했으며, 모든 종교는 상대적이며 제각기 진리의 요소를 가지고 있으므로 어느 종교가 다른 종교보다 더 훌륭하다고 말할 수 없다. 이렇듯 기독교와 다른 종교를 비교하는 사람들에 의해 종교다원주의가 일어났다고 볼 수 있다.

3) W.C.C

W.C.C. 안의 다원주의적 동향은 1928년 예루살렘에서 개최한 제2차 세계선교 협의회(IMC)에서 이미 폴(K. T. Paul)과 차오(T. C. Chao)에 의하여 나타났다. 그리고 종교다원주의적 관심은 1938년 탐바람에서 개최한 제3차 IMC대회에서 크래머(H. Kraemer)와 충돌을 겪은 후 잠잠해졌다가, 1950년에 타 종교에 관한 연구가 활발해지면서 1961년에는 뉴델리에서 개최한 제3차 W.C.C. 총회에서 종교다원주의는 다시 활기를 띠게 되었다. 이 총회에서 인도 신학자 더바너난단(P. Devanandan)은 피조물의 영이 아닌 창조주 하나님의 영과 타 종교들의 다양한 종교체험을 혼돈함으로써 종교혼합주의를 수립하려고 했다.

4) 과학의 발전

과학의 발전도 종교적 다원주의의 발생을 촉진했다고 볼 수 있다. 16세기 이후 유럽에 발견과 탐험의 시대가 시작되면서 콜럼버스, 마젤란 등의 탐험으로 기독교 세계 밖의 새로운 세계를 발견하게 되었으며 거기에 기독교와 서로 다른 종교들이 존재한다는 것을 알게 되었다. 또한 역사, 인류학, 과학 연구가들이 인류 기록들에 대한 검토를 통해 세계의 다른 곳에도 종교의 유형들이 존재한다는 것을 보게 되자, 동서의 활발한 교류를 통한 서구의 기독인들이 다른 종교권의 사람들과 빈번하게 접촉하게 되고 그들의 종교에 관한 문헌에 긴급하게 일어났다.

2. 종교다원주의의 중심사상

1) 종교의 상대성

이 세상에 존재하는 모든 종교는 상대성을 지니고 있다는 것이 첫 번째 사상이다. 기독교의 핵심이라고 할 수 있는 절대주의를 거부하고 상대성을 띈다는 것은 기독교와 큰 차이점이 될 수 있다. 트뢸치는 "역사주의에 의한 역사주의 극복"에다 초점을 맞추었다. 트뢸취의 역사주의에는 세계에 내재할 뿐 아니라 세계에 대해 초월적이기도 한 하나님의 자리가 없다. 즉 하나님의 실재를 배제한다. 그리고 그에게 있어서는 역사의 실질적인 근거를

오직 역사적 사건들에 대한 경험적 혹은 '과학적' 관찰에서만 온
다. 물론 창조주 하나님은 과학적으로 관찰될 수 없다. 그러므로
그는 순전한 상대주의의 심각한 가능성과 싸워야 했다. 그의 "역
사의 형이상학"에도 불구하고 그의 최후의 말은 "상대성 속에 있
는 절대성"이라는 것이었다. 이것이 바로 트뢸취의 "신앙"이었다.
그러나 그의 신앙은 순전한 상대주의에서 그를 구원하지 못했다.
모든 종교가 상대적이라고 주장하는 트뢸취는 하나님의 계시가
모든 사람, 모든 종교에 주어졌다는 것을 신념으로 삼고 있었다.

이와 같이 모든 종교를 상대적인 것으로 취급하는 것은 예수
그리스도는 인류 역사상 하나님의 유일회적인 성육신이요 전 인
류의 구원자라고 믿는 기독교의 핵심적인 진리와 모순된다.

2) 신념의 동일성

세계 60억 인구 중에서 15억만이 예수를 믿고 있다. "나머지
45억은 어떻게 하실까?"라는 질문들이 생기게 된다. 이런 물음들
속에서 모든 종교는 같다고 보는 사람들이 생겼다. 만약 하나님
이 모든 사람의 구원을 원하신다면 시간과 공간, 문화와 상황을
넘어서 구원의 역사가 일어날 것이며, 깊이 관찰해 보면 모든 종
교는 동일하고 단지 모든 문화와 상황 배후에는 하나의 신, 즉 공
동의 본질이 있고 이것에 도달하는 방법이 각 종교마다 다르다고
보는 것이다. 이처럼 모든 종교가 공동의 본질을 가지고 있다는
주장은 기독교의 본질인 예수 그리스도 안에 주어진 계시의 유일
회성과 규범성의 궁극성에 대한 신앙을 부정한 것이 되어버린다.

3) 심리학적 기원

하나님의 계시를 인간이 무의식 속에서 느끼는 불안과 초조의 심리학적 사건으로 취급한다. 그래서 그리스도의 유일회성과 절대성을 부정한다. 스위스의 심리학자 칼 융(Carl Gustav Jung) 같은 학자들이 종교를 심리학으로 환원시키려는 현대 심리학자들의 시도로서 모든 종교를 각 개인에게 공동으로 존재하는 심리학적 과정으로 본다. 이러한 융의 주장은 종교를 지나치게 주관주의적으로 해석한 것이며 예수의 유일회성을 부정한 것이 된다.

3. 종교다원주의 상황에서 기독교의 반응

기독교는 배타적인 선교정책을 써왔기 때문에 종교다원주의는 그리스도인들에게 당혹스러운 문제였다. 수세기 동안 기독교의 주장은 예수의 유일성과 보편성에 근거해 왔다. 그것은 예수가 완전한 인간이면서 동시에 완전한 하나님이라는 것이다. 이런 신조에 의하여 교회는 스스로 모든 진리에 있어서 완벽하다고 생각했다. 그래서 중세 기독교는 고립된 생활을 자랑스럽게 영위하고 외부 세계에 대해 배타적인 태도를 고수하면서 다른 종교와 생산적이고 의미 있는 관계를 만들려고 하지 않았다. 하지만 제2차 바티칸 공의회에서 교황 요한 23세가 "쇄신과 적응"이라는 슬로건을 공포한 후 로마 가톨릭 교회는 변화를 겪게 되었다. 다른 종교전통들과 대화를 시작했고, '교회 밖에는 구원이 없다.'는 주

장이 포기되었다. 그리고 다른 종교의 정신적 가치를 인정하게
되었다. 현대 다원주의 사회에서 기독교가 타 종교와의 만남에
대한 반응은 세 유형으로 나뉜다.

1) 폐쇄적인 배타주의

바르트는 모든 종교를 은총에 의한 계시의 경험과 변증법적으
로 분리시킴으로써 상대주의와 회의주의에 반격을 가하고 기독교
를 신의 은총과 계시가 나타나는 유일한 종교라고 주장한다.

2) 개방적인 포괄주의

다른 종교를 통한 신의 은총과 구원의 행위를 인정하고 예수
그리스도 안에 나타난 구원 계시의 최종성, 독특성, 규범성을 주
장한다. 이를 대표하는 학자는 칼 라너(Karl Rahner)인데 칼 라너
의 신학은 하나님의 보편적인 구원 의지를 존중하면서 그리스도
의 유일성과 보편성을 긍정하려는 체계적인 노력이다. 라너는 다
음의 네 가지 명제로 자신의 위치를 확립한다.

첫째, 기독교는 모든 사람을 위한 절대적인 종교로서 자신을 이
해하며, 그러므로 어떤 다른 종교도 그것과 같은 것으로 인정될 수
없다.

둘째, 복음이 한 개인의 역사적 상황에 들어가는 순간까지, 비
기독교적인 종교는 그 개인을 위해서 하나님에 대한 자연적인 지
식과 은총의 초자연적인 요소를 가지고 있을 수 있다.

셋째, 그러므로 기독교는 다른 종교의 성원을 단순히 비기독교인으로서 대할 것이 아니라, 익명의 기독교인으로 간주되어야만 하는 사람으로 대해야 한다.

넷째, 교회는 스스로를 구원에 대한 권리를 가진 배타적인 공동체로서가 아니라, 오히려 역사적인 선구자, 다른 종교에 숨어 있는 실재로서 나타나 있는 기독교적 희망의 명백한 표현으로 여겨야 한다.

이러한 4가지 명제를 통하여 라니는 하나님의 보편적인 구원은 은총과 그것에 대한 명백하고 완전한 기준으로서의 그리스도의 유일성을 동시에 수용한다. 결국 라너의 입장은 타 종교가 그리스도의 참된 보편적인 교회로 수렴되고 성취된다는 교회 중심주의적 입장이라고 말할 수 있다. 그는 타 신앙인에 대한 보다 '낙관적인' 기독교적 태도를 밝히고, 타 신앙도 '익명의 그리스도인'일 수 있다는 점을 보여줌으로써 기독교의 배타주의를 깨트리려고 했다. 그러나 그것이 현대 세계의 종교다원주의와 종교의 자유를 진지하게 고려한 것일까 하는 문제점이 제기된다.

그 다음은 폴 틸리히(Paul Tillich)인데 그는 유한적인 현현을 넘어서는 하나님의 초월성을 확증하려고 했다. 그에 의하면 계시 경험은 인간에게 보편적이고, 모든 종교에는 계시와 구원 능력이 있다. 계시는 유한한 인간에 의해 수용되기 때문에 항상 왜곡되며, 따라서 신비적, 예언자적, 세속적인 종교비판이 가능해진다. 폴 틸리히는 다른 종교들을 비판하면서 동시에 타 종교들로부터의 비판을 수용하는 개방된 기독교의 태도를 예로 제시한다. 이러한 개방적인 태도로 인하여 그리스도인들은 타 종교인들을 개종시키려는 대신 자기비판과 대화를 모색하게 된다고 한다. 그는 인간의 궁극적 실재를 지향하는 역사상의 모든 종교들에 대해 개방적인 태도를 취하는 신학적 다원주의를 취하고 있다. 그는 열등한 다른 종교들을 배재하거나 포괄하는 능력에 의해서가 아니라, 최종적인 계시인 '그리스도로서의 예수'를 중심으로 타 종교를 관계를 맺는 능력에 의해 그리스도의 '관계적 절대성(relational absoluteness)'이 입증된다고 주장하고 있다.

3) 종교적 다원주의

존 힉(John Hick)은 다른 종교에 접근하는 방법으로서 오늘날 서구 신학에서 지배적인 경향으로 나타나고 있는 그리스도 중심적인 접근과 상이한 신 중심적 모델을 제안한 대표적 인물이다. 그는 독실한 이슬람교인이나 힌두교인, 혹은 유대교인들을 "익명의 기독교인(an anonymous Christian)"으로 간주하는 칼라너와 같은 신학자도 여전히 하나님보다는 그리스도를 중심에 위치시킨 해묵은 교회 안에 머물고 있다고 비판했다. 그러한 관점에서는 단지 기독교인들만이 구원을 받을 수 있으며, "그래서 우리는 경건하고 독실한 비기독교인들을 어떤 형이상학적 의미의 기독교이거나, 혹은 자신이 기독교인임을 알지 못하는 기독교인이라고 말할 수밖에 없다."고 했다.

힉은 프톨레마이우스의 천동설과 코페르니쿠스의 지동설을 비유로 들어 그의 입장을 전개시켰다. 프톨레마이우스의 천동설에서는 지구를 다른 혹성들이 그 둘레를 공전하는 태양계의 중심으

로 보았기 때문에, 프롤레마이우스 시대의 신학에서는 그리스도
가 종교 세계의 중심으로 여겨진다. 다른 종교들은 기독교의 주
위를 맴도는 것으로 여겨지며, 기독교와의 원근에 따라 등급이
매겨지기도 한다. 힉은 그러한 프롤레마이우스적인 접근이 다른
종교에 의해서도 마찬가지로 사용될 수 있다는 사실에 주목한다.

힉은 기독교 종교신학의 문제들 가운데 가장 어려운 문제인 전
통적인 그리스도론을 재해석함으로써 그의 입장을 분명히 한다.
힉 신학은 칸트적 배경 위에 있다. 하나님은 인간 경험에 의해
구조화된 선험적인(a priori) 관념이다. 그러나 잠재된 문제는 힉이
"신"이란 용어를 불교인이나 아드바이타 베단타(advaita Vedanta,
불이일원론)의 힌두교인에게는 받아들여질 수 없는 선험적인 것
으로 사용한다는 데 있다.

또한 파니카(R. Panikkar)는 기독교와 힌두교 사이에서 필연적
으로 대화의 삶을 살아왔다. 로마 가톨릭 내에서 파니카의 저술
은 종교 간의 관계를 다루는 영역에서 선구적인 업적을 남겼다.
그는 종교들 사이의 다양성의 중요성을 강조하면서 '범세계적'
일치운동을 주장한다. 그에 의하면 종교적 차이는 생동적인 힘을
발휘하며, '근본적인 종교적 사실'에 대한 각각의 해석과 각각의
이름들은 '순수하게 초월적'인 것만도 순수하게 내재적인 것만도
아닌 그 신비를 풍요하게 규정한다. 파니카에 있어서 삼위일체는
모든 종교의 진정한 영역 차원이 기독교적 사상 안에서 함께 만
나는 접합점이다.

4. 종교다원주의에 내재하는 문제점

1) 선교 활동

어려움이 분명히 드러나는 곳은 자기 자신의 기준을 타자에게 부과하는 문제가 타자를 개종시키려는 노력으로 지속되면서 발생하는 선교 활동에서이다. 우리의 가장 소중한 확신을 타자와 공유하고자 하는 것은 인간 본성의 일부이다. 어려움은 자신의 설교나 가르침을 타자에 전달하고자 하는 욕망과 방향성이 투쟁적이거나 배타적으로 될 때, 그 결과로서 생기는 것이다. 다원주의는 우리 자신의 특수한 종교 이해를 다른 사람들과 공유해야 한다는 점을 늘 요구해 올 것이다.

이러한 다원주의에서는 모든 종교는 표현 방법과 규정내용 및 의식이 다를 뿐이지 결국 모든 종교는 궁극적으로 하나님 또는 다른 명칭의 조물주께로 인도하고 있다는 주장으로서 어떤 종교든지 열심히 그리고 종교가 요구하는 율법과 교리를 성실하게 준행하기만 하면 구원을 받게 된다는 식의 논리를 가지고 있다. 한편 또 다른 주장은 하나님께로 나아가는 길은 오직 예수 그리스도밖에 없는데 다른 종교에도 그리스도가 숨어 있기 때문에 모든 사람은 자기가 속한 문화권에서 믿고 있는 종교를 성실하게 믿어 구원을 받게 된다는 것이다. 즉 반드시 기독교를 믿어야 할 이유가 없고 불교도나 회교도라는 다른 이름을 가진 "익명의 그리스도인(Anonymous Christian)"이 많이 있다는 것이다.

2) 평 등

현대의 종교다원주의에 있는 또 다른 어려움은 "평등"에 대한 헌법상의 진술(미국과 인도의 헌법 속에서 발견되는)과, 개인의 이해에 있어 각 개인들을 영적인 깨달음의 다양한 단계들에 걸쳐 있는, 따라서 평등하지 않은 존재로서 이해하고 있는 종교들 사이에서 발생하는 갈등이다. 그러한 갈등이 생길 때 평등과 요청은 힌두교와 같은 종교의 교훈과 관행들을 힙법적으로 짓밟고 그렇게 함으로써 종교적 자유를 침해할 수 있다. 평등의 문제는 현대의 문화와 종교의 다원주의에 의해 야기된 많은 문제들 중의 하나에 불과하다. 종교적인 전통 및 인식과 세속적인 전통 및 인식이 서로 충돌하게 될 것이다.

3) 배타주의

종교다원주의의 창조적 기여에 대한 한 가지 위협은 때때로 몇몇 종교인들이 다원주의의 도전에 투쟁적인 배타주의로 반응한다는 사실이다. 그러한 대응은 현대 이란의 역사가 증명해 주듯이, 보통 영적인 침체와 "종교적 폭력"을 야기한다는 점에서 항상 유감스러운 것이다. 가정에서처럼 상호 존중과 상호 인정의 맥락 속에서 이루어지는 상호 간의 차이의 수용은 선을 위한 강력한 촉매가 될 수 있다. 자기중심적인 편협한 마음은 항상 파괴적이며 어떤 종교전통에서는 진정한 종교와는 반대되는 것이다.

5. 종교다원주의에서의 기독교의 대응책

1) 기독교적(성서적)인 자세

한스 큉(Hana Kung)은 "아시아와 아프리카의 비기독교 민족이 서구의 기독교 민족을 수적으로 훨씬 앞질러 갈 수 있다는 것을 나타내는 통계를 생각할 때도 당신들은 여전히 교회밖에는 구원이 없다고 주장할 수 있습니까?"라고 말했고 감신대의 변선환 교수는 "교회밖에는 구원이 없다면 인류의 대다수는 신의 저주를 받고 영원한 지옥 형벌을 받아야 함으로, 기독인만 구원받는다는 기독교 전통적인 견해를 그대로 받아들일 수 없다는 큉의 주장은 너무나도 자명하다."고 했다. 또 홍정수 교수는 "우리의 신은 제자식만 사랑하는 편협한 인간의 마음을 가진 신인가? 아니면 악인에게도 비를 내리고 자비를 베푸는 가없는 은총의 신인가?······ 하나님께서 만일 무신론자나 이교도까지 사랑한다고 하면 우리는 당연히 그들을 포용하고 사랑해야 한다."라고 말했다.

이와 같은 종교다원주의자들은 인도적인 관점으로부터 기독교와 다른 종교 문제에 접근하여 합리적으로 구원 문제를 해결하려 했다. 그러나 그것은 성령의 진리에 배치될 뿐만 아니라 성서를 오도하는 것이다. 우선, "너희는 나를 누구라 하느냐?"(마 16:15)의 질문에 대답할 줄 알아야 한다. 존 힉(John Hick)은 "예수를 성육하신 성자 하나님이셨다."는 진술에 대해 다음과 같은 질문 신화적인가, 아니면 시작인가? 그리고 그는 예수가 사람이자 하나님이라고 말하는 것은 마치 원이 사각형이라고 말하는 것과 같다고 말한다.

이런 질문과 주장들에 우리 기독교인들은 이렇게 대답할 수 있다. 성자 하나님이 신적인 특성을 가지고 계시며, 성육신을 통해 인간의 특성을 지니게 되셨고, 그 양자가 그분의 신적인 인격의 통일성 속에서 '유지되고' 결합되었다. 그러므로 그분은 한 인격으로서 참하나님이시며 참사람이시다. 또한 성서는 "하나님의 지혜에 있어서는 이 세상이 자기 지혜로 하나님을 알지 못하는 고로"(고전 1:21)라고 말씀하셨다. 종교다원주의는 하나님의 계시대신에 인간의 이성과 인도주의에 근거하여 그들 나름대로의 논리를 전개해왔다. 그러나 하나님은 인간의 영역 밖에 계시는 분이기 때문에 분명히 성서를 통하여 말씀하셨다.

종교다원주의자들의 또 다른 주장인 본질은 하나이고 이름만 다른 하나님이란 주장에 성서는 이렇게 답한다. "너는 그들의 신을 숭배하지 말며 섬기지 말며", "너희는 그들의 신을 숭배하지 말며 섬기지 말지니라."(출 23:24), "만방의 모든 신은 헛것이요"(시 96:5), "너희는 처음이요 마지막이라 나 외에 다른 신이 없느니라."(사 44:6)

하나님께서 만약 타 종교와 같은 신 이름만 다르지 동일한 신이라면 다른 신을 섬기지 말라고 하시겠는가? 다른 한편 구원에 대한 문제이다. 최근 한국에서도 몇 교수들이 교회 밖에도 구원이 있다고 하여 큰 혼란을 야기하였는데 성서는 여기에 이렇게 답한다. "나로 말미암지 않고는 아버지께로 올 자가 없느니라."(요 14:6), "다른 이로서는 구원을 얻을 수 없나니"(행 4:12), "하나님을 모르는 자들과 우리 주 예수의 복음을 복종치 않는 자들에게

형벌을 주시리니"(살후 1:8). 인간의 구원의 문제는 하나님의 주권
에 속하는 것임에도 다원주의자들은 이를 합리적으로 해결하려
하며 이렇듯이 성서의 진리를 거부하고 이를 다른 복음으로 대치
하려는 인간적인 노력으로밖에 이해할 수 없다. 하나님은 이들을
보시고 "오직 당을 지어 진리를 좇지 아니하고 불의를 좇는 자에
게는 노와 분으로 하시리라."(롬 2:8)라고 말씀하신다.

2) 대화의 자세

한스 큉은 "세계 도덕성의 과제"라는 책을 선보이면서 이렇게
말한다. "세계도덕이 없는 생존은 없다. 종교 평화가 없는 세계평
화는 없다. 종교대화가 없는 세계평화는 없다." 결국 추구되어야
할 세계도덕은 서로 다른 종교들 간의 대화로부터 비로소 정초될
수 있다는 것이다. 모든 종교는 두 개의 얼굴을 가지고 있다. 긍
정적 측면과 부정적 측면이라는 이중성을 가지고 있다. 그러므로
종교들 사이의 평화를 유지하기 위해서는 필연적으로 종교진리에
대한 문제를 정리하지 않으면 안 된다.

진리광신주의자들은 자기가 믿는 종교만이 절대적 진리이고 다
른 모든 종교는 거짓 종교라고 주장하기 때문에 종교적 평화는
하나의 참된 종교에 의하여 달성되고 보장된다고 믿는다. 이러한
상황 속에서 종교적 제국주의와 패권주의, 배타주의가 생기게 되
는 것이다. 만약 다른 종교가 기독교에 의해서 '완성' 혹은 '보다
성숙'될 수 있다면, 기독교도 타 종교에 의해서 '보다 더' 완성될
수 있을 것이다. 그리고 대화를 주장하는 것이 기독교적 정당성

을 지니지 못한다면, 우리는 '기독교인으로서' 대화하여 참여하는 것이 아니라 그저 한 인간으로서 자기 신앙을 감추고서 대화에 임하는 것이다.

결국 진정한 대화에 이르는 길에서 신의 보편성과 종교의 특정 진리에 대한 절대적 헌신을 향한 인간적 욕구가 모두 강조되어야 한다. "서로 다른 종교들이 서로 다른 빛을, 그것을 필요로 하는 영혼의 서로 다른 세계에 비추어줄 수 있는가?"라고 타고르가 제기한 물음이 함축하고 있듯이 서로의 상이성에도 불구하고 겸허하게 인정하고 대화를 경험하면서 기독교인들은 보다 나은 기독교인으로 영적인 깊이를 더해야 되겠고 사랑과 봉사의 헌신적 삶을 통하여 보다 풍요로운 사회를 만들기 위해 힘써야 할 것이다.

3) 선교에서의 자세

이러한 다원주의 상황에서 선교관은 성서적인 선교관과 판이하게 달라진다. 다원주의적 선교의 목적은 인간화이며 세계평화 공동체의 형성이므로 우상숭배와 불신앙으로부터의 회개는 요청하지 않는다. 일부 학자들은 "개종을 목적으로 선교할 것이 아니라 새로운 존재로의 변화를 요구할 것"이라고 주장한다. 이것은 복음전도와 하나님께로의 회심이 아니라, 오히려 탈(脫)기독교적 탈(脫)고백적, 탈(脫)사도적인 행동에 지나지 않는다.

선교에서 우리는 먼저 상황인식을 먼저 해야 된다. 복음은 어느 선교지에서든지 현지문화와 충돌하게 된다. 이런 상황에서 기독교의 복음이 효과적으로 전파되려면 선교현지의 문화를 보면

(물론 문화 자체를 놓고 우열을 가리는 것은 현명하지 못하지만) 기독교 문화보다 열등하다. 그 문화를 무시하는 것이 아니라, 그 문화 속에서, 시대와 공간을 초월하여 불변하는 진리인 복음의 메시지가 단지 표현 방법이 다른 즉, 다양한 '포장'을 하고 전달될 때 선교지의 상황은 쉽게 파악될 것이다.

둘째, 복음의 순수성을 재인식해야 한다. 복음의 순수성은 먼저 성서의 영적인 권위를 인정하고, 그 내용의 정확성과 무오성을 믿으며 크리스천의 신앙과 삶에 있어 최선의 기준과 척도가 된다는 것을 믿어야 한다. 그래서 복음은 어떤 문화나 상황에서도 수정되거나 부인할 수 없는 메시지이며, 시간과 공간을 초월하여 불변하는 영적인 원리이다.

Ⅱ. 결 론

현대의 다종교 현실을 부인할 수 없다. 종교 간의 갈등이 있어서는 안 되고 종교 사이의 평화야말로 세계평화를 위해 긴요한 조건임에도 종교 간의 갈등이 전쟁과 다툼을 유발시키는 어두운 현실임을 보아왔다. 종교는 개인은 말할 것도 없이 집단과 사회 더 나아가 세계의 평화를 위해 평안과 화목, 행복 등을 가져다주는 매개체임을 안다. 그래서 이런 다종교 사회에서 갈등과 오해를 해결하기 위해 우선 대화를 통해서 극복해야 함을 다시 한번 생각해 본다. 타 종교를 이해하고 또한 타 종교에게 우리의 종교를 이해시켜야 한다.

다종교들 사이에서는 많은 유사점들이 있는데, 타 종교들이 말하는 신(god)은 우리 기독교의 신(God)과 비교될 수 없을뿐더러 절대적 진리인 하나님을 망령되이 일컬어서도 안 될 것이다. 그리고 우리 기독교의 독특성과 당연한 진리들은 흔들리지 말아야 한다. 물론 기독교의 설대성을 강소하면서 타 종교를 배타석으로 취급하여 갈등을 일으켜서도 안 된다. 그러므로 선교적 차원에서도 타 문화를 극복하고 예수 그리스도의 참진리를 전하기 위해서는 그 문화 속에 살며 그 문화 속에서 서서히 문화와의 충돌 없이 전해야 올바른 방법이 될 것이다.

또 기독교의 구원은 타 종교들의 구원의 개념과 다름을 알고 있다. 원죄로 인해 끊임없이 발생하는 죄의 굴레 속에서 해방되어 영생을 누리며 하나님과 접촉하는 삶을 사는 것이 구원이며, "교회 밖에도 구원이 있다."는 주장을 너그럽게 보아줄 수가 없는 것이다. 이 많은 논쟁들 속에 성서는 답을 주신다.

"나로 말미암시 않고는"(요 14:6), "나른 이로써는"(행 4:12) 아버지께 갈 자가 없다고 분명히 말씀하셨다. 그렇다. 다종교 상황 속에서 기독교는 흔들리지 말고 진리를 보존하며 그리스도의 복음을 더 넓게 전해야 한다.

종교학에 관한 책

곽노순, 동양신학의 토대와 골격, 대한기독교서회, 1997.
교양교재편찬위원회, 기독교와 현대사회, 강남대학교 출판부, 1998.
김남일, 기독교가 무엇이에요? 기독교연합신문사, 1998.
김남일, 야웨와 바알, 서울: 살림출판사, 2003.
김남일, 29가지 구약 문화 이야기, 서울: 살림출판사, 2006.
박용식, 한국설화의 원시종교 사상 연구, 일지사, 1992.
심일섭, 한국 토착화신학 형성사 연구, 국학자료원, 1996.
심진송, 신이 선택한 여자, 백송, 1996.
유동식, 풍류도와 한국의 종교사상, 연세대출판부, 1998.
이능화, 조선무속고, 동문선, 1991.
정진홍, 종교문화의 이해, 청년사, 1995.
조자룡, 신을 선택한 남자, 백송, 1996.
채필근, 비교종교론, 대한기독교서회, 1996.
최준식, 한국종교 이야기, 한울, 1996.
황선명, 종교학 개론, 종로서적, 1996.

성서학에 관한 책

김남일, 구약개론, 서울: 솔로몬, 2004.
박종수, 구약성서 역사이야기, 글터, 1996.
신성종, 신약총론, 기독교문서선교회, 1987.
월요신학서당회, 새롭게 열리는 구약성서의 세계, 한국신학 연구소, 1987
월요신학서당회, 신약성서는 오늘 우리에게 이렇게 증언한다, 한국신학
　　　　　연구소, 1987.
장일선, 알기쉬운 구약학, 종로서적, 1987.

정규남, 구약신학의 맥, 두란노, 1996.

A. M. 헌터, / 김득중 역, 신약신학 입문, 컨콜디아, 1988.

A. M. 헌터, / 김경신 역, 신약성서의 메시지, 은성출판사, 1987.

F. 브루스 / 나용화, 신약사, 기독교문서선교회, 1984.

R. 불트만 / 허혁, 신약성서신학, 성광문화사, 1989.

선교학에 관한 책

마이클 커웰 / 박종수, 아프리카와 선교사, 보문출판사, 1995.

박광철, 이렇게 선교하지, 생명의 말씀시, 1991.

신서균, 기독교 선교학, 총신출판사, 1989.

이중표 외 9인, 교회발전을 위한 선교개발, 쿰란, 1993.

윤리학에 관한 책

고재식, 사회선교와 기독교윤리, 대한기독교서회, 1991.

라이놀드 니버 / 노진준, 기독교윤리학, 은성출판사, 1991.

맹용길, 기독교윤리학 Ⅰ. Ⅱ, 쿰란, 1994.

맹용길, 한국기독교윤리사상 Ⅱ, 장신대 출판사, 1994.

박충구, 기독교윤리사, 대한기독교서회, 1994.

본훼퍼 / 손규태, 기독교윤리, 대한기독교서회, 1997.

기타 자료

김준삼, 교의신학 Ⅰ. Ⅱ, 총신출판사, 1986.

장종현, 기독교신앙의 원리, 천안대학교출판사, 1998.

· 저자 ·

김남일　·약 력·

　　저자 김남일 교수는 경남 진해에서 성장하여 고신대학교(B. A.), 기독신학연구원(현, 기독신학대학원)에서 신학을 전공하였으며, 강남대학교 대학원에서 "고대 이스라엘의 할례에 대한 종교사회적 연구"라는 제목으로 최우수 논문상을 수상하였다(Th. M. 구약). 이어서 아세아연합신학대학원에서 "스가랴서의 야웨의 날과 다윗언약과의 상관성에 관한 연구"라는 제목으로 논문을 써서 박사학위(Ph. D.)를 받았다.

　　저서로는 "야웨와 바알"(살림출판사, 2004), 구약문화이야기(살림출판사, 2007)외 다수가 있다. 논문으로는 "한국무속과 구약 예언의 유사성과 상이성"외에 20여 편이 발표되었다.

　　현재 백석대학교 기독교학부 구약학 교수 및 한국복음주의학회, 한국구약학회의 회원으로 활동하고 있으며, 청년부흥과 성장을 위한 세미나 및 찬양집회 인도자로 활발하게 활동하고 있다.

기독교와 현대사회

- 초판 인쇄　2008년 2월 25일
- 초판 발행　2008년 2월 25일

- 지 은 이　김남일
- 펴 낸 이　채종준
- 펴 낸 곳　한국학술정보㈜
　　　　　　경기도 파주시 교하읍 문발리 513-5
　　　　　　파주출판문화정보산업단지
　　　　　　전화　031) 908-3181(대표) · 팩스　031) 908-3189
　　　　　　홈페이지　http://www.kstudy.com
　　　　　　e-mail(출판사업부)　publish@kstudy.com
- 등　　록　제일산-115호.(2000. 6. 19)
- 가　　격　32,000원

ISBN　　978-89-534-8217-3 93200 (Paper Book)
　　　　　978-89-534-8218-0 98200 (e-Book)